KB027206

2판

유창성 장애

신명선 · 김시영 · 김효정 · 박진원
안종복 · 장현진 · 전희숙 · 정　훈 공저

FLUENCY DISORDERS

학지사

2판 머리말

이 책『유창성 장애(Fluency disorders)』2판에서는 유창성과 말더듬에 대한 개념, 말더듬의 발생 원인 및 진행 과정, 말더듬의 진단평가 및 치료 방법에 대한 포괄적인 내용을 제공하려고 하였습니다. 말더듬은 발생 원인과 치료 접근법들이 너무나 다양한 분야이므로 말더듬 아동과 성인을 다양한 시각에서 이해하면서 대상자의 환경, 특성, 능력, 동기 등에 따른 변화를 근거로 임상적 결정이 이루어져야 합니다. 따라서 2판에는 유창성과 말더듬의 특성에 대하여 강조하였으며, 말더듬 발생 원인을 세부적으로 나누어서 기술하였습니다.

또한, 말더듬 진단 및 평가를 진단 절차와 평가도구로 나누고, 최근 이루어진 연구를 반영하여 다양한 검사도구를 추가하였습니다. 독자들이 대상자를 치료하는 방법들을 더 효율적으로 이해할 수 있도록 치료에 관한 장들을 대폭 개정하였습니다. 아동 말더듬 치료에 학령기를 추가하였으며, 대상자에게 다양한 치료 기법을 적용하는 절차와 접근 방법을 구체적으로 기술하였습니다.

저자들은 2012년, 유창성 장애 수업을 위한 교재가 필요하다는 공통된 마음으로 유창성 장애 분야의 지식과 연구 자료들을 토대로 이 책의 1판을 저술하여 부족하지만 시작의 의미로 출판하였습니다. 개정판을 내놓으면서도 부족함에 부끄러운 마음은 여전하지만 그저 유창성 장애를 먼저 접한 사람의 작은 책임감으로 생각해 주기를 바랍니다. 우리는 유창성 장애를 처음으로 접하는 언어치료 전공 대학생 및 대학원생들을 염두에 두고 집필하였습니다. 이 책의 일부 내용은 말을 더듬는 사람이나 가족 구성원들을 돕는 데도 유용할 것입니다.

이 책이 언어치료 임상 현장에서 유창성 장애의 평가 및 중재에 올바른 방향을 제시하기를 기대합니다. 또한 여러분이 유창성 장애인들의 유창성을 증진시키고 의사소통 능력을 향상시킴으로써 그들이 더 나은 삶을 살도록 도울 수 있기를 바랍니다.

마지막으로 고지가 분명하지 않은 이 길을 함께 걸어감으로써 늘 힘이 되어 준 저자들에게 고마운 마음을 전하며, 개정판이 출간되도록 도움을 주신 학지사 김진환 사장님과 꼼꼼하게 교정과 편집을 해 준 선생님들께 감사드립니다.

2020년

대표 저자 신명선

1판 머리말

올해는 언어치료학 분야의 뜻깊은 해다. 언어치료사 자격제도가 민간자격증에서 국가자격증 제도로 바뀌는 법적 제도가 마련된 것이다. 강산이 두 번 바뀌었다. 이제까지 국가가 해야 할 일을 열정과 인내로 대신하여 이 분야의 기초를 닦아 온 이들의 아름다운 열매라고 생각된다. 그러나 '언어치료(speech therapy 혹은 speech pathology)'라는 세계적으로 보편화되고 우리나라에서도 일반적으로 사용되고 있는 용어를 사용하지 못하고 '언어재활사'로 우리 분야 전문직을 호칭하게 된 점은 큰 아쉬움으로 남는다. 또 한 번의 강산이 변해야 하는 과제가 될 것인지, 재활이라는 폭넓은 의미에 익숙해질지는 사뭇 호기심을 준다.

언어치료학이 대학교육으로 시작되고 20여 년이 지나는 동안, 번역 위주의 지식 전달에서 이제는 우리들의 지식과 사례를 가지고 가르치고 논하게 되는 시기를 맞이하게 된 점도 뜻깊은 일이다. 특히 말더듬 치료는 이론과 치료법들이 이 분야에서 출판된 책의 숫자만큼이나 많은 분야라서, 나 자신이 혼란과 실의의 틈바구니에서 빠져나오지 못하고 헤매는 중이다. 이러한 학문적 발전도상에서 이 땅에서 배우고 가르친 후학들이 열심을 내어 자료를 모으고 발표하는 것을 보는 것 또한 큰 기쁨이다.

이 책은 이제까지 발표된 지식과 자료를 후학들과 함께 정리해 보는 차원에서 저술한 것이다. 여기에서는 유창성 장애라는 병리적인 측면 외에 유창성이라는 중립적인 측면의 장과 후발성 말더듬과 유창성 관련 장애를 보완하였고, 임상 현장에서 사용할 수 있도록 치료 프로그램과 여러 사례를 소개함으로써 임상 부문을 강조함과 더불어, 각 장마다 연습문제를 제시하여 핵심 내용을 요약 · 정리한 것이 큰 특징이다.

이 책이 앞으로 새로운 관심 영역이 될 유창성 분야와 유창성 장애 분야에 관심 있는 이들에게 좋은 지식을 전해 주고, 올바른 방향을 제시하는 좋은 안내서가 되기를 기원한다.

2012년

대표 저자 권도하

차례

제4장 평가 준비 – 전희숙 111

제5장 말더듬 진단과 평가의 실제 – 장현진 139

제1장

말더듬의 정의 및 특성

신명선 · 장현진

1. 유창성
2. 유창성 장애의 정의
3. 말더듬의 정의
4. 말더듬의 출현율, 발생률 및 성비
5. 말더듬의 자연회복
6. 말더듬 특성

제 1 장 말더듬의 정의 및 특성

유창하게 말을 잘하는 사람이 있는 반면, 지능이 정상이고 어떤 신체적 결함이 없는 데도 불구하고 말을 심하게 더듬는 사람들을 볼 수 있다. 주위 사람들은 '왜 저렇게 머뭇거리고 있을까?' '왜 저렇게 같은 말을 반복하면서 힘을 주고 있을까?' '왜 지금까지는 자연스럽게 말을 잘 하다가 갑자기 자신의 이름을 말하지 못할까?' '왜 동생하고는 말을 잘 하는데 아버지와 말을 할 때는 말이 막혀서 안 나올까?'라고 의문을 가질 수 있다.

이러한 말더듬에 대한 질문에 정답을 찾는 것은 쉽지 않다. 말더듬 발생 원인이 다양한 것은 말더듬의 원인이 사람에 따라 다르다는 것을 반영한다. 말더듬 현상도 매우 가변적이어서 의사소통 상황에 따라 나타나는 정도의 차이가 크다. 편안한 사람이나 장소에서는 덜 더듬는 반면, 특정 상황이나 사람과 의사소통할 때에는 심하게 더듬는 경우가 많다. 그리고 같은 낱말도 심하게 막혀서 한 음절도 말하지 못할 수 있고, 매우 유창하게 말할 수도 있다.

유창한 화자가 유창성을 유지하는 데는 많은 요인들이 영향을 미친다. 이 장에서는 이러한 유창성과 말더듬의 정의 및 말더듬의 특성에 대한 전체적 개요를 살펴보았다.

1. 유창성

유창성(fluency)은 언어치료 분야 외에도 학습장애, 외국어교육, 창의성 교육 등에 다학문적으로 사용되고 있지만, 각 분야마다 용어의 정의에는 차이가 있다. 유창성은 말하기, 읽기, 쓰기 등의 언어 능력 중 하나로 평가되기도 하고, 언어뿐만 아니라 도형, 동작 등에 대한 아이디어의 양이나 창의성을 유창성으로 보기도 한다.

언어치료 분야에서는 오래전부터 유창성이라는 용어를 사용해 왔다. 유창성은 말하기 특성의 하나이며 일반적으로 가장 많이 사용된다(신명선 외, 2010). 유창성은 말의 흐름이나 속도에 대한 일반적인 현상으로 어떤 노력이나 머뭇거림 없이 쉽고 자연스럽게 말하는 것이다. 즉, 말을 하는 동안 음, 음절, 단어, 구 등을 서로 자연스럽게 연결하여 말하며, 말하는 도중에 머뭇거림이나 반복이 거의 나타나지 않는 것이다. 정상적이라고 할 수 없을 정도로 말하는 속도가 너무 느리거나 빠르거나, 혹은 불규칙적일 때 그리고 말의 흐름이 깨질 때 유창성 장애라고 하고, 대표적인 유창성 장애인 말더듬에 대하여 활발한 연구가 이루어지고 있다.

이와 달리 언어 산출 능력에 따른 의미, 음운 및 구문 유창성 등이 연구되어 왔다. 구어에서뿐 아니라 언어에서도 유창성 특성이 연구된 것이다. 또한 언어 발달 장애를 보이는 아동이나 신경언어장애를 가진 성인들의 특성으로 언어 유창성이 다루어졌다.

그러므로 여기에서는 유창성을 구어 유창성(speech fluency)과 언어 유창성(language fluency)으로 나누고(Filmore, 1979; Starkweather, 1987), 각 유창성에 대해 제시하고자 한다.

1) 구어 유창성

전통적으로 언어치료학 분야에서 유창성은 말의 흐름이 머뭇거림 없이 자연스러운 것을 말한다(권도하, 2011). 구어 유창성을 판단하는 기준에 대한 연구 결과는 학자들마다 조금씩 다르다. Dalton과 Hardcastle(1977)은 유창한 구어의 조건을 다음과 같이 제시하였다. 반복, 연장, 삽입, 수정 등과 같은 비유창한 구어가 없고, 쉼의 빈도와 위치가 적절하며, 구어의 리듬 패턴, 억양 및 강세가 정상적이고, 전체 속도가 너무 느리거나 빠르지 않은 구어를 유창하다고 하였다. Starkweather(1980, 1987)는 유창성을 결정하는 요인으로 구어 속도(rate), 노력(effort) 및 계속성(continuity) 등을 언급하였다. 구어 속도는 일반적으로 시간당 말한 단어나 음절 수로 측정되므로 비유창성의 빈도, 길이, 쉼 등의 변수는 유창성에 중요한 영향을 미친다. 노력의 경우 유창한 사람들이 말을 할 때에는 긴장이나 정신적인 노력 없이 자연스럽게 말하는 반면, 말더듬인들은 유창하게 말하기 위하여 신체적·정신적 노력을 하므로 긴장이 나타나고 말을 더듬게 된다. 그러므로 노력하지 않고 하는 말을 유창하다고 보았다. 계속성은 지나치게 자주 혹은 부적절한 위치에서 숨을 쉬지 않고, 말이 자연스럽게 흘러나오는 것을 말한다. 이러한 특성을 갖춘 말을 유창하다고 보았다.

유창성을 정의하는 것은 어렵지만, 많은 연구자들은 비유창성의 상반된 개념으로 이해하고 있다. 그러나 비유창성이라는 용어가 반드시 비정상적인 것은 아니다. 구어 유창성의 주 증상인 정상적인 비유창성에는 삽입어, 수정, 미완성구, 쉼이 있으며, 병리적인 비유창성에는 반복, 연장, 막힘이 있다. 언어 발달 과정에서 유창성 문제를 보이지 않는 사람들도 오류 없이 완벽하게 유창하게 말하지 않으며, 단어나 구를 반복하거나 수정하는 등의 비유창성이 나타난다. 이러한 정상적인 비유창성은 성인보다 취학 전 아동들에게 더 자주 나타난다. 말을 더듬지 않는 아동들의 약 반 정도가 이 시기에 정상적인 비유창성이 증가한다(신명선, 1996; Johnson & Associates, 1959). Starkweather(1987)가 구어의 흐름에서 계속성이 깨지고 속도가 너무 느린 유창성의 문제를 설명할 때 불연속(discontinuity)이라는 용어를 언급하였지만, 최근에는 비유창성이라는 용어가 더 널리 사용된다.

실제 언어치료 현장에서는 유창성이라는 용어가 말더듬과 반대되는 뜻으로 많이 사용된다. 정상적 비유창성도 있지만, 비유창성이라는 용어는 말더듬이라는 용어와 같은 뜻으로 사용되는 경우가 많다. 그리고 최근 몇 년 동안 말더듬 연구에서 '유창성이 증가되었다.'라는 표현을 많이 사용하였다. 유창성(fluency)보다 말더듬(stuttering)이라는 용어가, 유창성 환자(fluency client)라는 용어보다 말더듬 환자(client with stuttering)라는 용어가, 유창성 치료(fluency treatment)라는 용어보다 말더듬 치료(stuttering treatment)라는 용어가 많이 사용되었다(김효정, 권도하, 2004; 장현진, 2005; 전희숙, 2005; Max & Caruso, 1995; Riley & Ingham, 2000; Sidavi & Fabus, 2010). 그러나 이러한 용어는 말더듬을 포함하지 않는 다른 유창성 관련 영역에서는 부적당한 용어다.

구어 유창성 관련 연구는 말더듬뿐 아니라 속화(cluttering), 신경인성 말더듬(neurogenic stuttering) 및 심인성 말더듬(psychogenic stuttering), 일반 화자를 대상으로도 이루어지고 있다(신명선, 2005; 이은애, 2010; 전희숙 외, 2011; Daly & Burnett, 1996).

그리고 유창성은 말더듬과 같은 구어장애뿐 아니라, 언어장애의 일종인 실어증의 하위유형을 나누는 데에도 사용된다. 보스턴학파는 실어증을 유창성, 청각적 이해력, 반복하기, 명명하기 특성에 따라 분류하였다. 그중 유창성은 구어흐름에 자연스러운 계속성이 있다는 것이다. 이러한 유창성 특성에 따라 유창성 실어증(fluent aphasia)과 비유창성 실어증(nonfluent aphasia)으로 나누어서 보기도 하였다.

2) 언어 유창성

언어 유창성은 언어 영역에 따라 의미(semantic), 음운(phonologic), 구문(syntactic), 화용(pragmatic) 유창성 등으로 나눌 수 있다. 의미적으로 유창한 화자는 많은 어휘 등을 표현할 수 있고, 음운적으로 유창하다는 것은 무의미하고 낯선 단어를 길고 복잡한 말소리와 음절로 연속적으로 발음하는 데 능숙한 것을 말한다. 구문적으로 유창한 화자는 다양하고 복잡한 문장을 잘 구사할 수 있고, 화용적으로 유창한 화자는 다양한 의사소통 상황에서 언어로 반응하는 데 능숙하다. 이러한 언어 유창성은 유창한 구어를 산출하기 위한 선행조건이 된다(Manning, 2001).

이러한 언어 유창성 평가 방법은 언어 발달장애 아동이나 신경언어장애 성인들의 언어 능력을 측정할 때 많이 사용된다. 그림 보고 이름을 말하는 대면이름대기(confrontation naming) 과업이나 특정 주제에 대하여 관련 어휘를 가능한 많이 말하는 생성이름대기(generative naming) 과업들이 있다. 그중에서 의미적 단어 유창성 검사(semantic word fluency test)는 특정 의미 범주에 속하는 단어를 제한 시간 동안 최대한 산출하도록 한다. 예를 들어, 1분 동안 '동물' '슈퍼마켓에서 살 수 있는 물건' '채소' '과일' 등의 이름을 최대한 많이 말하도록 하는 것이다. 음소적 단어 유창성 검사(phonemic word fluency test)는 특정 음소로 시작하는 단어를 제한 시간 동안 최대한 산출하도록 한다. 예를 들어, 1분 동안 /ㄱ/, /ㅅ/, /ㅇ/, /ㅂ/, /ㅏ/ 등으로 시작하는 단어를 최대한 많이 말하도록 하는 것이다. 많은 단어를 산출할수록 의미 및 음소적 단어 유창성 능력이 높다고 본다.

단어 산출 시 사용한 전략을 알아보기 위하여 군집(cluster)과 전환(switch)이라는 개념을 이용한다. 군집이란 제시된 의미 또는 글자의 하위 범주 중 동일한 범주끼리 연속적으로 산출하는 단어의 집합으로, 예를 들어 /ㄱ/로 시작하는 단어를 말할 때 '가위' '가지' '가게' '거미' '거실' '거지'라고 말하였다. 이 중에서 '아'와 연결된 단어 모음인 '가위' '가지' '가게' 등이 하나의 군집을 이룬다. 전환이란 하나의 하위 범주에서 새로운 하위 범주로 이동하는 것이다. 하위 범주 내에 단어들을 나열하다가(예, '가위' '가지' '가게') 더 이상의 단어 산출이 어려우면 다른 하위 범주로 이동하여 산출하는 것으로(예, '거미' '거실' '거지') 인지적 유연성이 필요하다. 유창성 능력을 평가하기 위하여 산출된 단어의 수뿐 아니라 이러한 특성을 같이 연구하였다.

아동의 연령이 증가할수록 의미 및 음소적 단어 유창성 과제에서 산출하는 단어 수가 증가하는데, 10세경까지 발달한다는 연구 결과도 있고(Regard, Strauss, & Knapp, 1982), 청년기 이후에도 꾸준히 발달한다는 결과도 있다(Fried-Oken, 1987). 언어장애 아동들은 일반 아동들보다 유창성 과제의 정확률이 낮고, 반응속도가 느리며, 명사보다 동사의 정확률이 더 낮다(Fried-Oken, 1987). 그리고 머뭇거림, 긴 쉼, 둘러말하기, 삽입어, 대용어, 모호한 표현 등이 나타난다(Lahey & Edwards, 1999). 이러한 문제는 단순 언어장애, 지적장애, 학습장애, 주의력결핍-과잉행동장애(Gray, 2004; Morris, Allison, Melanie, Cynthia, & John, 1999; Yoder, Kaiser, Wiig, Semel, & Nysom, 1982) 등에서도 많이 나타난다. 그래서 아동들의 언어 검사 문항에 유창성 관련 활동이 포함되기도 한다. 취학 전 아동의 수용언어 및 표현언어 척도(김영태, 2003)에서도 1분 동안 동물의 이름을 말하도록 하는 의미 유창성 관련 내용이 표현언어 능력 평가 문항에 포함되어 있다.

의미 및 음소적 단어 유창성은 신경언어장애인들의 언어 특성을 연구하기 위하여 실어증, 알츠하이머병, 헌팅턴병, 파킨슨병, 치매 등의 환자들을 대상으로도 연구가 이루어졌다(Monsch, Bondi, Butters, Salmon, Katzman, & Thal, 1992; Pasquier, Lebert, Grymonprez, & Petit, 1995). 연구 결과, 제한된 언어 유창성 특성이 나타났으며, 의미 및 음소 유창성 과제와 관련한 뇌의 부위가 좌측 내측두엽(left medial temporal lobe), 두정엽(parietal lobe), 전두엽(frontal lobe) 등인 것으로 나타났다(Keilp, Gorlyn, Alexander, Stern, & Prohovnik, 1999; Pihlajamaeki et al., 2000). 의미 및 음소 유창성 과제 모두 전두엽 손상에 영향을 받지만, 의미 유창성 과제는 측두엽 손상도 관계되는 것으로 나타났다(이주희 2008 재인용). 신경언어장애인의 언어 능력을 평가하는 검사인 보스턴 실어증 검사(Boston Diagnostic Apasia Examination), 웨스턴 실어증 검사(Western Aphasia Battery), 서울 신경 심리 검사(Seoul Neuropsychological Screening Battery), 통제 단어 연상 검사(Controlled Oral Word Association Test: COWAT)에도 이러한 유창성을 검사하는 항목이 포함되어 있다.

2. 유창성 장애의 정의

유창성 장애는 구두 언어에서 나타날 수 있는 어떤 방해를 설명하기 위해 사용한다. 즉, 구어의 흐름이 방해를 받아서 시간 맞추기(timing)와 리듬이 부적당한 패턴으로 되는 현상으로 시간장애, 리듬장애라고 말하기도 한다. 유창성 장애에는 말더듬, 속화 및 유창성 관련 장애(related disorders of fluency) 등이 포함된다.

유창성 장애의 대표적인 유형인 말더듬은 유창하게 진행되어야 할 말의 흐름이 방해를 받은 것으로, 일반 화자들의 말에서 나타나는 머뭇거림과는 다르다. 정상 화자라도 상반되는 감정이나 스트레스가 있을 때, 어떤 어려운 생각을 하면서 말할 때, 말하는 도중에 적절한 단어가 생각나지 않거나 말하려고 하는 단어를 잊어버렸을 때 음절, 단어 또는 구를 반복하거나 수정하여 말하거나 말을 멈추고 쉬기도 한다. 특히 언어 발달기에 있는 아동들이 머뭇거리면서 비유창하게 말하는 것을 종종 볼 수가 있다. 이 시기에 나타나는 비유창성은 여러 가지 요인이 상호작용하면서 나타나는 것으로 몇 주일 혹은 몇 달 동안 나타나다가 사라지기도 하고 지속적으로 나타나면서 점차 심화되어 심각한 형태의 말더듬으로 진행될 수도 있다. 이러한 비유창성이 청소년기나 성인기까지 지속되면 유창성 장애로 인한 심리적 부담감이 가중되고 때로는 상황 공포나 대인 공포로 이어지기도 한다. 그러므로 아동기에 나타나는 비유창성이 정상적인 비유창성인지 말더듬 초기 증상인지를 감별하는 것이 중요하다.

말더듬을 발생 시기에 따라 분류하면 어린 시기부터 말을 더듬어 온 발달성 말더듬(developmental stuttering)과 발생 원인에 따라 뇌손상 등으로 인한 신경인성 말더듬(neurogenic stuttering)이나 심리적 문제로 인한 심인성 말더듬(psychogenic stuttering)과 같은 후발성 말더듬으로 구분한다(제8장 참조). 그리고 유창성 장애의 또 다른 형태인 속화는 말의 속도가 너무 빠르고 조음이 부정확하며 문법적으로 부적절한 말을 하는 장애로 말더듬에 비하여 출현율이 낮다(제9장 참조).

3. 말더듬의 정의

어떠한 대상 또는 현상에 대한 정의를 내린다는 것은 쉽지 않다. 특히 말더듬과 같은 복합적인 현상은 더 그렇다. 우리들 대부분은 말더듬이 무엇인지를 알고 있다고 믿지만, 학자들마다 내리는 말더듬의 정의에는 다소 차이가 있다. 말더듬의 원인을 보는 관점, 핵심 특성으로 보는 말더듬 증상, 혹은 말을 더듬는 사람과 사회와의 관계 등에 따라 정의에 차이가 있다.

여러 증상이 복잡하게 얽혀 있는 말더듬에 대한 학자들마다의 정의를 살펴보면 다음과 같다. Van Riper와 Emerick(1996)은 "말더듬은 음이나 음절, 또는 조음 포즈 등의 반복이나 연장, 회피행동이나 투쟁행동 등으로 구어의 흐름이 비정상적으로 방해를 받아서 유창성이 깨지는 것"이라고 정의하였다. 그리고 이러한 말더듬을 겉으로 드러난 행동과 겉으로 드러나지 않는 정서적인 특성으로 나누어 설명하였다. 드러나는 행동 특성에는 핵심행동(core behavior)과 부수행동(accessory behavior), 즉 이차 행동(secondary behavior)이 있으며, 핵심행동에는 반복(repetition), 연장(prolongation)이 포함되고, 부수행동에는 회피(avoidance), 연기(postponements), 시작계교(starters) 등으로 설명하였다. 겉으로 드러나지 않는 정서적인 특성으로는 예기(anticipatory), 말더듬인이 경험하는 부정적인 정서 등을 설명하였다.

Bloodstein(1981)은 "말더듬은 음이나 음절반복과 막힘과 같은 구어행동 외에도 비정상적인 속도, 음도, 강도, 리듬, 안면 표정, 신체 자세 조정 등과 같은 비구어적인 측면에서도 증상을 보이는 장애"로 정의하였다. 세계보건기구(Word Health Organization: WHO, 1977)는 말더듬을 "자신이 말하고자 하는 것을 분명하게 알고 있지만, 말을 할 때 어떤 음의 불수의적이고 반복적인 연장, 멈춤으로 인해 발생하는 말의 리듬 장애"라고 하였다. Ryan(2001)은 대부분의 말더듬 정의에 반복, 연장 및 깨진 구어, 말하는 것에 대한 특별한 공포나 불안, 말에 대한 불안이나 장애가 있는 말로 인한 자기개념(self-concept)과 태도가 포함된다고 하였다.

말더듬에 대한 여러 학자의 정의에 공통적으로 포함되는 것은 다양한 형태로 구어 흐름이 깨지는 비유창한 구어행동이다. 관찰 및 측정이 가능한 객관적인 행동 특성인 비유창성이 포함되어 있다. 이러한 구어 비유창성은 불수의적이기 때문에 말더듬인들이 말을 하는 동안 정서적으로나 인지적으로 부정적인 경험을 하게 된다. 구어행동 이외에도 말을 하는 것에 대한 공포나 불안과 관련한 정서적 반응 등의 특성을 포함하기도 한다.

세계보건기구(WHO)에서는 말더듬의 다차원적인 특성을 세 가지 구성요소로 구분하여, 각 요소에 말더듬의 특성을 포함시켜 설명하였다(WHO, 1980). 말더듬인들에게 나타나는 불안, 공포 등은 정서적 요소(affective component), 반복, 연장 등의 구어행동은 행동적 요소(behavior component), 부정적인 의사소통 태도 등은 인지적 요소(cognitive component)에 포함하여 설명하였다(Bennett, 2006). 말더듬의 행동적 요소들은 외현적으로 비교적 분명하게 드러나 구별할 수 있지만, 정서적 요소들과 인지적 요소들은 표면 밑에 있는 내면적인 특성이므로 잘 드러나지 않을 수 있다(Conture, 2001).

비유창한 구어행동에는 음과 음절의 반복과 연장, 막힘, 긴장 및 투쟁행동 등이 포함된다. 말더듬인들에게 나타나는 비유창성 형태를 연구하기 위하여 Brutten과 Shoemaker(1970)는 비유창성 형태를 97개, Shames(1970)는 14개, Johnson 등(1959)은 8개, Ambrose와 Yairi(1999)는 6개의 범주로 나누어 연구하였다. 연구자가 보는 관점에 따라서 비유창성 형태가 다양하게 분류되었다. 말더듬인들에게 주로 나타나는 비유창성 형태를 연구한 결과, 반복, 연장, 막힘을 말더듬의 핵심행동으로 보았다(Van Riper, 1982; Guitar, 1998).

말더듬인들은 또한 말더듬을 예기하거나 말더듬는 동안에 불규칙적인 호흡, 심장 및 맥박의 비정상, 뇌파 이상, 동공 확장 등과 같은 비정상적인 생리 반응을 나타낸다. 이러한 반응들은 막힘과 투쟁과 같은 지속적인 말더듬 행동에서 더 생생하게 나타낸다.

그리고 말더듬인들은 말을 하는 데 실패를 경험하면서 불안, 공포, 좌절 등을 느끼게 되고 자신을 열등한 사람으로 믿고 의사소통에 부정적인 태도를 가질 수 있다. 학교나 직장생활에서 스스로 질문하는 일이 없거나 대화에 참여하지 않는 등 소극적인 의사소통 태도를 보이기도 한다.

4. 말더듬의 출현율, 발생률 및 성비

말을 더듬는 사람들은 전체 인구의 약 0.7~1%를 차지한다. 말더듬의 출현과 관련된 많은 요인들이 있으며, 나라와 문화에 따라 말더듬이 출현하는 상대적인 빈도와 형태가 다를 수 있다.

살아오는 동안 말을 더듬었던 경험이 있는 사람들의 비율, 즉 발생률(incidence)은 약 5%인 반면, 동시대에 말을 더듬는 사람들의 비율, 즉 출현율(prevalence)은 약 1%이므로 약 80%가 말더듬에서 회복된 것으로 해석할 수 있다(Bloodstein, 1995; Guitar, 1998).

말더듬 출현의 성별 분포를 보면 남녀 성비가 약 4 : 1로 남자에게서 많이 나타난다. 그러나 이러한 특성이 어린 연령대에서는 나타나지 않고 연령이 증가하면서 그 차이가 커진다. 말더듬 초기 단계인 2~3세 아동 22명 중 남녀 성비가 1:1로 비슷하였지만(Yairi, 1983), 조금 더 높은 연령대인 1.8~5.9세 아동 87명 중 남녀 비율이 2.1:1이었다(Yairi & Ambrose, 1992). 그리고 초등학교 1학년 학생 중 성비는 3:1이었고, 5학년의 성비는 5:1이었다(Bloodstein, 1995).

이러한 성비의 차이를 여러 가지 방법으로 해석하고 있다. 남자가 여자보다 사회적 기대 수준이 높기 때문이라는 환경적 해석, 남성보다 여성이 언어 능력이 우세하다는 생리적 해석, 말더듬 관련 유전인자가 성염색체인 X염색체에 존재하여 남성에게 유전이 더 잘 된다는 유전적 해석, 여자가 남자보다 자연회복이 많이 된다는 해석 등이 있다.

5. 말더듬의 자연회복

언어를 유창하게 표현하는 것은 쉬운 일이 아니기 때문에 사람은 누구나 어느 정도 비유창하게 말을 한다. 머릿속에서 말하려고 하는 내용이 결정되면 이 내용이 뇌의 언어중추신경 부위로 가서 언어기호들(즉, 말소리, 음절, 형태소, 낱말 및 문장을 이루는 문법적 요소, 운율)로 바뀌고, 이 기호들의 연속체를 말소리의 연속체로 전환하는 프로그램이 작동된다. 이 프로그램에 따라 명령이 해당되는 호흡기관, 발성기관 및 조음기관으로 내려가면 문장이 산출된다. 이러한 말의 산출 과정에서 흐름이 잘못될 수 있는 가능성은 여러 곳에서 있을 수 있다. 특정 내용을 생각했다가도 말을 하는 도중에 내용의 일부 또는 전체를 다른 내용으로 바꿀 생각을 할 수 있고, 프로그램에 의한 명령이 각 해당 근육으로 내려가는 통로에서 협응과 동시성 실행에 문제가 있을 수도 있다. 이러한 이유로 말이 나오다가 멈춰질 수도 있고, 끊기기도 하며, 막힐 수도 있다.

어느 정도의 비유창성은 정상적인 구어 및 언어 발달 과정에 있는 아동들에게는 물론 성인들에게도 나타날 수 있다. 정상 아동들에게 비유창성이 나타나지만 모든 아동이 말더듬인이 되는 것은 아니다. 치료를 받지 않아도 자연스럽게 정상적인 상태로 돌아갈 수 있는데 이것을 자연회복(spontaneous recovery)이라고 한다. 이러한 자연회복은 취학 전에 말더듬이 시작된 후 몇 달에서 3년 사이에 일어난다(Yairi & Ambrose, 1999). 그러나 사춘기 이후 또는 아동이 자신의 말더듬을 자각하고 두려움이나 회피 등이 발달하게 된 이후에는 자연회복이 거의 되지 않는다.

치료 없이 유창성을 습득하는 어린 아동들의 수가 약 32%에서 80% 이상으로 연구 결과가 다양하며 상당히 많은 수를 차지한다(Andrews & Harris, 1964; Bryngelson, 1938; Curlee & Yairi, 1997; Klorth, Kraaimaat, Janssen, & Brutten, 1999; Panelli, McFarlane, & Shipley, 1978; Starkweather, 1987; Yairi & Ambrose, 1992; Young, 1975). 언어치료사들이 임상 현장에서 자연회복 가능성이 있는 아동과

말더듬으로 진행될 아동을 감별할 수 있도록 비유창성의 차이를 알아야 한다(권도하 외, 2010). 정상 화자들도 가끔 구어를 반복하고 머뭇거리지만 말더듬인의 비유창성은 정상 화자와 다른 질적 차이가 있다. 정상 화자는 가끔 단어나 음절을 반복하거나 짧게 머뭇거림을 나타내지만, 말더듬 아동은 말을 반복하는 횟수가 많고 한번 반복할 때 긴장하여 단어의 일부분을 여러 번 반복한다. 그리고 말을 연장하는 시간도 길다. 필자는 한 단어에서 35회나 음절을 반복하거나, 한 단어의 어두음을 말하기 위하여 12분 이상 어떠한 소리도 내지 못하는 말더듬인을 검사한 적이 있다. 물론 이러한 증상이 나타날 때도 생명유지를 위한 기본적인 호흡은 이루어진다. 정상 화자에게 나타나는 비유창성을 정상적 비유창성(normal dysfluency)이라고 하고, 말더듬인들에게 주로 나타나는 비유창성은 병리적 비유창성(abnormal dysfluency)이라고 한다. 이 두 가지 비유창성을 구분하기 위한 세부적인 특성은 제3장에서 자세하게 다루었다.

6. 말더듬 특성

발달성 말더듬은 주로 2~5세 아동기에 발생한다(Bloodstein, 1996; Conture, 2001; Guitar, 1998). 이 시기는 어휘가 급증하고 두 낱말 이상의 문장을 조합하기 시작하는 등 언어 발달의 결정적인 시기라는 것이 특징이다. 말더듬은 갑자기 발생할 수도 있지만 일반적으로는 점진적으로 발생한다. 즉, 비유창성의 빈도나 지속시간이 갑자기 증가하지 않고 점차 증가한다. 초기에 나타나는 형태는 정상적인 비유창성과 병리적인 비유창성이 공존할 수도 있고, 말더듬이 진행되면서 주된 병리적인 비유창성 형태들이 반복에서 연장, 막힘의 형태로 바뀔 수도 있다. 이와는 달리 뇌손상 등으로 나타나는 신경인성 말더듬이나 심한 스트레스 등으로 나타나는 심인성 말더듬 등은 청소년기나 성인기에 갑자기 나타날 수 있다.

말더듬인의 가족이나 친척 중에 말을 더듬는 사람들이 있는 경우가 많다. 가계력을 조사하면 가족이나 친척 중에 말더듬을 지속하고 있는 사람이 있을 수도 있고, 예전에 말을 더듬었지만 회복된 사람이 있을 수도 있다. 아동들은 이러한 가족 패턴을 따를 가능성이 크다. 이러한 가계력의 특징을 어떤 학자들은 유전적으로 해석하기도 하고, 어떤 학자들은 종교나 정치와 마찬가지로 부모로부터 아동에게 대물림된 말더듬에 대한 태도나 가치관 때문이라고 설명한다(제2장 참조). 즉, 아버지가 말을 더듬으면 그 아버지는 자녀가 비유창하게 말할 때 더 많은 관심을 가지고 꾸짖게 되고, 결과적으로 아동은 자신의 비유창성을 자각하면서 말더듬이 될 수 있다는 것이다.

발달성 말더듬은 간헐적으로 발생한다. 대부분의 말더듬인들은 혼자 말할 때나 노래할 때에는 유창하게 말하는 반면, 특정 상황이나 특정 사람 등과 말할 때에는 비유창성이 증가하여 누구나 인식할 정도로 심하게 더듬는다. 말더듬 발생은 의사소통 상황에 따라 가변적이므로 많은 말더듬 평가 과정에서 말더듬인의 일상생활을 대표하는 구어 표본 수집을 강조하며, 다양한 의사소통 상황에서 표본을 수집하도록 한다.

그리고 말더듬인들은 말더듬 경험이 축적되면서 부정적인 정서가 발달하게 된다. 말하는 것에 대하여 공포를 느낄수록 말하는 상황을 더욱 회피하게 되고, 이러한 회피는 공포를 더 증가시킨다. 말을 더듬으면 더듬을수록 좌절과 죄의식 등도 느끼게 된다. 이런 과정에서 말더듬이 더욱 심해지는 악순환이 계속된다. 말더듬인들은 말더듬을 많이 경험하면서 자신이 말을 더듬기 전에 말더듬이 일어날 것을 미리 예기할 수 있게 된다. 특정 단어나 특정 상황에서 말을 더듬은 경험이 축적되고 자각하게 되면 말더듬인 스스로 말하는 것이 어렵다고 생각하게 되고 그 상황에 직면하기 전에 말을 더듬을 것이라고 예기한다.

말더듬은 다양한 여러 특성이 복합적으로 나타나는 장애다. WHO에서는 말더듬은 정서적 요소, 행동적 요소, 인지적 요소로 구성되었다고 설명하였다(World Health Organization, 1980). 각 요소별로 다루어지는 말더듬의 특성은 [그림 1-1]와 같다(Bennett, 2006). 자기개념은 학자에 따라 정서적 요소에 포함되기도 하고(Bennett, 2006), 인지적 요소에 포함되기도 한다(Ryan, 2001).

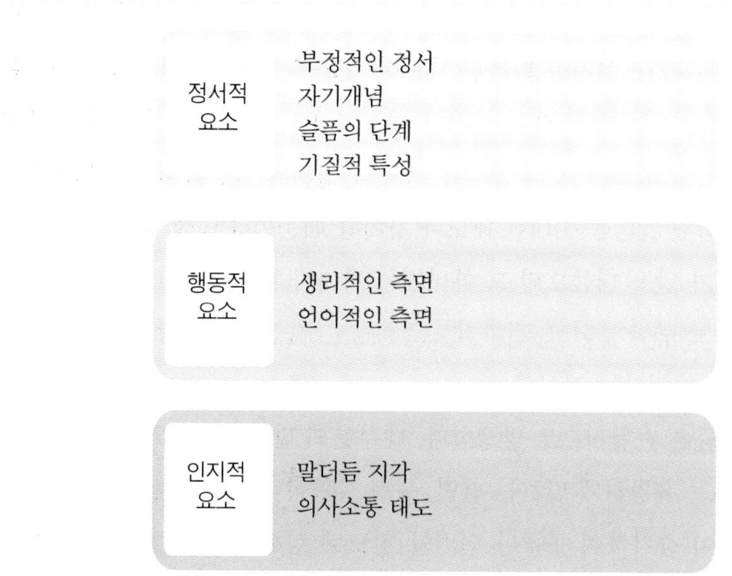

[그림 1-1] **말더듬 구성요소별 특성(Bennett, 2006)**

이들 요소 중 겉으로 드러나는 행동적 요소를 외현적 특성으로, 말더듬 행동 발달 시 불가분의 관계로 나타나는 정서적 요소와 인지적 요소에 해당되는 특성들을 내면적 특성으로 나눌 수 있다(Leith, 1984; Goldberg, 1995). 이 장에서는 말더듬인에게 나타나는 특성을 외현적 특성과 내면적 특성으로 나누어 설명하였다.

1) 말더듬의 외현적 특성

(1) 핵심행동

말더듬에서 구어의 흐름이 방해를 받아 말소리가 깨지는 것을 핵심행동이라고 한다. Van Riper(1982)는 핵심행동을 반복과 연장으로 분류하였고, Guitar (1998)는 반복, 연장, 막힘(block)으로 나누었다. Guitar는 조음기관이 고정될 때 호기와 발성이 지속되는 연장과, 호기와 발성이 중단되는 막힘을 구분하였고,

Van Riper는 막힘을 일종의 소리 없는 연장으로 보았다. Yairi 등(1993)은 말더듬에게 나타나는 비유창성을 진성 비유창성(stuttering-like disfluencies)이라고 하고 단어부분반복, 단음절 단어전체반복, 비운율적 발성(disrhydmic phonation)으로 나누고 비운율적 발성에 연장과 막힘을 포함시켜 설명하였다. 일반적으로 초기 말더듬 아동은 반복이 많이 나타나고 증상이 악화되면서 연장, 막힘의 빈도가 증가한다.

① 반복

음, 음절, 단어, 구 등의 부분이나 전체를 여러 번 되풀이하는 현상을 반복이라고 한다. 정상 화자들도 말을 할 때 반복하는 경우가 있으나 반복하는 언어 단위와 빈도 등이 말더듬인과 다르다. 말더듬인의 반복행동에서는 반복 단위, 반복 횟수, 단위 반복 수, 반복 속도 및 규칙성 등을 살펴보아야 한다.

반복행동에서 우선 반복하는 말의 언어 단위, 즉 반복 단위를 관찰하여야 한다. 반복 단위는 음, 음절, 단어, 구, 절 등이 될 수 있다. 많은 연구자들이 구 이상의 언어 단위를 반복할 경우는 정상적인 비유창성에 포함하였고, 단어 이하의 작은 언어 단위를 반복하는 경우는 말더듬으로 간주하였는데, 여기서 단어는 음절 수에 따라 차이를 두었다. 다음절 단어전체반복은 정상적인 비유창성에 포함하고, 단어부분반복은 병리적인 비유창성으로 구분하였지만, 단음절 단어의 경우는 전체반복이라도 말더듬으로 간주하였다(Conture, 1996). 즉, 다음절 단어부분반복, 단음절 단어전체반복, 단음절 단어부분반복 등은 말더듬 형태로 분류하였다. 이를, Yairi 등(1993)은 진성 비유창성의 범주에, Conture(1982)는 단어 내 비유창성(within-word disfluencies) 범주에 포함하여 설명하였다.

반복 횟수(number of repetition)는 전체 구어 중에서 음, 음절, 단어 등을 반복한 수를 의미한다. 1회 반복 시 음을 반복하든지, 단어를 반복하든지 반복 횟수는 1회가 된다. 단위 반복 수는 반복이 일어난 부분에서 음, 음절, 단어를 되풀이한 수를 의미한다. 즉, 각각의 반복에서 정상적인 단어를 발음하기 전에 되풀이한 단위(음, 음절, 단어 등)의 수를 의미한다. 말더듬 초기에는 단위 반복 수가 적고 말더듬이 심해질수록 증가한다. 정상적인 비유창성을 나타내는 아동들은 단위 반복 수가 1~2회이지만, 말더듬 아동은 3회 이상이라고 보기도 한다(Guitar, 1998).

반복행동에서 또 관찰해야 할 것은 반복 속도와 반복의 규칙성이다. 말더듬 초기에는 반복의 속도가 일상 대화의 속도와 유사하다가 점차 속도가 빨라지고 스스로 멈출 수 없는 수준까지 이르게 된다(Froeschels, 1921; Van Riper, 1971). 반복되는 단위들 사이의 간격이 짧을수록 말더듬으로 판단된다(Amir & Yairi, 2002). 그리고 초기 비유창성이 나타날 때에는 반복의 간격이 규칙적이다가(예, b..b..boy) 말더듬의 특징인 긴장이 많이 들어간 발화를 하게 되면서 반복하는 리듬이 불규칙하게 된다(예, bb......b..boy).

이 반복의 특성을 종합해 보면 반복행동에서 작은 언어 단위를 반복할수록, 반복의 횟수가 많을수록, 단위 반복 수가 많을수록, 반복의 간격이 불규칙적일수록 말더듬일 가능성이 높다. 그러나 반복의 모든 특성이 동시에 나타나지 않을 수도 있다. 예를 들어, 언어 표본에서 전체반복 횟수는 적지만 각 반복에서 긴장이 수반되어 반복이 아주 불규칙적일 경우에는 말더듬으로 간주할 수 있다. 이 경우에는 반복 이외의 다른 특성들까지 종합적으로 분석하여 평가하여야 한다.

이러한 반복은 발화 시 동시조음이나 동시화의 실패로 하나의 말소리에서 다음 말소리로의 전이가 잘 되지 않아서 일어난다고 볼 수 있다(Guitar, 1998; Van Riper, 1982). 이러한 동시조음의 실패는 호흡, 발성, 조음을 위한 근육이나 연골 등의 운동과 관련한 시간 맞추기의 문제를 일으킨다. 그래서 다음 음이나 음절로 전이를 하지 못하여 음이나 음절을 반복하는 것일 수 있다(Bloodstein, 1995; Silverman, 1996).

② 연장

한 번의 호기에서 같은 말소리가 지속되는 것을 연장이라고 하다. 따라서 연장될 수 있는 말소리는 계속성 자질이 있는 마찰음, 비음 및 단모음 등이다.

대부분의 경우 연장될 때 조음기관이 움직이지 않는다. 말소리가 0.5초 이상(Guitar, 1998) 혹은 1초 이상 지속되면(Van Riper, 1982) 연장으로 인식된다. 연장이 발생하는 원인에 대하여 Van Riper(1982)는 다음과 같이 설명하였다. 말소리를 연장하면 반복을 하지 않게 되므로 반복을 중단하기 위하여, 말을 하다가 멈추면 다시 시작할 때 말더듬이 발생할 수도 있다는 두려움 때문에, 말을 하다가 멈추면 호흡과 발성이 동시에 중단될까 봐 두려워, 말을 멈추면 청자가 더 이상 자신의 말을 듣지 않을까 봐, 접근동기와 회피동기의 갈등 속에서 어느 쪽으로도 치우치지 못해서, 조음과 관련한 근육 운동이 다음 운동으로 연결되지 않아서 연장을 하게 된다고 설명하였다. 말더듬인에게 나타나는 연장에 대한 설명들이 만족스러운 것은 아니지만 연장에 대한 이해를 도와준다. 그러나 한 가지 분명한 것은 근육들 간의 협응과 시간 조정, 동시조음의 문제로 연장이 나타난다고 볼 수 있다는 것이다.

③ 막힘

막힘은 호기와 발성이 정지되고 조음기관 및 후두의 근육들이 고정되어 있는 상태를 말한다. 특히 파열음과 파찰음을 발음할 때 긴장을 동반한 이러한 막힘이 많이 나타난다. 막힘은 조음기관이나 후두에서 주로 일어난다. 조음포즈와 후두포즈는 취하지만 소리가 나지 않는 고정된 상태를 의미한다. 양 입술을 붙인 상태에서, 혀를 윗니나 구개에 접근시킨 상태에서, 혹은 성대를 강하게 접촉시킨 상태 등에서 막힘이 일어날 수 있다. 이러한 막힘을 소리 없는 연장이라고 말하기도 하고, 긴장 쉼(tense pause)이라고도 한다(Van Riper, 1982).

막힘이 발생하는 원인도 연장의 경우와 마찬가지로 조음 또는 발성과 관련한 근육들의 동시화의 실패일 수 있다. 말더듬인이 막힘을 경험한 당시의 상태를 가리켜 '두 입술을 강력한 접착제로 붙여 놓은 것 같고, 혀를 구개에 붙여서 시멘트를 발라 놓은 것 같다.'고 표현하였다.

(2) 부수행동

말더듬이 점차 심해지면 핵심행동과 더불어 부수행동이 나타난다. 이 행동은 일차 행동인 핵심행동과 같이 나타나기 때문에 이차 행동이라고도 한다. 부수행동은 말더듬의 핵심행동과 주위 사람들의 부정적인 반응을 경험하면서 형성된 불안 및 공포의 결과로 생긴 행동들이다.

부수행동을 Guitar(1998)는 크게 핵심행동에서 빠져나오려는 도피행동과 말을 더듬을 것이라고 예측되는 음/단어, 또는 상황 공포를 피하려는 회피행동으로 나누어 설명하였다. Van Riper(1982)는 회피, 연기, 시작계교, 위장 반응 등이 있다고 하였다. Boodstein(1981)은 말더듬과 연관된 이차적 특성을 겉으로 드러난 부수행동, 생리적인 부수행동, 내면적인 부수행동 등으로 나누어 설명하였다. 겉으로 드러난 부수행동에는 눈 깜빡임, 발 굴리기, 안면 찡그림, 구어 분절음의 삽입, 비정상적인 소리 등이 포함되고, 생리적인 부수행동은 겉으로 나타나지 않는 내적인 신체 변화를 말하는데 맥박 변화, 동공 팽창, 포착하기 어려운 눈 동작, 떨림 등이 포함된다. 내면적인 부수행동은 좌절, 예기와 관련한 공포와 불안 등을 예를 들어 설명하였다.

핵심행동은 말더듬이 진행되면서 일반적으로 반복, 연장, 막힘 순으로 나타나지만 부수행동은 개인에 따라 그 양상이 천차만별이다. 아동들에게 말더듬이 발생하고 1년 이내에 이러한 부수행동의 수와 심한 정도가 감소하지 않는 경우 만성적인 말더듬이 될 위험성이 커진다.

(3) 음/단어 공포 및 상황공포

말더듬인들이 경험하는 공포는 말을 더듬었을 때 주위 사람들의 부정적인 반응에서 기인한다. 부정적인 반응의 유형은 놀리는 사람, 동정하는 사람, 무시하는 사람, 고개를 돌리는 사람, 야단치는 사람, 흉내 내는 사람 등 다양하다. 이러한 모든 반응이 말더듬인에게는 당황스럽고 견디기 어려운 벌로 다가온다. 주위의 이러한 부정적인 반응은 말더듬인들의 마음속에 음/단어 공포 및 상황공포를 싹트게 한다.

말더듬인들이 특정 단어를 자주 더듬게 되면 그 단어를 말할 때마다 더듬을 것이라는 강박관념이 생기고 단어에 대한 공포심이 생기며, 이를 음/단어 공포라고 한다. 말더듬이 심화되면서 점차 공포심이 생기는 단어 수가 증가하게 되어, 공포가 된 단어의 어두음으로 시작하는 다른 단어까지 공포가 확대된다.

상황 공포(situation fear)는 특정한 환경에 대해 두려워하고 공포를 느끼는 것을 말한다. 특히 말더듬인의 경우 전화, 특정한 환경, 장소 등에서 더 많이 더듬는 경우가 있다. 어떤 말더듬인은 동성과 말할 때는 더듬지 않지만 이성과 말할 때는 더듬는다. 어떤 사람은 윗사람과 말할 때, 아버지와 이야기할 때, 읽을 때, 음식을 주문할 때, 전화할 때, 특정 주제에 대해서 이야기할 때 더 더듬는다. 이와 같이 특정 대상, 주제, 시간, 장소 등에서 말더듬이 자주 발생하면 이와 관련한 상황 공포가 생긴다.

(4) 도피행동

도피란 특정 대상으로부터 벗어나려는 행위로, 외부환경에서 예기치 않은 위험이 다가올 때 그 위험을 피하는 가장 원시적이고 적극적인 자기 방어 수단이다(권도하, 2011). 일반인들은 우리가 일반 행동을 통제할 수 있는 것처럼 말더듬 행동이 나타나면 멈추거나 통제하라고 하지만, 많은 경우 말더듬이 한번 시작되면 의도적으로 말을 멈추거나 말더듬에서 빠져나올 수 없게 된다. 이러한 말더듬 행동에서 빠져나오려고 하는 자신만의 비정상적인 행동을 도피행동(escape behavior)이라고 한다. 이러한 도피행동의 양상은 말더듬인들마다 다르며 믿기 어려울 만큼 매우 다양하다. 예를 들면, 한숨을 쉬는 행동, 흡기를 하는 행동, 호흡을 멈추는 행동, 눈을 꾹 감는 행동, 혀를 밖으로 내미는 행동, 입술을 뾰족하게 내미는 행동, 머리나 사지를 흔드는 행동, 발로 바닥을 차는 행동 등과 같은 행동의 힘을 빌려 말더듬에서 빠져나오려고 한다.

이러한 도피행동이 말더듬에서 빠져나오는 보상을 가져오지만 그 효과가 오래가지 못하므로 다른 도피행동을 찾게 된다. 이러한 과정을 거치다 보면 도피행동이 점점 더 복잡해지고 말더듬 행동은 점차 악화된다.

(5) 회피행동

회피는 실제 위험에 접근하고 있지 않으며, 확인 가능한 대상이 없는 데도 불구하고 두려워 달아나려고 하는 수단이다(권도하, 2011). 도피와 달리 회피는 두려움에 대한 구체적인 대상물이 없다. 말더듬 초기에는 회피행동(avoidance behavior)이 나타나지 않지만 말더듬이 점차 심화되면서 도피행동에서 더 진전되어 회피행동으로 나타난다. 회피행동은 음/단어 공포 및 상황 공포에 직면하지 않기 위한 다양한 행동을 말한다. 가능한 한 다른 사람들을 만나지 않으려 하고, 부득이하게 사람을 만나야 할 때는 되도록 말을 적게 하려고 한다. 다른 사람들이 말을 걸거나 질문을 하지 않도록 시선을 피하거나 눈을 감고 생각에 잠겨 있는 것처럼 행동하거나 딴전을 피운다. 부득이하게 자기가 말을 해야 하는 상황이면 웃는 표정으로 동의를 표하거나 간단한 몸짓이나 제스처로 의사 표시를 하거나 '예' '아니요'와 같은 간단한 의사 표현을 한다. 질문에 대한 답을 알고 있더라도 말더듬 행동에 대한 두려움으로 모르는 것처럼 행동한다.

말을 더듬는 사람들은 어디에서 누구를 만나든 극도의 긴장으로 다가오는 상황과 말더듬이 나타날 가능성이 있는 사건을 미리 예측하고 대비하는 데 온 신경을 집중한다. 말을 하면서는 내용보다는 말을 하려는 문장 속에 공포가 되는 음이나 단어가 있는지에 집중하게 되고, 그러다가 공포가 되는 음이나 단어가 나오면 온갖 방법과 수단을 동원하여 회피한다.

도피와 회피는 일시적으로 말더듬에서 벗어날 수는 있지만, 완전한 방어 수단은 될 수 없다. 회피행동은 개인에 따라 그 양상이 매우 다양하다. 회피행동을 통하여 말더듬을 일시적으로 모면하는 경우도 있지만, 회피행동은 말더듬을 정면으로 대적하는 것이 아니라 말더듬에서 도망가는 것이다. 도망갈수록 말더듬은 더욱 무섭고 두렵게 된다. 자주 나타나는 회피행동의 몇 가지 유형은 다음과 같다.

① 거부행동

거부는 말더듬 때문에 불안이 유발되는 상황을 회피하려는 의도이며, 거부행동(denial behavior)은 말더듬인이 자기가 말을 할 기회조차 회피하는 것이다. 알면서도 모르는 척하거나 시선을 회피하는 행동이다. 심한 경우에는 의도적으로 휴대전화를 갖지 않고, 처음 만난 사람들과 말을 할 때 청각장애인인 것처럼 행동하기도 한다.

② 바꾸어 말하기

바꾸어 말하기(rephrasing)는 자신이 말하려는 단어를 더듬을 것 같을 때 그 단어 대신 의미상 유사한 새로운 단어로 바꾸어서 말하는 현상이다. 말더듬인은 특정 단어에서 말더듬이 발생할 것을 미리 알고 있을 때, 그 단어 대신 다른 단어를 대치하여 말더듬을 피하려고 시도할 수도 있다. 이때 대치되는 단어는 실제로 말하려고 의도했던 공포를 느끼는 단어가 아니기 때문에 말하기가 더 쉽다. 어떤 말더듬인들은 특정한 단어를 회피하려고 문장 전체를 바꾸어 말하기도 한다. 이러한 경우 자신이 정말 원하는 단어를 포기하기 때문에 겉으로는 유창하게 보이지만, 말더듬에 대한 내면적인 공포는 오히려 증가하게 된다. 바꾸어 말하기의 유형에는 동의어로 대치하기, 에둘러 말하기, 에두르기, 순서 바꾸기, 전보문식 표현하기, 대용어 사용하기 등이 있다.

③ 연기책

연기책(postponement)은 말더듬인이 말을 산출할 때 어려움이 있을 것이라고 예기되는 단어를 말하는 시간을 지연시키기 위해 사용하는 방법이다. 연기책에는 쉼, 삽입어 앞에서 말한 단어의 반복, 불필요한 단어의 사용 등이 포함된다. 말더듬인에 따라 어떤 경우는 말하려는 단어를 잊어버린 척 하기도 한다.

말을 하는 도중에 삽입어를 많이 사용하거나 정상적으로 말한 단어나 구를 반복한다. 삽입어는 화자가 말을 시작하거나 유지시키기 위해서 발화와 발화 사이 혹은 말을 시작할 때 습관적으로 음이나 음절, 단어 전체나 부분, 구를 삽입하는 것을 말한다. 말하는 동안 '어' '음' '아' 등과 같은 음을 지나치게 사용하면 매끄러운 대화를 방해하게 된다. 이는 정상적인 비유창성 형태에 '어, 저, 그런데, 음'과 같은 삽입이 포함되지만, 산출 빈도가 높게 나타나면, 비유창성으로 간주한다(Ryan, 2001). 일반인들도 삽입어를 사용하지만 말을 더듬는 사람들은 말더듬을 감추고 방지하기 위한 책략으로 사용하기도 한다.

그리고 말더듬인들은 말을 더듬거나 침묵하고 있는 것보다 발화를 지속하기 위해 불필요한 단어들을 지나치게 많이 사용하는 경우가 있다. 말더듬인들은 때로는 의도한 정확한 단어보다 불필요한 단어를 말하는 것이 더 쉬운 경우가 있기 때문이다. 어떤 말더듬인은 이러한 연기책략을 능숙하고 자연스럽게 사용하기 때문에 다른 사람들이 말더듬을 회피하려는 의도에서 사용한다는 것을 인지하지 못할 때가 있다.

2) 말더듬의 내면적 특성

말더듬의 내면적 특성에는 기질적 특성, 말더듬으로 인한 부정적 정서, 부정적 자아개념 등이 포함된다(Bennett, 2006). 말더듬으로 경험하게 되는 의사소통의 실패와 어려움이 벌(penalty), 좌절(frustration), 불안(anxiety), 죄의식(guilty), 적의(hostility) 등의 부정적 정서를 유발시킨다. 초기 말더듬 아동들은 자신이 말을 더듬고 있다는 사실조차 자각하지 못한다. 그러나 부모나 형제를 포함한 주위 사람들의 지적과 재요구로 자기가 말을 더듬고 있다는 것을 깨닫게 된다. 자신의 말에 대한 인식으로 놀라다가 말더듬이 진전되면서 당황하고, 좌절하고, 수치심을 느끼다가 말더듬에 대하여 공포와 두려움, 분노와 적대감을 느끼게 된다.

말더듬인들은 문장을 발화하다가 중간에 말더듬 행동이 나타났을 때 가엾다는 표정으로 대신 말해 주는 사람에게 가장 많은 적의감이 느껴진다고 한다. 자기가 말을 더듬는다는 사실이 가족에게 불명예가 된다는 생각에 죄의식을 느끼기도 한다. 심하게 말을 더듬는 사람들이 자신의 느낌, 심리, 태도를 표현한 예를 통해 말더듬인들의 심리 상태를 좀 더 깊이 이해할 수 있기를 바란다.

결과적으로 말더듬인은 유창하게 말하는 것이 상당히 어렵다는 것을 깨닫게 된다. 말더듬인에 따라 특정한 단어나 음을 말하기 힘들다는 이러한 확신으로 말을 쉽게 하기 위해 다양한 부수행동을 사용하는 경우가 있다. 그 결과, 부정적인 정서로 죄의식, 부끄러움, 당황함 등을 느끼게 되고 자신감과 자아상을 상실하게 된다.

그리고 말더듬인이 자신의 비유창성을 받아들이기까지 5단계, 즉 부정, 분노, 타협, 우울, 수용 단계를 거친다(Kübler-Ross, 1969). 먼저 자신의 말더듬을 부정한다(예, '나는 말을 더듬는 것이 아니다.'). 그리고 자신의 말더듬에 화를 내고(예, '왜 하필이면 내가 말을 더듬어야 하는가?') 타협을 하기에 이른다(예, '착한 사람이 되겠으니 말을 더듬지 않게 해주세요.'). 협상에 실패하면 우울에 빠지게 되고, 다음에는 자신의 말더듬을 담담히 받아들이는 수용 단계에 이르게 된다. 말더듬인이 어느 단계에 있느냐에 따라 임상적인 저항이 다르고, 치료 효과에 따라 각 단계에서 보내는 시간도 적어진다.

말더듬은 구어장애뿐 아니라 부정적인 정서나 인지까지 포함한 의사소통장애로 볼 수 있다. 말더듬을 이해하는 것은 복잡한 퍼즐 조각을 맞추어 가는 과정일지도 모른다. 말더듬 행동에 수반되는 부정적인 정서는 말더듬인의 생활 전반에 좋지 못한 영향을 준다. 복잡한 퍼즐을 맞추어 가는 과정은 누구에게나 힘든 여정이지만, 언어치료사는 말더듬인과 함께 빠르고 쉽게 이 문제를 해결해 나갈 수 있도록 체계적이고 효율적인 방법을 적극적으로 모색해 나가야 할 것이다.

연습문제

1. 구어 유창성과 언어 유창성을 설명하시오.

2. 의미적 단어 유창성과 음소적 단어 유창성을 비교 설명하시오.

3. 유창성 장애의 정의를 설명하시오.

4. WHO에서 제시한 말더듬의 구성요소에 대하여 설명하시오.

5. 말더듬의 핵심행동에 대하여 설명하시오.

6. 말더듬의 부수행동 가운데 도피행동과 회피행동을 비교하여 설명하시오.

7. 말더듬인의 내면적 특성에 대해 설명하시오.

참고문헌

권도하(2010). 말더듬 형태 분석에 있어 단어에 대한 기준 확립을 위한 기초 연구. 언어치료연구, 19(1), 119-128.

권도하(2011). 언어치료학사전. 경북: 물과길.

권도하, 신후남, 이무경, 전희숙, 김시영, 유재연, 신명선, 황보명, 박선희, 신혜정, 안종복, 남현욱, 박상희, 김효정(2011). 언어치료학개론(개정판). 경북: 물과길.

권도하 역(1990). 말더듬 정도 측정검사. 대구: 한국언어치료학회.

권도하 역(1995a). 말더듬 치료 프로그램. 대구: 한국언어치료학회.

권도하 역(1995b). 말더듬 임상관리. 대구: 한국언어치료학회.

권도하 역(2004). 발살바 말더듬 치료. 대구: 한국언어치료학회.

권도하, 전희숙 역(2005). 말더듬 핸드북. 대구: 한국언어치료학회.

김영태(2003). 아동언어장애의 진단 및 치료. 서울: 학지사.

김효정, 권도하(2004). Valsalva-말더듬 치료법이 말더듬 성인의 말더듬 개선에 미치는 영향에 관한 사례연구. 언어치료연구, 13(2), 129-142.

신명선(1996). 정상 유아의 비유창성 발생에 관한 연구. 대구대학교 대학원 석사학위논문.

신명선(2005). 신경인성과 발달성 말더듬의 비유창성 특성 비교. 대구대학교 대학원 박사학위논문.

안종복, 신명선, 권도하(2002). 정상 성인 및 아동의 구어 속도에 관한 연구. **음성과학**, 9(4), 93-103.

이규식, 석동일, 권도하, 정옥란, 강수균, 김시영, 신명선, 이상희, 황보명, 이옥분(2004). **의사소통장애 치료교육**. 서울: 학지사.

이승환(2007). **유창성 장애**. 서울: 시그마프레스.

이은애(2010). 뇌손상 위치에 따른 신경인성 말더듬인들의 비유창성 행동 특성에 관한 연구. 대구대학교 대학원 석사학위논문.

이주희(2008). 알츠하이머병과 경도인지장애환자의 단어유창성 수행 차이와 진단적 유용성. 경북대학교 대학원 석사학위논문.

장현진(2005). 행동인지 말더듬 치료 프로그램이 성인 말더듬인의 유창성 및 자아개념에 미치는 효과. 대구대학교 대학원 석사학위논문.

전희숙(2005). 자아증진이 말더듬 성인의 말더듬 인지 및 행동에 미치는 효과. 대구대학교 대학원 박사학위논문.

전희숙, 김효정, 신명선, 장현진(2011). 장.노년기 성인의 유창성 특성 연구. **한국콘텐츠학회논문지**, 11(3), 318-326.

Amir, O., & Yairi, E. (2002). The effect of temporal manipulation on the perception of disfluencies as normal or stuttering. *Journal of Communication Disorders*, *35*, 63-82.

Ammons, R., & Johnson, W. (1944). Studies in the psychology of stuttering: XⅧ. The construction and application of a test of attitude toward stuttering. *Journal of Speech and Hearing Disorders*, *9*, 39-49.

Andrews, G. (1984). Epidemiology of stuttering. In Curlee, R. F. and Perkins, W. H. (Eds), *Nature and Treatment of Stuttering: New Directions*. San Diego: College-Hill Press.

Bennett, E, M. (2006). *Working with People Who Stutter: A Lifespan Approach*. New Jersey: Prentice Hall.

Bloodstein, O. (1981). *A Handbook on Stuttering* (3rd ed.). National Easter Seal Society, Chicago.

Bloodstein, O. (1995). Handbook on stuttering. San Diego: Singular Publishing Group.

Bousten, F., & Brutten, G. (1990). Stutterers and nonstutterers: a normative investigation of children's speech-associated attitudes. *Paper presented at the American Speech-Language and Hearing Association Convention.*

Brandy, J. P. (1991). The pharmacology of stuttering: A critical review. *Amer. J. Psychiatry, 148*, 1309-16.

Bruyer, R., & Tuyumbu, B. (1980). Verbal fluency and lesion of the cerebral cortex. *Encephale, 6*(3), 287-297.

Brutten, G. J., & Dunham, S. (1989). The Cummunication Attitude Test: A normative study of grade school children. *Journal of Fluency disorders, 14*, 371-377.

Brutten, G. J., & Shoemaker, D. (1967). *The modification of stuttering*. Englewood Cliffs, NJ: Prentice Hall.

Brygelson, B. (1938). Prognosis of stuttering. *Journal of Speech Disorders, 3*, 121-123.

Conture, E. G. (1982). *Stuttering*. Englewood Cliffs, NJ: Prentice Hall.

Conture, E. G. (2001). *Stuttering: Its nature, diagnosis, and treatment.* Boston: Allyn & Bacon.

Curlee, R. F., & Yairi, E. (1997). Early intervention with early childhood stuttering: A critical examination of the data. *American Journal of Speech-Language Pathology, 6*(2), 8-18.

Dalton, P., & Hardcastle, W. J. (1977). *Disorders of Fluency*. New York: Elsevier.

Daly, D. A., & Burnett, M. L. (1996). Cluttering: Assessment, treatment planning, and case study illustration. *Journal of Fluency Disorders, 21*(3-4), 239-248.

Fillmore, W. (1979). Individual differences in second language acquisition. In C.

Fried-Oken, M. (1987). Qualitative examination of children's naming skill through test a adaptations. *Language, Speech, and Hearing Services in Schools, 18*, 206-216.

Froeschels, E. (1921). Beitrage zur symptomatologie des stotterns. *Monatsschrift fur Ohrenheilkunde, 55*, 1109-1112.

Goldberg, S. A. (1995). *Behavior cognitive stuttering therapy*. California: Intelligroup.

Gray, S. (2004). Word learning by preschoolers with specific language impairment: Predictors and poor aearners. *Journal of Speech, Language, and Hearing Research, 47*(5), 1117-1132.

Guitar, B. (1998). *Stuttering: An integrated approach to its nature and treatment* (2nd ed.). Baltimore: Williams & Wilkison.

Ham, R. E. (1989). What are we measuring? *Journal of Fluency Disorders, 14*, 231-

243.

Healey, E. C. (1991). Assessment review: Stuttering severity instrument for children and adults (revised ed.). *Journal of Fluency Disorders, 16*, 309-316.

Hillis, J. W. (1993). Ongoing assessment in the management of stuttering: A clinical perspective. *American Journal of Speech-Hearing Pathology, 2*(1), 24-37.

Ingham R. J., & Onslow, M. (1985). Measurement and modification of speech naturalness during stuttering therapy. *Journal of Speech and Hearing Disorders, 50*, 261-281.

Johnson, W., & Associates. (1959). *The onset of stuttering: Research findings and implications*. Minneapolis: University of Minnesota.

Keilp, J. G., Gorlyn, M., Alexander, G. E., Stern, Y., & Prohovnik, I. (1999). Cerebral blood flow patterns underlying the differential impairment in category vs letter fluency in Alzheimer's disease. *Neuropsychologia, 37*(11), 1251-1261.

Kloth, S. A. M., Janssen, P., Kraaimaat, F. W., & Brutten, G. J. (1995). Speech-motor and linguistic skills of young stutterers prior to onset. *Journal of Fluency Disorders, 2*, 157-170.

Kloth, S. A. M., Kraaimaat, F. W., Janssen, P., & Brutten, G. J. (1999). Persistence and remission of incipient stuttering among high-risk children. *Journal of Fluency Disorders, 24*, 253-265.

Kübler-Ross, E. (1969). *On death and dying*. New York: MacMillan.

Lahey, M., & Edwards, J. (1999). Naming errors of children with specific language impairment. *Journal of Speech, Language, and Hearing Research, 42*(1), 195-205.

Leith, W. R. (1986). Treating the stutterer with atypical cultural influences. In K. O. St. Louis (Ed.), *The atypical stutterer* (pp. 9-34). Florida: Academic Press.

Manning, W. H. (2001). *Clinical Desicion-making in fluency disorders*. California: Singular.

Max, L., & Caruso, A. J. (1995). Caruso Adaptation of stuttering frequency during repeated readings. *Journal of Speech, Language, and Hearing Research, 41*, 1265-1281.

Monsch, A. U., Bondi, M. W., Butters, N., Salmon, D. P., Katzman, R., & Thal, L. J. (1992). Comparisons of verbal fluency tasks in the detection of dementia of the Alzheimer type. *Archives of Neurology, 49*(12), 1253-1258.

Morris, J. C., Allison, M. M., Melanie, V., Cynthia, A. R., & John, H. (1999). Verbal fluency in children: Developmental issues and differential validity in distinguishing children with attention-deficit hyperactivity disorder and two subtypes of dyslexia. *Arch Chin Neuropsychology*, *14*, 433-443.

Pasquier, F., Lebert, F., Grymonprez, L., & Petit, H. (1995). Verbal fluency in dementia of frontallobe type and dementia of Alzheimer type. *British Medical Journal*, *58*(1), 81.

Pihlajamaeki, M., Tanila, H., Haenninen, T., Koenoenen, M., Laakso, M., Partanen, K. et al. (2000). Verbal fluency activates the left medial temporal lobe: A functional magnetic resonance imaging study. *Annals of Neurology*, *47*(4), 470-476.

Panelli, C. A., McFarlane, S. C., & Shipley, K. G. (1978). Implications of evaluating and intervening with incipient stutterers. *Journal of Fluency Disorders*, *3*, 41-50.

Regard, M., Strauss, E., & Knapp, P. (1982). Children's production on verbal and non-verbal fluency tasks. *Perceptual and motor skills*, *55*, 839-844.

Riley, G. D. (1972). A Stuttering severity instrument for children and adults. *Journal of Speech and Hearing Disorders*, *37*, 314-322.

Riley, G. D. (1980). *Stuttering severity instrument for children and adults* (revised ed.). Tigard, OR: C. C. Publication.

Riley, G. D. (1994). *Stuttering Severity Instrument for Children and Adults* (3rd ed.). Asstin, Tx: PRO-ED.

Riley, G. D., & Ingham, J. C. (2000). Acoustic duration changes associated with two types of treatment for children who stutter. *Journal of Speech, Language, and Hearing Research*, *43*, 965-978.

Ryan, B. (2001). *Programmed therapy for stuttering in children and adults* (2nd ed.). Springfield, IL: Charles C. Thomas.

Shames, G. H., & Florance, C. L. (1980). *Stutter-Free Speech: A Goal for Therapy*. Clumbus: Merril.

Shames, G. H., & Rubin, H. (1980). *Stuttering Then and Now, Part* Ⅲ. Columbus: Merril.

Shine, R. E. (1980). Direct management of the beginning stutterer. *Seminars in Speech, Language and Hearing* (vol. 1). New York: Thieme-Stratton.

Sidavi, A., & Fabus, R. (2010). A Review of Stuttering Intervention Approaches for Preschool-Age and Elementary School-Age Children. *Contemporary Issues in*

Communication Science and Disorders, 37, 14-26.

Silverman, F. H. (1981). Relapse following stuttering therapy. In Lass, N. J. (Ed.), *Speech and Language: Advances in Basic Research and Practice*, Vol. 5. New York: Academic Press. *Speech Foundation of America, Publications 1-20*. Memphis, Tenn.

Starkweather, C. W. (1987). *Fluency and stuttering*. Englewood Cliffs, NJ: Prentice Hall.

Van Riper, C., (1982). *The nature and treatment of stuttering* (2nd ed.). Englewood Cliffs, NJ: Prentice-Hall.

Van Riper, C., & Emerick, L. (1984). *Speech correction: An introdction to speech pathology and audiology*. Englewood Cliffs, NJ: Prentice-Hall.

Van Riper, C., & Erickson, R. L. (1996). *Speech correction: An introdction to speech pathology and audiology*. Needham Height, MA: A Simon & Schuster Co.

Wiig, E., Semel, E., & Nystom, L. A. (1982). Comparison of rapid naming abilities in language-learning-disabled and academically achieving eight-year-olds. *Language, Speech and Hearing Services in the Schools, 13*, 11-22.

World Health Organization (1980). International classfication of impairments, disabilities, and handicaps: *A Manual of classification relating to the consequences of disease*. Geneva, Switzerland: World Health Organization.

Yairi, E., & Ambrose, N. G. (1992). A longitudinal study of stuttering in children: A preliminary report. *Journal of Speech and Hearing Research, 35*, 755-760.

Yairi, E., & Ambrose, N. G. (1999). Early childhood stuttering I: Persistency and recovry rates. *Journal of Speech, Language, and Hearing Research, 42*, 1097-1112.

Yairi, E., Ambrose, N. G., & Niermann, R. (1993). The early months of stuttering: A developmental study. *Journal of Speech and Hearing Research, 36*, 521-528.

Young, M. A. (1975). Onset, prevalence, and recover from stuttering. *Journal of Speech and Hearing Disorders, 40*, 49-58.

Zebraski, P. M. (1994). Stuttering. In J. B. Tomblin, H. L. Morris, & D. C. Spriestersbach (Eds.), *Diagnosis in speech-language pathology*. San Diego: Singular Publishing Group.

제2장

말더듬 원인

김시영

1. 생리학적 요인
2. 심리사회적 요인
3. 다중요인

말더듬 원인

말더듬인과 인터뷰할 때 자신이 왜 말을 더듬는지에 관한 질문을 가장 많이 받는다. 이는 말더듬의 원인과 관련된 질문으로 명확한 답을 내리기가 매우 어렵다. 그 이유 중 하나는 원인이 한 가지로 단정되지 않기 때문이다. 말더듬의 원인은 양파의 껍질처럼 매우 복잡하고 알면 알수록 더욱 모호해진다. 이에 원인과 관련한 연구들이 끊임없이 이루어지고 있으며, 그 결과 수많은 말더듬 원인에 대한 가설들이 수립되고 또한 일부는 증명되기도 한다.

왜 말을 더듬는가에 대하여 말더듬인 혹은 말더듬 아동 부모는 성격이 급해서, 말을 더듬는 친구와 놀다가, 동생이 태어난 후부터, 혹은 어린이집을 처음 다니게 된 후부터 적응 문제 때문에 말을 더듬기 시작한 것 같다고 보고한다. 또 다른 경우는 수업시간 발표 중 수치심을 느낀 이후 혹은 심하게 혼이 난 후부터 말을 더듬었던 것 같다고 이야기하기도 한다. 어떤 부모는 아이가 처음 말을 시작할 때부터 더듬었다고도 하고, 말을 더듬는 아버지 때문일 것 같다는 등의 의견을 말하기도 한다.

영화 〈킹스 스피치(King's speech)〉에서 영국 국왕인 조지 6세는 자신의 말더듬 원인이 활달한 형과 비교되는 열등감과 유모의 양육과정에서 생긴 마음의 상처와 관련 있을 것이라고 말한다. 그런데 그의 언어치료사인 라이오넬 로그는 그의 말에 고개를 끄덕이면서도 한편으로는 조지 6세가 양손잡이인 것을 유심히 관찰하고, 그에 관한 일화들을 묻는다. 필자는 제2차 세계대전을 알리는 연

[그림 2-1] **영화 〈킹스 스피치〉**

설문을 앞에 두고 말더듬 때문에 두려워하는 긴장된 콜린 퍼스(조지 6세 역)의 표정을 잊을 수 없다. 말더듬인의 고뇌와 말더듬을 극복하고자 하는 노력은 우리에게 언어치료사로서의 사명감을 다하도록 강한 메시지를 보낸다.

이처럼 일반인들이 생각하는 수많은 원인들이 말더듬 원인에 관련된 이론과 가설에 포함되는 경우도 있고 전혀 그렇지 않은 경우도 있다. 만약 말더듬 원인에 대하여 단일 이론으로 명확하게 설명하고 단정하는 언어치료사가 있다면 그의 전문성은 매우 의심된다고 생각한다. 말더듬은 단일요인이 아니라 다중요인으로 발생되고 발달되고 유지되기 때문이다.

이 장에서는 말더듬 발생 원인을 생리학적 요인, 심리사회적 요인, 다중요인의 세 가지 부분으로 나누어 설명하고자 한다. 생리학적 요인에서는 생물학적 요인, 감각운동 요인으로 나누어 기술한다. 심리사회적 요인에서는 발달요인, 환경요인, 학습요인을 다룬다. 그 외 최근의 패러다임인 다중요인-역동적 모델, 요구용량모델, 신경생리학적 모델은 다중요인으로 구분하여 기술하였다.

1. 생리학적 요인

1) 생물학적 요인

(1) 유전

말더듬이 유전인지에 관한 연구는 가계연구, 쌍둥이 연구, 입양연구를 통해 이루어지고 있다. 가계연구는 말더듬 발생의 빈도 및 패턴을 알아보기 위해 말더듬인의 가계도를 조사하는 것이다. 연구 결과, 남성은 지속적인 말더듬이 발생할 위험성이 더 크고, 여성은 지속적인 말더듬에 대한 타고난 내성이 있어서 말더듬으로부터 더 쉽게 회복되는 경향이 있었다.

Andrews와 Harris(1964) 등의 연구에서는 여성 말더듬인들이 남성보다 훨씬 더 자주 양친으로부터 '말더듬' 유전자를 받는다고 한다. 따라서 여성 말더듬인들이 남성 말더듬인들에 비해 말을 더듬는 친척이 있을 확률이 높다. 또한 여성 말더듬인의 남성 친척들은 여성 말더듬인의 여성 친척들과 비교할 때 말더듬의 위험이 4배나 더 높다. 이들의 연구에서는 말더듬인의 남성 사촌들이 일반인들에 비해 5배 이상 말더듬 위험이 있다고 밝혔다. 남성은 감수성의 수준 혹은 역치가 더 낮다. 이처럼 여성 말더듬인과 비교할 때 남성 말더듬인들에게서 발생비율이 높은데, 이는 유전인자가 성염색체인 X염색체에 존재하며, 발생 빈도가 성별에 따라 차이를 나타내는 유전 형태인 반성유전이 원인일 수 있다. 반성유전(Sex-linkage)은 유기체의 성별을 결정하는 성염색체상의 유전자에 의해 발현되는 유전현상이다. 각 개체는 한 쌍의 성염색체를 가지며, 그 쌍을 이루는 염색체 1개씩을 각각의 부모로부터 물려받는다. 예를 들어, 인간의 경우, 여성 결정인자 또는 X염색체는 더 많은 유전자들을 가지고 있는 반면, 남성 결정인자 혹은 Y염색체는 유전자 수에서 부족하다. 여성은 2개의 X염색체를 갖는다. 반면, 남성은 X염색체 1개와 Y염색체 1개를 갖는다. 적록색맹을 포함한 여러 유전형질들은 X염색체상에 있는 유전자들의 상호작용에서 일어난다. Y염색체를 갖는 남성의 경우, X염색체상의 유전자들의 활성에 영향을 주거나 억제할 수 있는 대립유전자가 Y염색체상에 없다. 혈우병은 X염색체상에 있는 유전자들에 의해 조절되는 또 하나의 유전형질이어서 오직 모계를 통해서 남성들에게 전달된다. 합지증(合指症)이라 불리는 발가락 기형과 다른 여러 경미한 유전형질들은 Y염색체상의 유전자에 의해 결정되어 오직 남성들만 문제를 갖게 되고 남성들에 의해서만 전달된다. 이와 같이 말더듬을 반성 유전으로 설명하려는 시도가 있어왔다.

Bloodstein과 Ratner(2008)는 한 가계에서 여러 세대에 걸쳐 말더듬이 출현한다는 점을 근거로 하여, 말더듬은 신경학적 차이 또는 이상이 유전되어 발생된다고 주장하였다.

쌍둥이 연구는 쌍둥이 중 한 명이 말을 더듬는다면 나머지 한 명에게도 말더듬이 발생하는가에 대한 연구다. 연구 결과, 동성의 이란성 쌍둥이에 비해 일란성 쌍둥이의 일치성이 더 높았다. 그러나 일란성 쌍둥이 중 한 아동이 말을 더듬지만 다른 아동은 더듬지 않는 경우도 역시 많았다. 이러한 결과는 말더듬이 유전자만으로 결정되지는 않는다는 점을 보여 준다. 즉, 말더듬이 발생되려면 환경과 유전자의 상호작용이 필요하다.

Howie(1981)는 쌍둥이들을 대상으로 말더듬의 일치성에 관한 연구를 통해 쌍둥이의 말더듬은 유전학적 요인과 관련이 더 많다고 주장하였다. 쌍둥이의 일치성이란 일란성 쌍둥이와 이란성 쌍둥이가 서로 공유하고 있는 것과 똑같은 성격의 정도를 말한다. Howie는 쌍둥이 중 적어도 한 명이 말더듬인인 16쌍의 일란성 쌍둥이와 13쌍의 이란성 쌍둥이를 대상으로 연구하였다. 연구 결과, 일란성 쌍둥이 중 나머지 한 명이 말을 더듬을 확률은 77%, 이란성 쌍둥이 중 나머지 한 명이 말을 더듬을 확률은 32%로 분석하였다. 말더듬인의 형제자매들이 말을 더듬을 위험률이 20%임을 감안할 때 Howie의 분석은 유전이론을 뒷받침한다. 또한 형제자매들보다 이란성 쌍둥이에서 말더듬이 나타날 확률이 훨씬 높다는 것에 대해서, 연구자는 환경적 유사성이 형제자매보다 이란성 쌍둥이에서 훨씬 더 크다는 것으로 설명한다. 그리고 말더듬 아동들이 말을 더듬지 않는 아동들에 비해 말더듬 친척이 있을 가능성이 높다고 보고하였다. 이 연구는 유전이론을 지지하지만, 동시에 다른 환경적 요소 등이 어떤 말더듬인에게는 원인으로 작용한다는 사실을 지적하고 있다. 그러나 Howie는 원인으로 작용할 수 있는 특별한 환경적 요소들을 확인하지 못하였다.

입양연구는 출생 직후 입양되거나 다른 가족과 살게 되는 형제에게서 말더듬이 출현하는가에 대한 연구다. 입양된 가족보다 생물학적인 친족에서 말더듬 발생률이 높다는 것은 말더듬의 원인이 환경적 원인이기보다 유전과 관련된다는 근거를 제시해 준다.

말더듬인 중 30~60%는 말더듬 가족력이 있지만, 나머지는 가족력이 없다. 이는 말더듬을 일으킨 소인이 출생 시 또는 출생 직후에 발생하는 선천적 요인에 기인할 수도 있다는 시사점을 준다. 가족력이 없는 말더듬인을 조사한 연구에서 말더듬 발생 이전에 전염병, 출생 시 산소결핍, 어린 시절의 수술, 뇌손상, 경미한 뇌성마비, 경미한 지적장애, 심한 공포로 인한 사례가 많았다. 이는 말더듬의 소인은 유전뿐만 아니라 선천적인 요인과 관련될 수 있음을 알려 준다.

이상처럼 가계연구, 쌍둥이 연구, 입양연구는 유전을 지지하는 증거가 있다. 그러나 우리가 현재 알고 있는 바로는 말더듬의 소인이 유전된다고 하더라도, 대부분의 경우 말더듬으로 이어지는 것은 아닌 것 같다. 이처럼 말을 더듬게 하는 소인과 환경적 요인이 결합하여야만 말더듬이 시작되고 발전되는 것이다(Guitar, 1998; Manning, 2010). 이전부터 긴 시간 동안 논쟁을 해 왔던 연구자들은 현재 말더듬이 유전될 수 있다는 가정에 대부분 동의한다. 즉, 말더듬인의 부모 중 한 쪽 또는 양쪽이 말더듬과 관련된 소인을 가지고 있으며 이러한 소인이 유전된다는 데 동의한다(Yairi & Ambrose, 2005). 그러나 말더듬은 유전자만으로 설명할 수 없으며 다른 환경의 요인들과 함께 작용한 결과로 나타난다.

우리는 말더듬과 관련된 유전에 관해 부모와 대화를 할 때 자녀가 말을 더듬는 소인을 물려받았을 수도 있다는 가능성을 이야기한다. 이에, 부모가 여러 감정을 가질 수 있다는 것을 기억해야 한다. 이때 이러한 유전적 변이는 모두 좋은 것도 또한 나쁜 것도 아니라는 점을 인식시키는 것이 중요하다. 우리가 모든 교과목에서 좋은 점수를 내기는 어렵고, 조금의 노력에도 좋은 결과를 낼 수 있는 흥미 있는 교과목이 있는 것처럼, 이런 유전은 타고난 소인과 같은 것이다. 다윈, 처칠을 기억해 보자. 이들은 말을 더듬었지만 역사상 위대한 업적을 이루었다. 이처럼 아동이 말을 더듬도록 만드는 유전자도 있지만, 이는 매우 이로운 다른 재능을 전달할 가능성도 있다는 점을 부모에게 알려 주길 바란다.

(2) 뇌구조 및 기능

일반적으로 언어와 구어 산출은 좌측 대뇌의 지배를 받지만 모든 화자에게 해당되는 것은 아니다. Ortorn(1927)과 Travis(1931)는 말더듬인들이 양측 반구의 지배를 받는다고 주장하였다. 이 이론은 양측 반구들의 경쟁으로 신경자극이 구어 산출과 관련된 근육으로 유연하게 전달하는 것을 방해하여 결과적으로 구어의 흐름이 깨어지고, 이로 인해 말더듬이 출현한다고 주장한다. 또한 말더듬인의 뇌 기능이 일반인의 뇌 기능과 다르다는 연구도 있다. 말더듬인은 말소리에 대한 음운표상의 정보를 좌반구의 운동 실행영역에 전달하는 백질 신경로의 밀도가 일반인에 비해 더 낮았다. 반면, 말더듬인의 우반구에서 동일 신경로가 일반인에 비해 밀도가 더 높은 것으로 나타나 우반구가 좌반구의 기능을 대체하는 것 같은 인상을 준다. 또한 말더듬 치료 후 변화를 알아본 연구에서 치료 이전에 볼 수 있었던 우반구의 과대 활성화 및 좌반구의 과소 활성화와 반대되는 결과가 나타났다. 즉, 치료 전에 과소 활성화되었던 좌반구 영역들이 다시 활성화되었고, 우반구 영역들은 정상적으로 과소 활성화되었다. 치료의 결과로 유창성이 개선되었을 때 뇌 기능의 변화가 나타났다.

그러나 말더듬인들의 손잡이와 편측성에 대한 수년 동안의 연구에도 이들의 대뇌우세이론을 증명하지는 못하였다. 하지만 Wada 검사, 신경영상기술을 이용하여 뇌 기능분화의 장애에 대한 연구가 지속되고 있다. Wada 검사는 뇌전증(간질)이나 뇌질환을 치료하기 위하여 경동맥을 통해 나트륨 아미탈(sodium amytal) 용액을 한쪽 반구에 투여하고 어느 반구가 언어나 기억에 더 많이 관여하는가를 측정하는 검사이다. 우세한 뇌 쪽에 주사한 경우에 일시적으로 언어

fMRI, PET을 통한 신경영상기술

- **fMRI**(기능적 자기공명영상)는 기존의 MRI와 달리 대뇌혈중산소농도에 따른 Blood Oxygen Level Dependent(BOLD) 신호를 사용한다. 일반적으로 대뇌에서 국소의 신경활동이 증가할 경우, 산소 소비량의 증가분이 혈류량의 증가분보다 더 커진다. 이러한 일시적인 현상이 일어나는 동안, 국소혈류 안에 산소를 포함한 혈류의 비가 산소분자를 잃은 혈류보다 상대적으로 증가하는데, 그 동안은 자기적 영상의 신호도 상대적으로 증가하는 이점이 있다. 이러한 이점을 이용하여 뇌의 신경활동과 관련된 BOLD 신호의 증가를 탐지할 수 있게 되고, 인지 과제 수행 중에 일어나는 뇌 영역의 활성화를 시각화할 수 있게 되는 것이다. 말더듬인과 비말더듬인을 대상으로 구어의 여러 조건에서 활성화되는 대뇌영역, 구어 및 언어처리 프로세스를 비교하여 말더듬 연구에 활용하고 있다.

- **PET**(양전자방출단층촬영)는 뇌 조직의 기능적 · 생화학적 변화를 영상화하여 뇌질환을 조기에 진단할 수 있는 방법이다. 뇌구조의 장기적 병적 상태가 뇌 신경망에 미치는 변화를 밝힐 수 있으며, 뇌에서 질병과 관련하여 일어나는 신경가소성의 기제를 이해할 수 있는 단서를 제공하고 임상적으로 환자의 진단과 감별진단에 응용할 수 있다. 기능영상 방법을 통해 뇌의 기능적인 측면, 즉 특정 정보처리 과정에 관여하는 특정 영역, 신경시스템, 신경학적 모델 등에 대한 말더듬 연구들이 가능하게 되었다.

(강은주, 2002; 안종복, 2005)

상실과 기억 상실이 유발된다.

현재는 말더듬 연구에 fMRI와 PET이 활발하게 이용되고 있다.

Neumann(2005)은 언어 이해에서 정상 집단의 경우 전형적인 좌반구의 언어 영역들에서 활성화가 나타나고, 말더듬 집단에서도 각회(angular gyrus)를 제외하고는 정상집단과는 별 차이가 없었다고 보고하였다. 그러나 말더듬인의 우반구에서는 베르니케 영역, 중간 측두회, 측두극에서 활성화가 나타난 것이 특징이었다고 하였다. 신경영상기술을 통해 균형 잡히지 않은 변연계가 말더듬의 원인이 된다는 가설을 주장하기도 한다(Guitar, 1998). 뇌의 변연계는 사람의 정서와 감정을 관장하는 부위로 인식되고 있다. 여러 가지 조직으로 구성된 변연계는 구성조직들 사이의 균형 발전이 필수적이다. 그래서 구성조직들 사이의 발달이 균형을 이루지 못할 때에는 정상적인 정서 또는 감정의 통제가 어려워진다. 그 단적인 증거는 아동이 흥분한 상태에서 말을 할 때 비유창성이 많이 나타난다는 것이다. 또한 급하게 말을 할 때 말더듬이 나타나는 현상도 말더듬의 원인을 변연계에서 찾는 이유가 된다(이승환, 2005).

정상 집단에서 묵독을 할 때 주로 좌반구의 전두 및 측두 피질에 있는 구어 및 언어 관련 영역들에서 활성화가 나타나고, 낭독을 할 때는 중심후회와 같은 감각 운동피질 영역의 활성화가 주로 좌반구에 편재화되었으며, 구어의 조절에 중요한 소뇌와 상 측두회에서도 활성화가 나타났다. 이 영역은 묵독을 하는 동안에는 활성화가 관찰되지 않지만, 낭독을 할 때 구어에 대한 청각적 프로세싱과 관련되어 있어 활성화가 관찰된 것이다(De Nil et al., 2003).

PET을 이용한 발달성 말더듬에 관한 연구에서 Peterson (1989)은 묵독 및 낭독을 할 때, 신경활동 이미지가 정상 집단과 다르다고 주장하였다. 이러한 결과들은 Orton(1927)과 Travis(1931)가 제시한 대뇌반구 우세성의 결함이 발달성 말더듬의 원인이라는 주장을 뒷받침해 주는 하나의 근거가 될 수 있다. fMRI 연구를 통해 말더듬인이 정상인과는 다른 방식으로 구어 및 언어를 처리하며 이는 말더듬이 대뇌반구의 우세성 혼란으로 인한 것이라는 주장에 대해 설득력을 가지는 것처럼 보일 수 있다. 그러나 이러한 결과들이 말더듬이란 환경에 적응하거나 혹은 말더듬을 보상하기 위한 전략을 사용한 결과로 볼 수도 있을 것이다. 즉, 본질적으로 뇌가 차이 난다는 것이 아니라 후천적으로 뇌의 신경망이 변화되었을 가능성으로도 설명할 수 있다(안종복, 2005). 그 외 다양한 신경계 병변으로 말더듬이 나타나는 후발성 말더듬은 제8장 후발성 말더듬과 유창성 관련 장애에서 다룬다.

2) 감각운동 요인

(1) 감각처리

귀와 청신경을 통해 도달하는 소리를 뇌에서 해석하는 것처럼, 감각기관으로부터 전달된 정보의 해석은 뇌 구조 및 기능과 관련된다. 그런데 말을 더듬는 동안 청각피질 영역들이 과소 활성화되었으며, 말더듬인에게서 구어 산출을 위해 감각과 운동을 연결해 주는 백질 섬유들의 밀집성이 감소되었다는 연구 결과가 있다(Manning, 2010). 연구자들은 구어의 복잡성 때문에 모니터링이나 피드백 시스템이 개인의 구어 및 언어 발달 시기에 존재한다고 가정한다. 언어에서 피드백은 발화할 때 자신의 음성에 대한 정보 제공을 받는 통로로서 촉지각 피드백, 고유수용 피드백, 청각 피드백 등이다. 언어치료사들은 이러한 개념에 관심이 있는데 이 개념은 병리적인 구어 산출을 설명할 수도 있으며, 치료 방법을 제공하기도 한다(권도하, 1989).

발화 시 피드백은 자기 자신의 반응을 점검하고 수정하는 과정이다. 피드백에는 반응 패턴의 일부가 그 반응에 영향을 미치기 이전에 그 시스템으로 피드백 되는 내적 형태와 겉으로 드러난 반응을 점검하는 외적 형태가 있다. 내적 피드백(internal feedback)은 사건이 일어나기 전과 일어나는 동안의 정보를 제공한다. 외적 피드백(external feedback)은 사건 후에 정보를 제공한다. 구어와 관련하여 청각, 시각, 운동, 촉각 등의 피드백은 의사소통에 중요한 역할을 한다. 좋지 못한 모니터링은 말더듬, 음운장애, 음성적 접근을 이용한 읽기 학습문제 등을 나타내게 한다.

Moore(1984)는 피드백 메커니즘이 방해 받을 때 말더듬 비율의 변화를 알아보기 위한 연구를 실시하였다. 연구에는 보다 쉬운 시스템인 청각 및 촉각 시스템에 초점을 두었는데, 높은 강도의 차폐잡음을 말더듬인에게 들려주었을 때, 말더듬 비율이 감소되었다. 연구자들은 차폐잡음이 비정상적인 청각 피드백과 같은 청각시스템의 기능을 방해하여 말더듬이 감소되었다고 설명한다. Wingate(1976)는 음도 및 속도의 변화가 말더듬 비율에 영향을 준다고 주장하였는데, 화자들이 소음이 있는 곳에서 말할 때 음성을 더 크게 하는 롬바르드효과(lombard effect)와 같은 것이라고 설명하였다.

Yates(1963) 등은 말더듬인의 청각 피드백 신호가 왜곡되었음을 지적하였다. 즉, 정상 화자에게 청각 피드백을 늦게 제공하여 청각 피드백에 변화를 주면 말더듬과 유사한 행동을 산출하는 경향이 있다고 주장한다. 말을 더듬지 않는 사람이 지연 청각 피드백(Delayed Auditory Feedback: DAF) 상황에서 말을 하면 음소의 반복과 연장, 말 속도의 감소, 음도의 증가, 목소리 강도 증가 현상이 나타난다. 즉, 비말더듬인들에게 지연 청각 피드백을 제공하면 말더듬과 유사하게 구어를 산출한다. 피드백이 느리게 제공되면 말하는 사람은 이로부터 벗어나기 위하여 아직 제공되지 않은 청각 피드백 정보를 무시하고 말 속도를 줄이면서 조음기관으로부터 들어오는 왜곡되지 않은 촉각 정보와 고유수용감각 정보에 집중하게 된다. 그래서 말더듬인은 지연 청각 피드백을 제공하였을 때 말더듬의 빈도가 감소될 수 있다.

Lee(1950)의 연구에서도 청각지연이 정상 화자의 유창성을 방해하는 경향이 있음을 발견하였다. 그는 지연 청각 피드백 조건하에서 정상적인 구어와 말더듬 사이에 유사성이 있다는 사실을 추론하면서 이러한 현상을 '인공적인 말더듬'이라고 불렀다. 지연 청각 피드백을 제공하였을 때 정상 화자가 산출한 구어와 말더듬인의 구어 형태가 유사한지 그렇지 않은지에 대해서는 논란이 있고, 말더듬인에게 작용하는 지연의 기능에 대한 의문이 제기되고 있다.

그러나 최근 일부 연구들은 말더듬인이 피드백 오류를 보인다는 입장을 입증하지 못했다. Postma와 Kolk(1992)는 18명의 정상 성인과 말더듬 성인을 대상으로 오류 모니터링의 효과를 연구하였다. 피험자들은 정상 조건과 차폐된 청각 피드백 조건에서 자신이 나타낸 음운오류를 찾도록 요청받았다. 이 연구에서 말더듬인이 정상 성인보다 정확도 혹은 오류 발견 속도에서 열등하다는 것을 입증하지 못하였다. 따라서 최근 연구에서는 말더듬 성인이 자신이 산출한 말의 정확성을 모니터링하는 데 결함을 갖고 있기보다 조음 산출이 되기 전에 오류를 내적으로 수정하려는 것이 말더듬의 원인이 아닌지 추론하고 있다.

(2) 중추청각처리

말더듬인은 청각신호를 처리하는 능력이 좋지 못하고, 시끄러운 환경에서 단어 및 문장을 확인하는 과업에 대한 수행의 정확성이 낮으며, 음의 지속시간을 판단하는 과업에서도 수행력이 나쁘다고 보고된다(Manning, 2010). 이처럼 말더듬인은 뇌의 청각처리에 결함 또는 이상이 있을 가능성이 있다는 것을 기억해야 하며, 이를 위한 검사로 이분청취(dichotic listening)과제를 실시한다.

이분청취과제는 이어폰으로 양 귀에 같은 음소 숫자로 이루어진 서로 다른 말을 청각 자극으로 주고 들은 자극을 선택하는 것이다. 왼쪽 귀에 들려준 말보다 오른쪽 귀에 들려준 말을 선택하면, 오른쪽 귀 즉, 좌반구 우세성을 나타내며, 이는 일반적인 현상이다. 양쪽 귀에 서로 다른 소리를 동시에 주는 자극으로는 주파수가 다른 음 또는 다른 구어메시지, 의미론적으로 비슷한 단어의 형태 등이 있다(권도하, 김시영, 2019). 이는 청자가 어떤 자극을 지각했는가에 근거하여 어느 대뇌반구가 그 자극을 처리한 것인지를 추론하는 것이 목적이다. 말더듬을 대상으로 이분청취과제를 이용한 연구는 Curry와 Gregory(1969)에 의해 이루어졌는데 구어적 또는 비구어적 자극을 이용하였다. 그 결과, 구어과제에서 정상 집단의 75%는 오른쪽 귀 우세성을 보였으나, 말더듬 성인의 55%가 왼쪽 귀 우세성을 보였다고 보고하였다. 그러나 비구어적 과제에서는 두 집단 간 차이가 없었다. 유사한 결과들이 유의미 자극 단어를 사용한 다른 연구들에서도 발견되었다. Moore(1984)는 연구마다 음절, 숫자, 단어 등의 서로 다른 구어 자극을 사용하기 때문에 연구 결과가 일치하지 않는다고 보고하였다. 그는 이분청취과제로 무의미 음절보다 의미 있는 언어적 자극을 사용한 연구들에서 말더듬 화자는 오른쪽 귀 우세성을 보이지 않았다고 설명하였다.

이와 유사하게 Molt와 Brading(1994)은 반구 특성화를 검사하기 위해 CV 음절을 사용하는 이분청취 측정치의 정확성에 대해 의문을 제기하였다. 그들은 CV 음절을 사용한 이분청취과제의 수행능력을 말더듬 집단과 정상 집단을 대상으로 비교하였고, 또한 동시에 사건유발전위(Event-Related brain Potential: ERP)를 측정함으로써 대뇌 반구의 활동을 측정하였다. 그들은 이분청취 측정치에서는 집단 간 유의한 차이를 발견하지 못했지만 사건유발전위 측정치에서는 집단 간 편재화의 차이를 발견하였다고 보고하였다. 이들이 제시한 연구 결과는 '이분청취 결과보다 두피기록 뇌파기록법'에 나타난 활동이 실제의 반구 패턴을 더 잘 반영한다는 점에서 특별히 중요하다고 밝혔다. 이분청취검사 결과, 말더듬인은 말을 지각할 때 일반인과는 다른 대뇌 우세성을 가지고 있는 것으로 나타났다.

차폐잡음, 지연 청각 피드백, 주파수 변조, 청각 신호의 특성을 이용한 청각 피드백은 말더듬인에게 유창성을 일시적으로 개선시킬 수 있다. 피드백 변화는 주의를 분산시키고, 말하는 방식을 변화시키고, 자신의 말에 대한 청각적 모니터링 결함을 보상할 수 있다(Bloodstein, 1995).

(3) 감각운동조절

감각운동조절이란 운동의 정확성을 개선시키기 위해 운동하기 전, 운동하는 동안, 그리고 운동한 후 사용된 감각 정보를 이용하여 움직임을 조절하는 것을 말한다. 이러한 감각운동조절은 반응시간을 통해 측정된다. Andrews와 Craig(1985)는 말더듬인의 반응시간에 대한 연구에서 피험자에게 청각적 또는 시각적 자극을 제시한 후 가능한 빨리 발성이나 손의 움직임 등의 근육계를 통해 반응하도록 요구하였다. 예를 들면, 특정한 주파수와 강도 수준에서 어떤 음을 청각 자극으로 제시하거나, 스크린 위에 손전등 불빛을 비춰 시각 자극으로 제시하였다. 피험자가 청각 또는 시각 자극을 듣거나 보고, 모음이나 음절과 같은 요구된 반응을 시작하는 속도를 측정하였다. 또한 자극을 멈추었을 때, 피험자가 반응을 멈추는 속도를 측정하였다. 연구 결과, 많은 말더듬인들이 비말더듬인들보다 청각이나 시각 신호에 상관없이 발성을 시작하는 반응시간이 더 느렸다. 또한 비구어적인 구강 동작이나 후두 동작 반응뿐 아니라 손동작 반응도 또한 느린 것으로 나타났다(Subramanian & Yairi, 2006).

비록 후두 반응시간에서는 신경계적인 설명보다는 후두근육조직의 문제로 설명될 수 있지만, 말더듬인의 반응시간이 더 느린 것은 중추신경계의 통합이 좋지 못한 것을 반영하는 것일 수도 있다(권도하, 1989). 자극은 시각적이나 청각적 제시에서도 동일한 결과를 나타냈고 반응시간을 알아보기 위해 언어적으로 의미 있는 자극들을 사용하였을 때 차이가 더 빈번하게 나타났다. 이러한 차이는 앞에서 언급한 말더듬인이 감각운동 통합이나 관련된 뇌 영역이 비정상적이라는 점을 반영한다고 볼 수 있다.

말더듬인은 내적·외적 스트레스를 받을 때 구어와 관련된 기능이 순간적으로 작동하지 않아서 유창성 능력이 감소하며 구어 산출의 내적 피드백에 필요한 정교한 시간처리 능력이 부족하다고 보고하였다(Manning, 2001). Kent(1983)는 말더듬이 중추신경계의 교란으로 감각적 목적과 운동적 목적 중 후자의 시간적 조절 능력이 감소되어 나타나는 결과라고 하였다. 또한 말더듬인은 말의 운동이나 몸짓을 부드럽게 연결하는 능력이 부족하다고 하였다.

Van Riper(1982)는 말더듬이 타이밍(시간조절) 장애라고 설명하기도 한다. 그는 "어떤 사람이 단어를 더듬을 때 그 단어의 소리를 만드는 근육활동의 동시성과 성공적인 프로그램밍(programming)에 일시적인 문제가 있다."고 생각했다. Kent(1984)는 Van Riper 관점에서 몇 개의 증거를 통해 일시적인 프로그래밍 결함 때문에 말더듬이 발생한다고 설명한다. 이러한 결함은 구어 및 언어 기능이 우반구로 부적절하게 편재되어, 그 결과로 효과적으로 지각하고 산출하기에 필요한 정확한 타이밍 패턴을 만들지 못한다고 보았다. 오케스트라의 지휘자처럼 뇌도 말하는 속도를 조절하는 메커니즘(연속적인 음을 산출하기 위한 움직임의 순서)을 조종한다. 지휘자가 오케스트라의 각 악기에 타이밍을 통합해야 하는 것처럼, 뇌도 구어의 음소, 음절, 구의 관계에서 복잡한 타이밍의 협응이 반드시 필요하다. 말더듬과 호흡, 발성, 조음 및 동시조음 등의 관계를 나타내는 수준으로 말더듬의 공기역학, 구어 산출 시스템의 불협응을 생각해 볼 수 있다. 얕은 호흡, 반대호흡, 불규칙적인 호흡 등의 유형들과 같은 호흡의 비정상성이 말더듬인에게 나타나는데 이러한 비정상적인 호흡은 말을 하지 않고 숨만 쉬는 동안이 아니라, 말더듬인이 구어를 산출하는 동안에 나타나는 것으로 밝혀졌다. 따라서 비정상적인 호흡의 유형들은 말더듬의 원인이라기보다 말더듬의 증상으로 보인다(Schilling, 1960).

후두를 포함한 조음기관들의 협응과 시간 맞추기를 포함한 중요한 개념이 음성시작시간(voice onset time: VOT)이다. Andrews와 Craig(1985) 등은 정상인에 비해 말더듬인이 VOT가 더 느리다고 보고한다. Shapiro(1980)는 후두근육조직뿐만 아니라 혀의 상종설근(superior longitudinal glossus m.)과 구륜근(orbicularis oris m.)에서 긴장과 부적절한 타이밍 등으로 상호작용이 이루어지지 않는다고 하였다. Adams(1978)는 구어를 위해서는 긴장이 풀리고 협응된 호흡을 하며, 성문에서 쉽게 시작하기 위해서는 타이밍이 맞아야 하며 성대 윗부분의 조음 동작들과 협응되는 것을 강조하였다. 성문상압이 증가하면 조음기관들이 단단하게 밸빙되기 때문에 후두위 부분의 기압이 높아져서는 안 된다. Adams(1978)는 말더듬인에게서 구어 산출 시스템은 이상적으로 협응된 형태로 기능하지 않는다고 설명한다.

그러나 많은 연구자들이 말더듬인을 대상으로 비말더듬인 집단과 비교하여 구어와 관련된 수행능력에 차이가 나타나는지를 연구하였으나, 어떠한 차이도 발견하지 못하는 결과가 이어졌다. 만약 그 차이가 발견되었다 하더라고 그러한 차이는 본질적으로 비유창성의 직접적인 원인이기보다는 말더듬을 발달시키는 환경인 것 같다. 즉, 그러한 결함들은 말더듬을 발생시키는 데 필수적이지도 않을뿐더러 충분하지도 않다는 것이다. 물론 이러한 차이점들은 특히 수십 년간 계속해서 말을 더듬어 온 성인들의 경우 말더듬의 원인이라기보다 결과일 수도 있다(안종복, 2005).

(4) 내적 수정

외부의 자극을 감각신경통로에서 받아들이고 뇌에서 형성된 운동 프로그램은 운동신경통로를 따라 말단 근육 등으로 명령을 보낸다. 이러한 과정에서 피드백과 모니터링이 일어난다. 피드백은 유기체가 자신의 행동에 대하여 외적 환경에 어떤 변화를 발생시키고 이런 변화가 유기체의 다음 작용에 영향을 미치는 통제장치를 의미한다. 피드백은 어떤 화자가 구어를 모니터하는 능력과 관계가 있다. 긍정적 피드백은 산출된 반응을 더욱 강화시키고 부정적 피드백은 멈추거나 역전시켜 스스로 특정 상태를 유지하는 원리이다. 모니터링은 유기체가 내놓은 자신의 행동에 대하여 의식적으로 감지하고자 노력하는 상태라고 할 수 있다. 감각신경통로를 이용한 신경 모델이 운동신경통로를 따른 운동 모델로 그리고 운동 모델이 신경 모델로 전환되는 과정이 이어지는데 이러한 전환과정이 순조롭게 이루어지지 않는 경우가 생길 수 있으며 이때 유창성 장애가 발생할 수 있다고 보고한다(Neilson, Neilson, & O' Dwyer, 1992).

Kolk와 Postma(1997)는 정상적인 비유창성이든 병리적인 비유창성이든 모두가 내면적인 모니터링 과정에서 발생한다고 하였다. 뇌에서 문장이 구상되고 여기에 필요한 단어, 조사, 접사, 어미 등이 결정되고 연결되면 이것을 발음하기 위한 내적 운동 프로그램이 작성되고 여기에 따라 명령이 말단 근육, 연골 등으로 전달된다. 이 전달 과정에서 정보가 뇌로 피드백되고 이 피드백된 정보를 통해 의도했던 언어형식에 따라 명령이 수행되는지를 감독한다. 이 감독과정에서 잘못된 것이 발견되면 말소리 산출과정을 멈추고 이를 수정하는 것이다. 이런 식으로 잘못을 수정하려고 하면 음소, 음절, 단어 등을 반복하거나 연장, 막힘이 나타난다. 시간을 끌면서 잘못을 수정한다는 것이다. 이러한 수정을 Kolk와 Postma는 '내적 수정'이라고 하였고, 이러한 내적 수정에 의하여 말더듬이 생긴다는 주장을 '내적 수정가설(Covert Repair Hypothesis: CRH)'이라 한다.

그들은 말더듬과 정상적인 비유창성 둘 다, 우리가 말하는 것이 무엇이며 조음이 정확한지 그렇지 않은지를 점검하는 내부 모니터링 과정으로부터 생긴다고 믿는다. 이것은 자전거를 만드는 공장과 비교하면 알기 쉽다. 공장에서는 각기 서로 다른 단계에서 지속적으로 자전거의 품질을 확인해야 한다. 어떤 품질 확인은 자전거가 공장에서 출고될 때 실시되고, 때로는 직원들이 직접 자전거를 타며 문제가 없는지를 살피기도 한다. 언어 산출에서 화자의 청각 피드백과 비슷하다(자신의 말을 듣기). 그 외에도 자전거를 생산하는 과정에서도 품질 확인을 하는데 자전거를 출고하기 전에 공장 내부에서 실시한다. 이것은 우리의 내부적인 감시과정과 또한 비슷하다. 우리는 의식 없이 말하기 전에 음성 계획

(phonetic plan)을 확인한다. 이것은 발화하기 전 잠재적인 의미적, 구문적, 어휘적 또는 음운적 오류를 찾아내기 위한 과정이다. 자전거 공장 생산라인에서 결함을 찾게 되었을 때 생산라인을 멈추는데, 구어 산출은 내부 모니터가 음성 계획에서 오류를 찾았을 때 중단된다. 구어 산출 전에 필요한 수정은 계속된다(Guitar, 1998).

Kolk와 Postma(1997)는 정상 화자나 말더듬인 둘 다에서 비유창성의 원인은 구어 산출 전에 수정하기 때문이라고 믿는다. 이 가설은 말의 정확성을 체크하는 모니터링 장치를 이용하고 있다. 그러나 이 경우 모니터링은 청각적 또는 자기수용적 감각 피드백 수준에서의 산출보다는 중앙 또는 내적 기능으로 이루어진다. 이 모델에서 모니터링은 조음 명령이 수행되기 전인 음성 계획을 수립하는 동안에 이루어진다. 이 모델에 의하면 모든 화자는 말하고자 하는 것을 내적으로 준비할 때 내적인 음성 계획의 오류를 탐지할 수 있다고 주장한다. 음성 계획에서 오류가 탐지되면 화자는 이를 수정하기 위해 음운 정렬에 대한 계획을 중단한다. 이처럼 산출되기 전에 오류를 내적으로 수정해야 하기 때문에 유창성 단절이 일어난다.

이는 모든 사람에게 해당하는 이론이다. 그러나 말더듬인은 음운 정렬을 부호화하는 데에 결함이 있기 때문에 목표 음소의 활성화가 느리게 되며 경쟁적인 목표 음소가 다른 음소로 대치된다. 게다가 말더듬인은 말을 빨리 시작하는 경향이 있어 천천히 작동하는 음운론적 부호화 체계가 목표 음소를 선택하는 데 충분한 시간이 주어지지 않는다. 음운론적 목표 음소가 정확하게 산출되기 전에 목표 음소를 선택하는 체계가 제대로 확립되지 않기 때문에 오류 탐지 및 수정 과정에서 말이 비유창하게 된다. 학령전기 말더듬 아동의 비유창성을 분석한 연구 결과에서는 내·외적 자기수정 능력이 음운 부호화를 적절하게 수행할 수 있는 능력과 상호작용한다는 견해에 중요한 증거를 제공하였다(심현섭 외, 2009; Manning, 2010).

2. 심리사회적 요인

1) 발달요인

(1) 신체 · 운동능력 발달

아동들은 1~6세에 급격하게 성장한다. 체격도 커지고, 지각 및 운동 능력은 성숙과 경험을 통해 향상된다. 이처럼 성장이 집중되는 이 시기는 말더듬 성향을 가지고 있는 아동들에게는 좋을 수도, 또 나쁠 수도 있다. 신경학적 성숙은 유창성을 지원해 줄 수 있는 더 많은 '기능적인 뇌 공간'을 제공할 수 있지만, 동시에 유창성과 경쟁하게 되는 다른 운동능력의 발달도 지원할 수 있다. 이러한 경쟁의 예는 걷기를 먼저 배우는 아동, 말을 먼저 배우는 아동에게서 찾을 수 있다. 구어 운동 조절의 학습은 다른 운동 기술의 습득이 동시에 이루어지지 않을 때 뇌에 많은 부담을 주게 된다. 혀, 입술, 턱 등의 상대적인 크기를 변화시켜 원하는 말소리를 만들어 내기 위해 이 조음기관들을 움직이는 방법을 배우는 일은 어려울 것이다.

Bloodstein과 Ratner(2008)는 더듬는 사람들의 운동조절에 대한 연구를 하였는데, 소통하고자 하는 욕구가 강한 아동들에게서 소근육 운동 및 구어 능력 발달의 지연과 빠르게 발달하는 언어 능력은 심각한 비유창성을 일으키는 요인일 수 있다고 하였다. 이러한 운동 능력의 지연은 어떤 아동들에게는 발음문제로, 다른 아동들에게는 비유창성으로 나타날 수 있으며, 또 다른 아동들에게서는 두 문제 모두가 출현할 수 있다. 남아가 여아보다 신경 운동 발달이 더 느리다는 것을 고려한다면 필자는 남아가 말명료도 문제와 말더듬의 조합이라는 위험에 더 많이 노출되어 있다고 생각한다.

(2) 구어 · 언어 발달

언어가 지연된 아동이 말을 할 때, 어려움을 겪어 좌절하게 되면 말하는 것에 관해 공포가 생기기 때문에 언어 발달의 지연은 말더듬과 관련이 있다. 또 어떤 화자들은 낱말을 반복하고, 우물쭈물하며, 말을 수정하고, '어'와 같은 간투어를 사용하여 메시지 전달의 시작부터 실패하기도 하는데, 이러한 혼란을 종종 메이즈(maze: 미로, 혼란, 머뭇거림)라고 한다. 이런 혼란을 통해 아동은 의사소통의 실패 경험을 축적하게 된다.

Bloodstein(1997; Bloodstein & Ratner, 2008)의 예기투쟁가설(anticipatory struggle)에 따르면 아동이 말하려고 할 때의 실패 경험과 그에 따르는 좌절 때문에 말더듬이 생긴다고 제안했다. 말하는 데 생기는 어려움은 아동기의 전형적인 비유창성이지만 그 외에 발생하는 좌절감이 말더듬을 발생하게 하는 원인 중 하나일 수도 있다. 의사소통 실패 경험이 많으면 말을 할 때 어려움이 예상되므로 아동은 긴장한다.

Bloodstein(1995)은 말더듬 아동에서 언어 능력 지체 또는 언어장애를 쉽게 찾을 수 있다고 했다. 아동이 말을 제대로 하지 못하기 때문에 벌을 받으면 구어 근육들이 긴장상태가 되며 말이 분절되어 말더듬의 핵심행동이 나타나게 된다. 이 현상이 더욱더 아동을 불안하게 만들고 좌절감을 느끼게 한다. 의사소통 실패와 예기투쟁가설은 환경요인에서 다시 소개할 것이다.

전형적으로 말더듬은 언어를 왕성하게 습득하는 시기에 시작된다. 언어 산출 능력에 결함이 있는 아동은 언어 계획과 구어 산출의 전체 시스템에서 어떤 언어학적인 스트레스를 받는 것으로 가정할 수 있다. 물론 말더듬인이 더 길게 말하거나 언어적으로 더 복잡한 발화를 산출할 때 더 더듬는다. 그렇지만 언어학적인 복잡성이 말을 더듬기 시작하는 아동 말더듬의 유일한 원인이라고는 주장할 수 없다. 그러나 언어 산출 능력의 결함이 말더듬의 원인으로 부각되고 있다.

(3) 인지발달

지각, 논리적 사고, 내면적 상상, 문제해결 등의 능력을 인지라고 한다. 인지 능력과 유창성의 관계는 단순하지 않다. 지적장애인 가운데 말을 더듬는 사람이 많다는 사실이 그 복잡성을 뒷받침하고 있다. Lindsay(1989)에 따르면 전조작기는 새로운 인지능력을 많이 습득하는 시기로 여러 단계의 전환을 겪는다. 그래서 이 시기는 언어 및 인지 체계가 불안정하고 조정과 전환으로 인하여 비유창성의 가능성이 높아지게 된다. 인지발달의 급성장은 비유창성의 갑작스러운 증가뿐만 아니라 말더듬 발생과 함께 일어날 수 있다. 때로 더듬는 아동은 인지능력이 더 발달되어 있기 때문에 말더듬에 관한 자각과 인식을 더 잘하게 된다. 어떤 아동이 테이블에 있는 예쁘고 빨간 사과를 보고 먹고 싶은 생각이 들었다. 아마도 머릿속에서는 "엄마, 저 테이블 위에 있는 예쁘고 빨간 사과를 먹고 싶어요. 저에게 주시겠어요?"라는 의도로 말을 시작한다. 그러나 실제로 산출되는 언어는 "엄마 저거" "예쁜 사과" "빨간 사과" "사과 먹을래." "사과 줘."의 수준이라면 아동은 내재된 언어수준과 산출된 언어수준의 차이로 매우 혼란을 느낄 것이다. 이 과정에서 정상적인 비유창성이 시작될 수 있을 것이다.

(4) 사회성 및 정서발달

아동의 발달 과정에서 2~3세경은 사회성 및 정서발달에 중요하다. 이 시기의 아동은 부모에 대한 의존과 개인화(부모로부터의 독립) 사이의 갈등이 일어난다. 여기서 독립하는 과정이 너무 급속도로 진행될 경우 아동은 정서불안을 경험하게 되고 이러한 감정이 비유창성과 연결될 가능성이 높아진다. 가정에서의 안정감 손상으로 인한 정서발달은 비유창성을 유발할 가능성도 있다. 부모의 사랑을 다른 형제자매들과 나누어 가져야 한다는 사실은 아동의 안정감을 해치고 이로 인한 분노, 적개심, 죄의식이 고조되면 비유창성을 유발할 수 있다. 그리고 안정감의 취약성을 지닌 아동에게 동생의 탄생은 치명타가 될 수 있다. 아동은 2세경에 자아의식을 갖게 된다. 이러한 자아의식은 자신이 어른들의 기대에 미치지 못한다고 생각될 때 또는 자신의 능력이 형제자매들에게 미치지 못한다고 생각될 때 문제를 발생시킬 수 있다. 구어와 관련된 문제가 자아의식에 영향을 주는 경우라면 아동은 스스로 수정하는 행동을 하게 되고 이러한 수정 행동이 빈번하게 되면 비유창성을 유발하는 위험요인이 될 수 있다.

구어를 방해하는 정서요인 중 '흥분'이라는 정서는 비유창성을 일으키는 자극으로 자주 언급된다. 또한 아동의 정서적 안정감에 위협되는 것은 더듬는 소인을 가지고 있는 아동의 말을 방해할 수 있는 정서적 스트레스를 일으킬 수 있다. 안정감을 증가시키고 더 유창하게 말하도록 도와주는 치료전략은 이런 정서적 스트레스로 인해 말더듬이 시작된 많은 아동에게 충분히 효과적이다. 아동의 자의식과 민감성은 정상적인 사회 및 정서 스트레스를 경험할 때 비유창한 말을 초래할 수 있다. 말더듬에 취약한 아동들은 사회적 갈등과 감정이 말과 관련된 신경회로에 불필요한 문제를 일으킬 때 특히 어려움을 겪는 경향이 있다. 말더듬 소인이 있으면서 정서적으로 반응하는 기질의 아동들이 어려움을 겪는다.

말더듬 발생을 접근-회피 갈등 가설로 설명하기도 한다. 접근-회피 갈등이란 자신이 원하는 긍정적인 결과도 있지만 부정적인 결과도 같이 갖고 있는 경우에 나타나는 갈등이다. 예컨대, 목이 말라서 콜라를 마시고는 싶은데 살이 찔 것이 우려되어 망설이는 경우이다. 이때 '콜라를 마시는 것'은 접근하고 싶은 대상이 되며, '살이 찌는 것'은 피하고 싶은 결과일 것이다. 이처럼 하나의 목표를 바라는 동시에 회피하려고 할 때 접근-회피 갈등이 발생한다. 실제로 우리는 실생활에서 이 같은 갈등을 자주 경험하게 된다.

Sheehan(1958)은 말더듬인이 의사소통을 하기 위하여 말을 하려는 동기와 말을 하지 않으려는 동기 사이에 갈등하다가, 이 두 개의 동기가 같은 힘으로 작용하고 있어, 발화의 시간을 놓치게 되기 때문에 말을 더듬게 된다고 하였다. 만일 말을 하려는 동기가 말을 하지 않으려는 동기보다 강하다면, 화자는 말을 할 것이고 유창성을 경험할 것이다. 만일 회피동기가 더 강하다면 그 사람은 말을 하지 않고 조용히 있을 것이다. 말더듬은 이 두 개의 동기가 똑같은 힘으로 있을 때 일어나며, 화자는 이 두 개의 동기 사이에서 흔들리게 된다. 말을 하려는 동기와 하지 않으려는 동기가 말더듬으로 나타나며 말더듬의 순간 이론을 나타낸다. 이 이론을 바탕으로 하는 치료는 접근동기를 강화하고 회피동기를 감소시키는 것이다.

앞에서 예를 든 콜라의 경우, 다이어트 콜라를 선택하는 것도 하나의 방법이 된다. 콜라를 마시고는 싶지만 살이 찌는 것을 우려하는 사람에게 효과적인 갈등해소 방법이 될 수 있을 것이다. 하지만 대개의 경우 접근-회피 갈등에서 '회피'는 접근에 대한 부정적 결과이며, 주로 심리적인 측면이 많다. 커피나 아이스크림을 먹으면서 건강을 염려하는 것이나 모피제품, 화장품과 같은 사치품이나 값비싼 제품을 구매할 때 느끼는 죄책감 등 모두가 스스로 느끼는 심리적인 문제인 것처럼 말더듬에서의 '회피'도 또한 그러하다.

2) 환경요인

(1) 부모

말더듬 아동의 부모들이 일반 부모 집단에 비해 더 비판적이고 완벽주의적인 성향이 있으며, 더 불안해하거나 거절하는 성향이 많거나 구어의 속도가 빠르다고 보고되기도 하지만, 두 집단 간 차이점이 없다는 연구도 많다(Kelly & Conture, 1992). 그러나 평균 이상으로 요구가 많거나 불안해하는 부모 밑에서 성장한다면 이것이 자녀의 말더듬에 영향을 줄 수 있을 것이다.

Johnson 등(1959)은 "말더듬은 아동의 입에서가 아니라 부모의 귀에서 시작된다."는 진단기인론을 제시하였다. 아동의 정상적인 비유창성은 아동과 가까운 환경에 있는 부모, 형제, 친구 등이 말더듬이라고 진단한 후에 병리적인 비유창성, 즉 말더듬으로 가속화된다는 주장이다. 주변인들로부터 말더듬이라고 진단된 아동들은 진단 받기 전보다 구어 산출에 주의를 기울이게 되고, 따라서 구어를 변화시키려고 관심을 가지거나 반응을 하게 된다. 아동이 구어 산출의 태도에 대한 자각이 강해지면, 긴장이 고조되고, 그에 따른 예기 회피 반응이 증가되어 말더듬이 산출되기 더 쉽다. 이러한 말더듬 때문에 말더듬을 회피하기 위한 노력은 더 가속화되고, 그로 인해 긴장과 구어 근육에 힘이 더욱 들어가는 악순환이 시작된다. 이러한 결과로 막힘이 일어나고, 더 심각한 예기 및 긴장이 나타나 말더듬은 더 심해진다.

진단기인론의 증명?

진단기인론을 증명하기 위하여 Wendell Johnson의 제자인 석사과정 학생 Mary Tudor는 '정상아동도 말을 더듬는다고 진단명이 주어지면 말을 더듬게 된다.'라는 가설을 설정하여 연구를 실시하였다. 대학교 근교에 있는 고아원의 모든 아동들에게 선별검사를 한 뒤 유창한 6명을 선택하여 "너희들은 말을 더듬는 증상이 있으니, 조심스럽게 말을 해야 한다."고 주의를 주었다. 또한 그들의 보모들에게 6명의 아동들이 말에서 실수를 하면 세심하게 관찰하고 잘못된 점을 고쳐 달라고 부탁을 하였다.

몇 개월 뒤, Mary Tudor가 다시 고아원을 방문하였는데, 6명 중 몇 명은 말더듬 증상을 보이고 있다는 것을 확인할 수 있었다. Mary Tudor는 말더듬 증상이 나타난 아동을 치료하였으나, 그 가운데 한 아동은 그 후 얼마 동안 계속 말을 더듬었다고 한다. Mary Tudor는 실험 결과에 대해 크게 가책을 느꼈다고 한다. 현재는 사람을 대상으로 하는 이러한 실험은 금지되었으며 도의적으로도 용납될 수 없는 일이다.

(Silverman, 1988)

진단기인론에서 발전된 상호작용가설은 부모의 귀에서 말더듬이 시작되지만 부모에게서 말더듬으로 진단된 모든 아동이 말을 더듬는 것은 아니라고 설명한다. 세 가지 요인, 즉 화자의 병리적인 비유창성의 정도, 화자의 병리적인 비유창성에 대한 청자의 민감성, 자신의 병리적인 비유창성과 타인의 평가에 반응하는 화자의 민감성의 상호작용으로 말더듬이 결정된다는 이론이다. Johnson은 진단기인론을 통해 말더듬의 발생이 전적으로 부모의 부정적인 반응에 그 원인이 있다고 주장하였으나 1950년대 후반에 이르러서는 후천적인 부모의 부정적 반응과 더불어 선천적 소인의 영향도 인정하게 되었다(Johnson & Associates, 1959).

아동의 비유창성에 대한 가족들의 걱정과 수용하지 못하는 태도는 극히 부정적인 결과를 나타낸다. 그 가운데서도 아동이 말을 더듬었을 때 가족들이 보이

말더듬 아동 부모의 특성

- 아동의 말에 대하여 더 부정적이고, 보호 본능이 더 강하다.
- 아동을 좌지우지하는 태도를 보이며 요구가 많다.
- 아동이 사용하는 수준의 언어보다 높은 능력을 기대한다.
- 거부하는 행동을 더 나타내며 일상생활에서 걱정거리가 더 많다.
- 일을 처리하는 데 있어서 더 완벽주의다.
- 다른 사람과의 대화에서 말의 속도가 더 빠르다.
- 아동이 말에 끼어들거나 부모와 아동의 말이 겹치는 횟수가 더 많다.
- 아동의 말을 수정하거나 개선해 주려는 시도를 더 많이 한다.

(Guitar, 1998)

는 참을성 없는 태도는 치명적이라고 할 수 있다. 부모의 부정적인 태도와 환경 속에서 자라는 아동들은 당연히 말을 더듬을 가능성이 높아질 것이다. 더구나 아동이 말을 더듬을 수 있는 선천적 소인을 지니고 있을 때는 그 확률이 더욱 높아진다.

(2) 구어 및 언어 환경

구어 및 언어 환경이 더듬는 아동들에게 스트레스의 잠재적 요소라고 추측한다. 일반적으로 아동과 대화하는 성인은 더 수준 높은 언어를 사용하는 데 영향을 미치는 요인이다. 이에 기초한 가설이 예기투쟁가설이다. 이 가설에서는 말이 원래부터 어려운 것이라고 믿기 때문에, 구어 산출이 방해를 받는다고 주장함으로써 말더듬 발생을 설명한다. 즉, 말더듬인은 구어가 특별한 주의와 노력을 필요로 하는 어려운 것으로 받아들이기 때문에 오히려 말을 더듬게 되며 말더듬을 학습된 행동으로 정의한다. 이러한 생각은 속화, 언어지연, 조음장애 등과 같은 장애에 대한 현실성에 근거한 것인지도 모른다. 어렵다고 생각하는 이유가 무엇이든지 간에, 말더듬인이 말을 회피하려고 하는 노력이 말더듬의 증후를 이루게 된다.

Bloodstein(1997)의 예기투쟁가설은 Johnson의 예기 회피 반응에 부분적으로 그 뿌리를 둔다. 예를 들면, 어린 말더듬인들의 비유창성과 관련된 것으로 아동이 외적 스트레스 때문에 혹은 여러 이유로 구어가 어렵다고 믿고 구어 산출에 대한 반응을 발달시킨다는 가설이다. 부모들이 그 아동의 구어를 비평하거나, 언어 및 구어 습득에 관하여 비현실적으로 높은 기준을 설정하는 경우 또는 부모들의 무관심 등은 외적 스트레스를 일으킬 수 있다. 이러한 외적 스트레스는 구어를 산출하기 위한 노력을 더 심화시키고 말더듬을 발생시킨다. 아동의 내적 · 신체적 · 선천적 요인과 아동이 자라는 환경요인들이 상호작용하는 가운데서 말더듬이 촉진될 수도 있고, 선천적 소인을 극복하여 정상적인 유창성을 달성할 수도 있다.

환경요인이라 하면 아동 외적인 요소들로 가정 안에 있는 사람들의 태도와 행동, 그리고 가정에서 일어나는 사건들을 포함한다. 이러한 요인들이 아동의 초기 정상적인 비유창성에 크게 영향을 미친다. 또한 아동의 가정 안에서 또는 주위환경에서 충격적인 일이 일어나면 아동의 심리 · 정서적 안정에 타격이 될 수 있다. 이러한 충격적인 일이 일어날 경우 아동에게 말더듬이 갑자기 생길 수도 있고 이미 말을 더듬는 아동의 경우에는 말더듬 증상이 더 심화되기도 한다.

아동에게 충격이나 스트레스가 될 수 있는 일이나 사건은 무수히 많다. 이사 갈 때나 전학 갈 때, 부모가 이혼할 때, 가족 구성원이 죽었을 때, 가족 구성원이 병원에 입원하였을 때, 아동이 병원에 입원하였을 때, 부모가 직업을 잃었을 때, 동생이 태어났을 때, 새로운 사람이 집에서 같이 살게 되었을 때, 한쪽 또는 양쪽 부모가 자주 또는 오랫동안 멀리 나가 있을 때, 아동과 관련된 훈육문제가 발생할 때 더듬을 수 있다. 환경요인과 관련한 말더듬의 발생을 설명하는 최근의 모델은 요구용량모델(Demands and Capacities Model: DCM)이다. 이 모델은 3절 다중요인에서 다룬다.

3) 학습요인

(1) 고전적 조건화

말더듬인이 전화하기 전에 두려움과 목을 조르는 것과 같은 감정이 있다면 이는 고전적 조건화의 결과이다. 전화라는 중립자극이 전화를 하며 말을 더듬었던(무조건 자극) 불쾌한 당혹, 부끄러움이라는 무조건 반응과 결합되어, 전화는 조건자극이 되고, 부정적인 정서들은 조건반응이 된다.

Brutten과 Shoemaker(1967)는 아동의 초기 말더듬 증상(흔히 반복)은 불안이 말과 관련하여 조건화되었을 때 일어나는 인지적 · 운동적 깨어짐에 기인한 것이라는 가설을 세웠다. Van Riper는 고전적 조건화 이론은 말더듬의 발달을 설명하는 데 기여한다고 하였다. 말을 더듬고 민감하기까지 한 아동은 말더듬을 놀리는 또래 친구 또는 비평적인 부모와 같은 위협적 자극에 빠르게 조건화될 수 있다.

(2) 조작적 조건화

조작적 조건화의 가장 일반적 형태는 정적 강화와 벌이다. 이 이론은 말더듬을 학습된 행동으로 간주하며 일원이론과 이원이론으로 분류한다. Shames와 Sherrick(1963)은 일원이론으로 말더듬을 설명하는데 이는 조작적 조건화만으로 말더듬의 발생과 유지를 설명하는 이론이다. 아동의 비유창성 증가를 부모가 정상적인 비유창성에 주의 및 관심을 주어 강화한 결과로 설명한다. 예를 들면, 말더듬은 부모들의 주의에 의해 강화되어 비유창성이 증가될 수 있고 벌을 받게 되어 결과적으로 말을 계속하려고 투쟁을 하거나 말을 그만두고 침묵을 하는 선택적인 결과를 가져온다고 주장한다. 반복과 연장은 변동 강화 스케줄을 통해 강화되어 말더듬의 증상이 악화된다. 또 다른 예로, 평소 관심을 받지 못하던 아동의 경우 말을 더듬었을 때 보여 주는 주변의 관심으로 강화되어 마치 꾀병을 부리는 것처럼 말더듬의 빈도가 증가할 수 있다. 이러한 일원이론의 관점은 전체적으로는 받아들여지지 않고 부분적으로 인정되고 있다.

Bruttem과 Shoemaker(1967)의 이원이론은 고전적 조건화 및 조작적 조건화 이론 둘 다로 말더듬을 설명한다. 고전적 조건화로 말더듬의 발생과 구어와 관련된 불안을 설명하고 조작적 조건화로 연합된 증후인 부수행동의 발달을 설명한다. 말더듬은 스트레스가 있는 환경적인 사건과 부정적인 정서의 결합에서 일어난다고 주장한다. 환경적인 사건과 단서가 짝지어지거나 재현됨으로써 조건화된다. 비유창한 반응은 비슷한 장면에 일반화된다. 예를 들면, 좋지 못한 시험 성적표를 받았고, 이를 엄마에게 알리면서 "시, 시, 시험……"이라고 말을 더듬었으며 엄마에게 심하게 야단을 맞게 되었다. 그 후로 아동은 엄마에게 말을 해야 하는 상황에서 말을 더듬었고, 심지어 다른 사람에게 '시험'이라는 단어를 말할 때조차도 말을 더듬게 되었다. 그 이후에는 말더듬에 대한 부정적 정서를 모면하기 위한 수단으로 주변 사람들에게 말하는 것을 회피하게 되고 말을 할 경우 심한 투쟁행동을 나타내었다. 학습이론은 말더듬의 발생 혹은 말더듬의 순간보다는 말더듬의 지속 및 발달을 보다 강력하게 설명한다.

말더듬의 발생에 관하여 Bloodstein(1997)은 '계속성 가설'을 주장하였다. 계속성 가설은 정상적인 비유창성과 병리적인 비유창성이 연속선상에 있다는 것을 의미한다. 말더듬은 어린 아동들의 정상적인 긴장과 구어의 깨짐에서 발생되며, 아동은 외적 스트레스 하에서 구어의 어려움을 예기하고 예기투쟁을 발전시켜서 결과적으로 긴장과 구어의 깨짐이 증가한다고 주장하는 이론이다. 따라서 정상적인 비유창성과 초기 말더듬의 경우 질적으로 경계를 그을 수 없고, 다만 비유창성의 정도에 따라 판단해야 한다고 한다. 이에 비하여 정상적인 비유창성과 초기 말더듬이 질적으로 다르다고 주장하는 불연속 가설(Johnson & Associations, 1959)도 있다. Van Riper는 조작적 조건화를 이용하여 취소(cancellation), 빠져나오기(pullout), 예비세트 치료법을 고안했으며, 고전적 조건화와 결합함으로써 쉬운 방식으로 더듬을 수 있도록 하였다.

이 외에도 학습이론에 회피조건화가 있는데 이는 말하는 상황을 피하거나 특정 낱말을 피하고, 어려운 낱말 대신에 쉬운 낱말로 대체하거나, 어려운 말을 시작하기 위해 헛기침을 하거나, '음' '글쎄' '너도 알다시피'와 같은 여분의 음, 낱말, 구를 사용하는 것이다.

3. 다중요인

1) 다중요인-역동적 모델

다중요인-역동적 모델은 말더듬에 대한 여러 가설을 종합하여 통일된 전략을 만들어 내기 위해 역동적인 틀에서 말더듬의 다중요인적 특성을 기술하는 새로운 방법이다. 말더듬을 비유창성 형태와 빈도에 따라 계수하는 것은 표면적 행동을 기록한 것에 지나지 않는다. 왜 말더듬이 발생되며 어떻게 받아들여야 하는지, 또한 말더듬인의 내부에서 어떠한 과정이 작동되는지를 무시한 채 표면적 행동으로서만 말더듬을 이해하는 것은 문제가 있다. 왜냐하면 말더듬은 역동적 장애이기 때문이다.

Smith와 Kelly(1997)는 상대방이 말더듬의 전형적인 유형인 표면적 행동을 지각하지 못하는 경우에도 말더듬인은 말더듬을 경험할 수 있다는 점을 지적한다. 즉, 관찰 가능한 유창성 문제가 없어도 심각한 말더듬이 일어날 수 있다. 또한 정서적 · 인지적 혼란 없이도 매우 심한 말더듬 행동이 나타날 수 있다고 설명한다. 말더듬의 단독 요인, 특히 표면적 특징에 근거하여 원인을 밝혀내려는 시도는 성공하지 못할 것이다. 이들은 말더듬의 시작에 대하여 선천적인 면과 양육의 관점을 통합하고자 하였다. 이 모델을 지지하는 연구자들은 모든 학습이 기질적인 수준에서 일어난다고 생각한다.

중추신경계의 유전적 · 생리적 양상이 말더듬의 원인으로 제시되었지만 특정한 병소는 발견되지 않았다. Smith와 Kelly(1997)는 대뇌피질은 계속해서 변하고 환경자극에 반응적이라는 점을 지적하였다. 뇌의 구조와 기능은 아동발달의 초기단계가 아니라 인생의 모든 단계를 통해 학습하는 동안 리모델링된다. 즉, 경험과 학습은 성인 뇌의 원형에 영향을 준다. 말더듬 원인을 설명할 때 선천적이냐 후천적이냐에 대한 논쟁을 계속하기보다는 이 둘은 본질적으로 동전의 양면과 같으며 말더듬을 기질적인 요소와 학습적인 요소의 복합체로 인식하는 것이 유용하다.

발달성 말더듬은 정상적인 체계들이 서로 상호작용하여 야기된 결과이다. 즉, 말더듬은 한두 곳의 병변으로 야기된 것이 아니라, 각 시스템 내의 여러 층이 서로 상호작용한 결과일 것이다. 게다가 이 상호작용의 형태는 개인에 따라 서로 다를 것으로 여겨진다. 행동이 기질적이거나 신경학적인 것이라고 말하는 것은 행동이 학습에 의해 수정될 수 없다는 것을 의미하는 것이 아니다. 실제로 아이들이 말을 배움에 따라 아동 뇌의 신경세포들 사이에 새로운 연결이 생기고 뇌의 신경회로망이 정교해진다(심현섭 외, 2009; Manning, 2010).

2) 요구용량모델

말더듬의 발생을 설명하는 최근의 모델은 요구용량모델(Demands and Capacities Model: DCM)이다. 이 모델은 유창성에 영향을 주는 많은 요인을 포함하고 있기 때문에 언어치료사들로부터 지지를 받고 있다. 이 모델은 선천적 소인과 후천적 요소들의 상호작용에서 말더듬이 발생한다는 주장으로 말더듬의 시작과 발달에 대한 현재의 관점인 다중요인적 관점에 잘 부합된다. 또한 부모에게 말더듬의 발생과 발달에 대하여 이해하기 쉽게 설명할 수 있다. 이 모델은 개인의 능력뿐 아니라 내적 · 외적 환경 요구에 의한 영향을 고려한다. 즉, 말더듬 아동이 유창성 문제를 유발시킬 수 있는 유전적 소인을 가지고 있으며 여기에 환경적 요인이 상호작용한다는 입장을 제안한다. 이 이론에 따르면 유창성에 대한 내부 및 외부적 압력 및 요구가 아동이 지니고 있는 능력을 넘어설 때 말더듬이 발생한다는 것이다. 이러한 능력과 요구의 불균형은 주로 언어가 급속도로 발달하는 3~7세에서 많이 나타난다(Andrews et al., 1983).

Sheehan(1975)은 말에 대한 부모의 높은 수준 및 자녀에 대한 과도한 기대가 아동에게 높은 외적 요구로 나타난다고 하였다. 이 모델에 따르면, 용량은 일반적으로 동시조음을 통해 최소한의 노력으로 부드럽고 빠르게 시작하고 통제할 수 있는 운동적 요소, 문장을 구성할 수 있는 언어적 요소, 의사소통이나 정서적 스트레스를 받을 때에도 유연하게 운동할 수 있는 사회정서적 요소, 상위 언어적 기술을 사용할 수 있는 인지적 요소로 구성된다.

요구는 외적 환경에 의한 요구나 내적 자기 부가에 의한 요구의 형태로 이루어진다. 요구의 예로는 부모나 다른 성인의 빠른 말 속도, 빨리 대답해야 하는 시간적 압박, 대화 상대자와의 말 주고받기 경쟁 또는 규칙 부재, 과다한 언어자극과 언어수행의 요구, 복잡한 문장을 만들어 내야 하는 상황, 복잡한 생각을 표현할 때의 흥분과 불안, 인지적 요구 등이 있다. 이 모델은 아동에게 어떠한 장애나 결함이 없음을 분명히 지적하고 있다. 그러나 만약 환경적 요구가 아동의 현재 용량을 계속해서 초과한다면 말더듬은 발생할 것이다. 이 모델은 특정 순간에 화자의 능력이 내적 · 외적 환경과 상호작용한다는 점에서 역동적이다. 내적 · 외적 요구가 시간에 따라 변화하는 것처럼, 유창한 말의 산출에 도움이 되는 기술은 아동이 신체적 · 인지적으로 발달함에 따라 변화한다.

Conture(1990)는 아동의 용량 또는 환경 중 하나의 요인만으로는 말더듬이 발생하지 않는다고 하였다. 대부분의 경우 말더듬 발생에는 두 가지 이상의 요인이 필요한 것 같다. Andrews 등(1991)은 말을 더듬는 데에 태내와 출생 후 환경인 개인의 독특한 환경요인이 29% 영향을 미치는 반면, 전반적 환경요인이 71% 정도 영향을 미치는 것 같다고 보고하였다. Guitar 등(1998)은 생득적 요인이 발달적 · 환경적 요인과 상호작용함으로써 말더듬 현상이 촉진된다는 입장에 동의한다. 대부분의 경우 말더듬 발생에는 두 가지 이상의 요인이 필요하다.

3) 신경생리학적 모델

De Nil(1999)은 종합적이면서도 단일화된 말더듬의 모델을 제시하였다([그림 2-2] 참조). 이 모델은 요구용량모델에서 언급된 개념과 유사한 용량 또는 능력의 개념을 사용한다. 타고난 것과 후천적인 것이 서로 분리된 현상이 아닌 것처럼 심리학적 과정과 신경생리학적 과정도 독립된 실체가 아니라고 설명한다. 이 모델은 인간행동, 특히 말더듬에 영향을 주는 중추 신경생리학적 처리 과정, 운동, 인지의 세 가지 수준에서 언어, 사회적, 정서적 및 환경적 영향 등의 출력

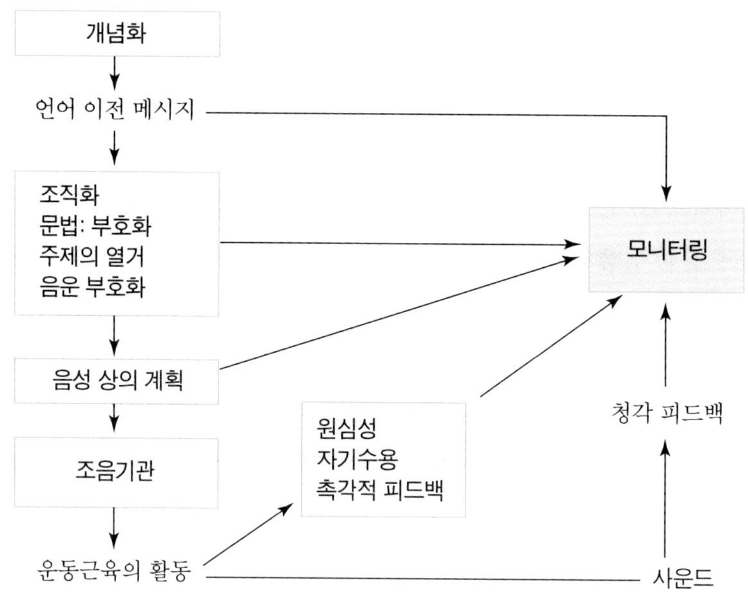

[그림 2-2] De Nil(1999)에 의해 제안된 말더듬의 신경생리학적 모델(Manning, 2010)

간의 역동적인 상호작용을 강조한다. 양방향의 역동적 피드백은 모든 수준에서 일어나고 출력 수준에 계속적으로 영향을 준다. 즉, 환경적 자극과 이에 대한 행동 결과는 신경생리학적 처리 과정을 통해 여과되며, 시간이 지남에 따라 사람에 따라 내적으로 계속 변화한다. 이 모델은 행동 수정이 장기간 지속되기 위해서는 뇌에서의 정보처리방식이 수정될 필요가 있다고 주장한다.

이 장에서는 말더듬 발생 원인을 생리학적 요인, 심리사회적 요인, 다중요인 등의 세 가지 부분으로 나누어 설명하였다. 물론 각 영역에서 설명하는 가설들이 어느 한 영역에만 해당되지 않고 중첩되어 나타나는 부분들도 있다는 점을 인정한다. 그러나 말더듬 원인을 이해하는 데 영역을 분류하여 설명하는 것이 도움이 되리라 생각하여 나누어 기술하였다. 이 장을 저술하면서 말더듬 원인에 대한 가설들을 보다 명료하고 단순화하여 서술하게 되어 아쉬움이 남는다.

말더듬은 내적 · 외적 요인, 시간, 환경, 대상에 따라 매 순간 변화하는 역동적인 장애이므로, 단순화한다는 것이 사진을 찍어 간직하는 것처럼 말더듬의 역동적인 점을 간과하지는 않았는지 조심스럽다.

말더듬의 원인에 대하여 어떠한 관점을 갖느냐는 말더듬 치료에서 어떻게 접근할 것인가와 매우 밀접한 관련성이 있으므로, 원인에 대한 균형 잡힌 시각을 갖는 것은 매우 중요하다. 이러한 말더듬 원인에 대한 이해를 통하여 언어치료사에게는 다양한 치료의 방향을 제안할 수 있으며, 일반인에게는 말더듬인을 이해하도록 돕는 정보를 제공할 수 있을 것이다.

연습문제

1. 생리학적 요인을 뒷받침하는 연구들에 대해 설명하시오.

2. 내적 수정가설(CHR)을 생리학적 요인을 기반으로 설명하시오.

3. Johnson의 진단기인론을 설명하시오.

4. 학습요인 중 일원이론 및 이원이론으로 말더듬 발생을 설명하시오.

5. 다중요인-역동적 모델을 설명하시오.

6. 말더듬 발생의 최근 모델인 요구용량모델(DCM)을 설명하시오.

참고문헌

강은주(2002). PET과 fMRI를 이용한 기억의 기능해부학 연구 및 임상적 적용. 한국심리학회지, 14(4), 243-256.

권도하(1989). 말더듬 관리. 대구: 대구대학교출판부.

권도하, 김시영(2019). 언어치료학사전(3판). 대구: 물과 길.

심현섭, 신문자, 이은주(2009). Dr Manning의 유창성 장애. 서울: 시그마프레스.

안종복(2005). fMRI를 이용한 말더듬 아동의 뇌 활성화 양상에 관한 연구. 미간행 대구대학교 대학원 박사학위 청구논문.

이승환(2005). 유창성 장애. 서울: 시그마프레스.

Adams, M. R. (1978). Stuttering theory, research, therapy: The present and future. *Fluency Disorders*, *3*, 139-147.

Andrews, G., & Harris, M. (1964). *The syndrome of stuttering* (Clinics in Developmental Medicine No. 17). Lodon: Spastics Society Medical Education and Information Unit, in association with W. Heinemann Medical Books.

Andrews, G., & Craig, A. R. (1985). The prediction and prevention of relapse in stuttering. The value of self-control techniques and locus of control measures. *Behavior Modification*, *9*, 427-442.

Andrews, G., Craig, A., Feyer, A. M., Hoddinott, S., Howie, P., & Neilson, M. (1983). Stuttering: a review of research findings and theories circa 1982. *The Journal of speech and hearing disorders*, *48*(3), 226-246.

Andrews, G., Yates-Morris, A., Howie, P., & Martin, N. G. (1991). Genetic factors in stuttering confirmed. *Archives of General Psychiatry*, *48*(11), 1034-1035.

Bloodstein, O. (1995). *A Handbook on stuttering* (5th ed.). San Diego: Singular Publishing Group.

Bloodstein, O. (1997). Stuttering as an anticipatory struggle reaction. In R. F. Curlee, & G. M. Siegel (Eds.), *The Nature and Treatment of stuttering: New Directions* (2nd ed., pp, 169-181). Boston: Allyn & Bacon.

Bloodstein, O., & Ratner, N. B. (2008). *A Handbook on stuttering* (6th ed.). Clifton Park, NY: Thomson Delmar Learning.

Brutten, G. J., & Shoemaker, D. J. (1967). *The Modification of stuttering*. Englewood Cliffs, NJ: Prentice-Hall.

Conture, E. G. (1990). *Stuttering* (2nd ed.). Englewood Cliffs, NJ: Prentice-Hall.

Curry, F., & Gregory, H. (1969). The performance of stutters on dichotic listening tasks thought to reflect cerebral dominance. *Journal of speech and Hearing Rearch, 12*, 73-81.

De Nil, L. F. (1999). Stuttering: A neurophysiological perspective. Chapter 7 In N. B. Ratner & E. C. Healey (Eds.), *Stuttering research and practice: Bridging the gap* (pp. 85-102). Mahwah, NJ: Lawrence Erlbaum.

De Nil, L., Kroll, R. M. M., Lafaille, S. J., & Houle, S. (2003). A Positron emission tomography study of short- and long-term treatment effects on functional brain activation in adults who stutter. *Journal of Fluency Disorders, 28*, 357-380.

Gray, J. A. (1987). *The psychology of fear and stress* (2nd ed.). Cambridge: Cambridge University Press.

Guitar, B. E. (1998). Therapy for children's stuttering and emotions. In R. F. Curlee & G. M. Siegel (Eds.). *Nature and Treatment of Stuttering: New Directions* (2nd ed., pp. 280-291). Boston, MA: Allyn & Bacon.

Guitar, B. E., Kopff, H., Kilburg, G. D., & Conway, P. (1981). Parental verbal interactions and speech rate: A case study in stuttering. paper presented at the *American Speech-Language-Hearing Association*, Los Angeles.

Guitar, B., & McCauley, R. (2010). How to use this book. In B. Guitar & R. McCauley (Eds.), *Treatment of Stuttering*. Baltimore: Lippincott Williams & Wilkins.

Howie, P. M. (1981). Concordance for stuttering in monozygotic and dizygotic twin pairs. *Journal of speech and Hearing Rearch, 24*, 317-321.

Johnson, W., & Associations. (1959). *The onset of stuttering*. Minneapolis: University of Minnesota press.

Kagan, J., Reznick, J. S., & Snidman, N. (1987). The Physiology and psychology of behavioral inhibition in children. *Child Development, 58*, 1459-1473.

Kelly, E., & Conture, E. (1992). Speaking rates, response time latencies, and interrupting behaviors of young stutters, nonstutters anf their mother. *Journal of speech and Hearing Rearch, 35*, 1256-1267.

Kent, R. D. (1983). Facts about stuttering: Neurologic perspectives. *Journal of speech and Hearing Disorder, 48*, 249-255.

Kolk, H., & Postma, A. (1997). Stuttering as a covert repair phenomenon. In R. F. Curee & G. M. Siegel (Eds.), *Nature and treatment of stuttering: New directions*.

Boston: Allyn & Bacon.

Lee, B. S. (1950). Effects of delayed speech feedback. *Journal of the Acoustical Society of America*, *22*, 824-826.

Lindsay, J. S. (1989). Relationship of developmental disfluency and episodes of stutterinf to the emergence of cognitive stages in children. *Journal of Fluency Disorders*, *14*, 271-284.

Manning, W. H. (2010). *Clinical decision-making in fluency disorders* (3rd ed.). Clifton park, NJ: Delmar, Cengage Learning.

Molt, L., & Brading, T. (1994). Hemispheric patterns of auditory event-related potentials to diachotic CV syllables in stutters and normal speakers. In C. W. Starkweather & H. F. M. Peters (Eds.), *Proceedings of the 1st World Congress on Fluency Disorders*. Munich, Germany.

Moore, W. (1984). Hemispheric alpha asymmetries during an electromyographic biofeedback procedure for stuttering: A single-subject experimental design. *Journal of Fluency Disorders*, *9*, 143-162.

Neilson, P. D., Neilson, M. D., & O'Dwye, N. J. (1992). *Adaptive model theory: Application to disorders of motor control and learning*. Amsterdam: Elsevier Science Publishers.

Neumann, K. (2005). Cortical plasticity associated with stuttering therapy. *Journal of Fluency Disorders*, *30*, 23-29.

Ortorn, S. T. (1927). Studies in stuttering. *Archives of Neurology and Psychiatry*, *18*, 671-672.

Peterson , S. E. (1989). Positron emission tomographic studies of the processing of single words. *Journal of Cognitive Neuroscience*, *1*, 153-170.

Postma, A., & Kolk, H. (1992). Error monitoring in people who stutter: Evidence against auditory feedback defect theories. *Journal of speech and Hearing Rearch*, *35*, 1024-1032.

Schilling, A. (1960). Rontgen-Zwerchfell-kymogramme bei stotterern. Fol. *Phoniatr*, *12*, 145-153.

Shames, G. H., & Sherrick, C. E. (1963). A discussion of nonfluency and stuttering as operant behavior. *Journal of speech and Hearing Disorder*, *28*, 3-18.

Shapiro, A. (1980). An electromyographic analysis of the fluent and dysfluent utterance of several types of stutterers. *Journal of fluency Disorders*, *5*, 203-231

Sheehan, J. (1958). Projective studies of stuttering. *Journal of speech and Hearing Rearch*, *23*, 18-25.

Sheehan, J. (1975). Conflict theory and avoidance-reduction therapy. In J. Eisenson (Ed.), *Stuttering, a second symposium* (pp. 97-198). New York: Harper & Row.

Silverman, F. H. (1988). Impact of a T-shirt message on stutterer stereotypes. *Journal of Fluency Disorders*, *13*, 279-281.

Smith, A., & Kelly, E. (1997). Stuttering: A dynamic, multifactoral model. In R. F. Curee & G. M. Siegel (Eds.), *The nature and treatment of stuttering: New directions* (2nd ed., pp. 204-217). Needham Heighs, MA: Allyn & Bacon.

Subramanian, A., & Yairi, E. (2006). Identification of traits associated with stuttering. *Journal of communication Disorders*, *39*(3), 200-216.

Travis, L. E. (1931). *Speech Pathology*. New York: Appleton-Century-Crofts.

Van Riper, C. (1972). *The treatment of stuttering*. Englewood Cliffs, NJ: Prentice-Hall.

Van Riper, C. (1982). *The nature of stuttering* (2nd ed.). Englewood Cliffs, NJ: Prentice-Hall.

Wingate, M. (1976). *Stuttering: Theory and Treatment*. New York: John Wiley & Sons.

Yairi, E., & Ambrose, N. G. (2005). *Early childhood stuttering: For clinicians by clinician*. Austin, TX: pro-Ed.

Yates, A. J. (1963). Delayed auditory feedback. *Psychological Bulletin*, *60*, 213-232.

제3장

정상적 비유창성과 말더듬 진행

정훈

1. 정상적 비유창성과 병리적 비유창성의 특성
2. 말더듬 진행

제 3 장

정상적 비유창성과 말더듬 진행

언어치료사가 말더듬을 진단하고 중재를 하기 위해서는 어떤 이유로 말더듬이 발생되고 어떤 식으로 진행(악화)되는지를 이해하는 혜안(慧眼)이 필요하다. 혜안을 갖기 위해 이 장은 2~5세의 어린아이에게서 유창성의 깨짐이 발생될 때의 특성에 관해서 먼저 살펴볼 것이다. 더불어 그러한 깨짐이 일반 사람 누구에게나 나타날 수 있는 정상적인 현상인지 아니면 지속적으로 말의 문제를 일으키는 병리적인 것인지를 구별하는 기준에 관해서도 논의할 것이다. 유창성의 깨짐이 병리적인 것이라면 어떤 과정을 거쳐 진행되는지에 관해서도 함께 알아볼 예정이다. 특히 이러한 진행 과정이 모든 대상자에게 동일하다는 주장도 있지만 개인에 따라 이질적인 진행 양상을 보인다는 견해도 존재하는 것이 사실이다. 이질적인 진행 과정에 관해 Van Riper(1982), Bloodstein(1960, 1995), Guitar(1998) 그리고 Conture(1990)의 모델을 제시하고자 한다.

1. 정상적 비유창성과 병리적 비유창성의 특성

1) 유창성

비유창한 구어 산출을 평가하기 위해서는 유창한 구어에 대한 이해가 필요하다. 유창한 구어와 비유창한 구어의 경계를 어떻게 나눌 수 있는지 생각해 보자. 구어에서 그 경계를 정하는 일은 쉬운 일이 아니다. 언어와 구어 산출은 복잡한 과정으로 이루어지기 때문에 일상생활에서 매우 유창하게 말하는 사람조차도 단어의 흐름이 깨질 수 있다. 이러한 경우에 유창하다고 해야 할지, 아니면 비유창하다고 해야 할지에 대한 명확한 기준이 필요하다. 이 기준은 연구자와 언어치료사의 주 역할인 진단과 치료에서 중요한 관심 영역이라고 할 수 있다.

'유창성'의 사전적 의미는 구어를 산출하는 동안에 음, 음절, 단어, 구 등이 서로 연결되는 유연성(smoothness)을 말하며, 말을 할 때 머뭇거림이나 반복이 거의 나타나지 않는 것으로 정의한다(권도하, 2011). Starkweather(1987)는 유창성을 효과적으로 설명하기 위해 언어 유창성과 구어 유창성으로 나누어 설명하였다. 언어 유창성은 구문적, 의미적, 화용적 및 음운적 유창성으로 설명하였다. 구문적으로 유창한 사람은 매우 복잡한 문장을 구성할 수 있으며, 의미적

[그림 3-1] 유창성과 비유창성

으로 유창한 사람은 어휘의 사용이 다양하다. 화용적으로 유창한 사람은 다양한 말하기 상황에서 구어적으로 반응하는 데 능숙하며, 음운적으로 유창한 사람은 무의미하고 낯선 낱말과 길고 복잡한 말소리와 음절을 연속적으로 발음하는 데 능숙하다. 언어 유창성은 유창한 구어를 산출하기 위한 선행조건이다. 말더듬인은 이러한 언어 능력에서 부족함이 없음에도 불구하고 구어 산출에 어려움을 겪는다. 그러나 아동의 경우는 언어 능력이 유창성에 중요한 역할을 담당하는 것으로 알려져 있다. 특히 3~5세는 아동의 의미, 구문, 형태, 음운 발달이 급격히 이루어지는 시기로 비유창성은 아동이 표현하고자 하는 바가 아동의 언어 능력을 초과할 때 더 많이 발생한다고 한다(Gaines, Runyun, & Meyers, 1991; Gordon, 1991; Gordon & Luper, 1989; Lees, Anderson, & Martin, 1999; Weiss & Zebrowski, 1992). 또한 아동은 점차 언어 발달이 촉진될수록 생소하고 어려운 어휘나 복잡한 구문 형태를 사용하게 되므로 구어 운동을 계획하고 처리하는 데에 더 많은 노력과 자원이 필요하기 때문에 유창성이 깨지기 쉽다고 한다(Wijnen, 1990).

구어 유창성은 구어의 계속성, 구어 속도, 동시조음 및 노력(effort)으로 설명한다. 계속성은 음절과 낱말이 논리적으로 연결되거나 멈춤의 유무 정도와 관련된다. 만약 의미 단위가 정보의 연결된 흐름에 따라간다면 말이 유창하다고 생각할 수 있을 것이다. 그러나 구어의 의미 단위가 논리적으로 연결되지 않으면 정보의 흐름이 끊어지고 비유창하다고 생각할 것이다(Starkweather, 1987).

계속성은 부적절한 쉼으로 방해받을 수 있다. Starkweather(1980)는 쉼을 채워진 쉼(filld)과 채워지지 않은 쉼(unfilld)으로 나누었는데, 이때 채워지지 않는 쉼은 대략 250ms보다 더 길게 침묵하는 경우를 말한다(Goldman-Eisler, 1958). 이러한 시간의 길이는 유창한 말에서 쉼의 최대치로 간주된다. 왜냐하면 정상적인 구어의 끊어짐이 이 정도의 길이를 초과하는 일은 거의 없기 때문이다(Manning, 2001).

구어 속도는 유창성 장애 평가 시 말더듬 빈도, 형태와 더불어 중요한 요인으로 사용되고 있다. 이는 구어 속도가 말더듬 심도와 관련이 있고 의사소통에 영향을 미치기 때문으로 보인다. 구어 속도가 빠른 경우 화자가 전하고자 하는 내용이 빠른 속도로 흘러가기 때문에 명료도가 떨어져 의사소통이 방해되며, 구어 속도가 느린 경우 청자가 화자의 말에 대한 주의집중이 잘 되지 않기 때문에 의사소통이 방해된다(안종복 외, 2002). 구어 속도와 관련한 국내 연구 중 정상 아동과 말더듬 아동의 전체 구어 속도를 과제 상황과 놀이 상황으로 나누어 비교한 연구 결과를 보면 정상 아동과 말더듬 아동 간 초당 음절 수에서 유의미한 차이를 보이지는 않았지만 말더듬 아동이 수치적으로 약간 느린 구어 속도를 나타냈다(전희정, 2003). 그렇다고 해서 일반인에 비해 느린 구어 속도를 보이는 경우를 비유창하다고 말할 수는 없다. 구어 속도는 분명히 유창성의 한 측면이지만 단순히 구어 속도가 느리다고 비유창하다고 평가할 수 없으며, 반대로 빠르게 말하는 것 때문에 유창하다고 평가되는 것도 아니다(Manning, 2001).

말하는 동안에는 개별 구어 산출에 관련한 조음 운동이 서로 중첩되어 일어나기 때문에 개별 구어의 길이와 낱말의 길이는 밀접하게 관련된다. 구어 산출이 연속적으로 이루지기 위하여 구어 운동이 서로 연관되어야 하고 여러 개의 동작이 협응되어야 하기 때문이다. 개별 구어 운동은 속도 면에서뿐만 아니라 접촉 위치나 정도에서도 서로 다르다. 이웃하는 구어 운동과 연관된 동작이 서로 상충되지 않고 서로 중첩되기 때문에 동시조음이 일어나는 것이다. 동시조음은 구어 산출 운동의 매끄러움과 타이밍에 기여한다. 따라서 유창한 구어에서는 말소리, 음절, 낱말 간의 조음 운동이 힘들이지 않고 쉽게 이루어진다(Manning, 2001). 대부분의 사람들은 구어 산출 시 음 사이의 전이 및 중첩된 조음 운동을 쉽게 유동적으로 수행한다. 그러나 말더듬인들은 이러한 정상적인 프로세스에서 어려움을 겪게 되고, 그 결과 유창성이 방해를 받게 된다(Wall & Myers, 1989).

유창한 구어에서는 말하는 방법에 거의 주의집중하지 않는다. 말하는 것이 자동적이기 때문이다. 말하는 사람이 주목하는 것은 의사소통을 통해 나누고 있는 정보이다. Starkweather(1987)는 유창한 구어는 언어 계획과 수행 과정에서 노력을 들이지 않는 것이라고 하였다. 유창한 구어를 산출할 때는 생각하는 시간은 짧은 반면, 구어를 산출하는 시간은 길다. 하지만 말더듬인들은 구어 산출을 쉽고 매끄럽게 이어 가지 못한다. 말더듬인은 언어를 계획하고 산출을 위한 근육의 운동과 관련된 일련의 부자연스러운 노력을 하기 때문이다(Manning, 2001).

2) 비유창성

(1) 비유창성의 분류

말더듬을 설명하기 위해 비유창성을 사용할 수는 있으나, 반대로 비유창성을 설명하기 위해 말더듬을 사용할 수는 없다. 즉, 말더듬과 비유창성은 동의어가 아니다(Yairi & Ambrose, 2005). 정상적인 구어 산출 과정에서도 비유창성이 나타날 수 있기 때문에 말더듬을 설명할 수 있는 비유창성과의 구별이 필요하다. 그런데 비유창성의 유형을 나누는 기준은 학자들마다 조금씩 다르다. 먼저, 구어의 유창성 개념을 포함한 용어로 정상적인 비유창성(nonfluency)과 병리적인 비유창성(disfluency 혹은 dysfluency)이 있다. 정상적인 비유창성이란 정상적인 범위 내에 있는 것으로 생각되는 구어의 깨짐을 의미하는 것이고, 병리적인 비유창성은 비정상적이라고 판단된 구어의 깨짐을 의미한다(Wall & Myers, 1989). 몇몇 문헌에 의하면 정상 화자들의 유창성 깨짐(break)을 설명할 때 'disfluency'

[그림 3-2] 정상적 비유창성과 병리적 비유창성

를 사용하는 반면, 'dysfluency'는 말더듬인들의 유창성 깨짐을 설명하는 데 사용한다. 사전적으로 접두사 'dis-'는 반전, 분리, 복사를 의미하고, 'dys-'는 어려움, 손상됨, 고통스러움, 나쁨, 장애와 같은 의미를 가진다. 그러나 일반인과 말더듬인의 유창성 붕괴 현상에는 본질적으로 많은 부분이 중복되어 있기 때문에 구별이 애매모호하다. 말더듬인들의 구어에도 정상적인 비유창성이 많이 포함되어 있기 때문에 어떤 외현적 현상을 근거로 'disfluency'와 'dysfluency'를 구분할 수 있는지 확실하지 않다(Manning, 2001).

비유창성과 관련한 여러 학자의 다양한 논의에도 불구하고 비유창성에 대한 명확한 기준은 확립되어 있지 않다. 그러나 비유창성에 대한 일정한 기준을 정하는 일은 진단이나 치료를 위하여 무엇보다 중요한 일이므로 몇몇 학자의 주장을 중심으로 알아보도록 하겠다.

먼저, Ryan(2002)은 비유창성을 Johnson(1961)의 전통적인 8개 범주를 수정하여 아홉 가지로 분류하였다. Ryan은 비유창성 형태를 삽입, 수정, 미완성 구, 구반복, 쉼, 단어전체반복, 연장, 투쟁으로 분류하고 삽입, 수정, 미완성 구, 구반복, 쉼은 정상적 비유창성으로, 단어전체반복, 단어부분반복, 연장, 투쟁은 병리적 비유창성으로 보았다. 다만, 단어전체반복을 병리적 비유창성이 아닌 정상적인 비유창성으로 분류하는 것이 바람직하다는 주장이 꾸준히 제기되어 오고 있다. 따라서 최근에는 다음절 단어전체반복을 정상적 비유창성으로 단음절 단어전체반복을 병리적 비유창성으로 분류하고 있다(Manning, 2001; Meyers, 1986; Zebrowski, 1994). 특히 우리말에서 '단어'의 정의가 영어권과 다르기 때문에 이러한 견해는 더욱 설득력을 얻고 있다.

Manning(2001)은 정상적 비유창성 또는 병리적 비유창성과 같은 용어 대신에 형식적(formulative), 운동적(motoric) 유창성이라는 용어의 사용을 제안하였다. 그 이유는 말더듬인뿐 아니라 일반인에게도 나타나는 비유창성을 분명하게 설명할 수 있기 때문이다(Bloodstein, 1974; Gordon, Hutchinson, & Allen, 1976; Starkweather, 1987; Van Riper, 1982; Yairi & Clifton, 1972). 형식적 유창성 깨짐은 ① 단어, 구, 문장 단위(단어전체반복 포함)의 비유창성, ② 비유창 시 분명한 긴장이 없음, ③ 단어 전체 혹은 더 큰 문법적 단위 사이의 삽입 등이 특징이다. 이러한 깨짐은 일반인에게 나타나는 깨짐이며, 말더듬인에게는 잘 나타나지 않지만, 전혀 나타나지 않는 것은 아니다. 운동적 유창성 깨짐은 다음과 같은 특징이 있다. ① 음이나 음절이 깨짐(단어부분 깨짐), ② 성로에서의 분명한 긴장, ③ 기류와 유성성이 중지되는 쉼, ④ 음이나 음절의 과도한 연장 등이다. 이러한 깨짐은 말더듬인에게 보다 더 전형적으로 나타나지만 일반인에게도 적게나마 나타날 수 있다. 정상적으로 말하는 청소년은 운동적 유창성 깨짐은 거의 보이지 않고, 형식적 유창성 깨짐만 조금 나타난다. 반면, 말을 더듬는 청소년의 유창성 깨짐은 거의 전적으로 운동적 유창성 깨짐으로 나타난다(Manning & Shirkey, 1981).

Zebrowski(1994)는 비유창성 형태를 전형적 비유창성(typical disfluency)과 비전형적 비유창성(atypical disfluency)으로 제시하였다. 청자는 화자의 구어에서 비전형적 비유창성을 보이는 사람을 말을 더듬는 사람으로 판단하며, 전형적 비유창성을 보이는 사람은 정상으로 판단한다고 하였다. 단어 간 비유창성은 단어전체반복과 구반복, 삽입, 수정, 미완성 구와 문장을 포함시켰다. 단어 내 비유창성은 음·음절반복, 들을 수 있는 연장과 들을 수 없는 연장으로 분류하였다.

노스웨스턴 대학교와 미국말더듬재단(Stuttering Foundation of America)에서 제시한 체계적 말더듬 분석법(Systematic Disfluency Analyses: SDA)은 Zebrowski의 비유창성 분류 방식에 따라 전형적 비유창성과 비전형적 비유창성으로 나누고, 전형적 비유창성은 주저, 삽입, 미완성 구, 수정, 구반복, 단어반복을 포함하고, 비전형적 비유창성은 음절반복, 음소반복, 연장, 막힘으로 분류하였다. 그리고 각 비유창성 형태마다 점수를 다르게 제시하여 말더듬인에게 나타나는 비유창성 형태로 비유창성의 정도를 측정할 수 있게 하였다. 체계적 말더듬 분석법(SDA)의 분류 방식은 〈표 3-1〉에 제시하였다.

〈표 3-1〉 **체계적 말더듬 분석법에 따른 분류**

전형적 비유창성	비전형적 비유창성
주저	음절반복
삽입	음소반복
미완성 구	연장
수정	막힘
구반복	
단어반복	

이 외에도 학자들마다 서로 다른 기준으로 비유창성을 정의하였는데 몇몇 연구자들을 살펴보면 Yairi, Ambrose와 Niermann(1993)은 비유창성을 진성 말더듬(Stuttering-Like Disfluency: SLD)과 기타 비유창성(Other Disfluency: OD)으로 분류하였다. 진성 말더듬은 단어부분반복, 단음절 단어전체반복, 불규칙적 반복, 긴장된 쉼 등을 포함한다. 기타 비유창성은 다음절 단어전체반복, 구반복, 삽입, 수정-미완성 구 등을 포함한다. 그들은 이러한 분류가 초기 말더듬을 더욱더 민감하게 측정할 수 있다고 주장하였다.

Conture(1982)는 비유창성을 단어 내 비유창성과 단어 간 비유창성으로 분류하였다. 단어 내 비유창성은 단음절 단어전체반복, 음 · 음절반복, 들을 수 있는 연장, 들을 수 없는 연장 등이 포함되고, 단어 간 비유창성은 다음절 단어전체반복, 구반복, 삽입, 수정 등을 포함한다.

Meyers(1986)는 비유창성을 말더듬 형태의 비유창성(stutter-type disfluency)과 정상 형태의 비유창성(nomal-type disfluency)으로 분류하기도 하였다. 말더듬 형태의 비유창성은 단어부분반복, 연장, 깨진 단어, 긴장된 쉼으로 분류하였고, 정상 형태의 비유창성은 단어전체반복, 구반복, 수정, 미완성 구, 삽입 등으로 분류하였다.

Campbell과 Hill(1987)은 비유창성을 덜 전형적인 비유창성(less typical disfluency)과 더 전형적인 비유창성(more typical disfluency)으로 분류하였다. 덜

전형적인 비유창성은 단음절 단어전체반복(3회 이상), 단어부분 · 음절반복(3회 이상), 음반복, 연장, 막힘 등을 포함하고, 더 전형적인 비유창성은 머뭇거림, 삽입, 수정, 구반복, 단음절 단어전체반복(2회 이하), 단어부분 · 음절반복(2회 이하) 등을 포함한다. 이러한 비유창성의 분류를 정리하여 〈표 3-3〉에 제시하였다.

Van Riper(1982)도 비정상적인 유창성과 정상적인 유창성 문제를 비교하는 기준을 제안하였다. 이들 기준은 자주 인용되는 가이드라인으로 화자의 구어 특성과 비유창성에 대한 스트레스의 형태, 인식에 대해 화자가 보이는 반응에 근거한 것이다. 이 기준은 〈표 3-3〉에 제시하였다.

〈표 3-3〉 **비유창성 분류**

연구자	비유창성 형태	
Yairi, Ambrose, & Niermann(1993)	진성 말더듬	기타 비유창성
	단어부분반복 단음절 단어전체반복 불규칙적 반복 긴장된 쉼	다음절 단어전체반복 구반복 삽입 수정-미완성 구
Conture(1982)	단어 내 비유창성	단어 간 비유창성
	단음절 단어전체반복 음 · 음절반복 들을 수 있는 연장 들을 수 없는 연장	다음절 단어전체반복 구반복 삽입 수정
Meyers(1986)	말더듬 형태의 비유창성	정상 형태의 비유창성
	단어부분반복 연장 깨진 단어 긴장된 쉼	단어전체반복 구반복 수정 미완성 구 삽입

	덜 전형적인 비유창성	더 전형적인 비유창성
Campbell & Hill(1987)	단음절 단어전체반복(3회 이상) 단어부분 · 음절반복(3회 이상) 음소반복 연장 막힘	단음절 단어전체반복 (2회 이하: 긴장 없음) 단어부분 · 음절반복 (2회 이하: 긴장 없음) 머뭇거림 삽입 수정 구반복

〈표 3-3〉 Van Riper의 말더듬과 정상적 비유창성을 구분하는 가이드라인

행동	말더듬	정상적 비유창성
<u>음절반복</u>		
매 단어당 빈도	2회 이상	2회 미만
100단어당 빈도	2회 이상	2회 미만
구어 속도	정상보다 빠름	정상 속도
규칙성	불규칙적임	규칙적임
중성 모음	종종 나타남	없거나 거의 없음
공기 흐름	종종 방해받음	거의 방해받지 않음
성대 긴장	종종 명백히 나타남	없음
<u>연장</u>		
지속시간	1초 이상	1초 미만
빈도	100단어당 1회 이상	100단어당 1회 미만
규칙성	불규칙 혹은 방해받음	부드러움
긴장	나타날 때 두드러짐	없음
유성음	음도 상승이 보임	음도 상승 없음
무성음	공기 흐름 방해	공기 흐름 정상
종료	갑작스러움	점진적임
<u>간격(휴지 구간)</u>		
단어 내	나타날 수 있음	없음
구어 시작 전	일반적으로 긺	거의 나타나지 않음
비유창성이 일어난 후	나타날 수 있음	없음

발성		
억양	제한됨: 단음조	정상
음운적인 억제	나타날 수 있음	없음
성대 프라이	나타날 수 있음	일반적으로 없음
조음 포즈		
적절성	부적절할 수 있음	적절함
강세에 대한 반응		
형태	깨진 단어가 많음	정상적 비유창성
자각의 증거		
음소 일관성	나타날 수 있음	없음
좌절	나타날 수 있음	없음
연기	나타날 수 있음	없음
눈맞춤	피할 수 있음	정상

(2) 정상적 비유창성과 초기 말더듬

진단 초기 대부분의 아동에게서 나타나는 비유창성이 정상적인 것인지, 초기 말더듬(beginning/incipient stuttering)인지를 구별해야 할 필요성이 있다. 왜냐하면 아동에게서 비유창성이 처음으로 나타났을 때 전문적인 치료를 받아야 할 것인지 아닌지를 결정해야 하기 때문이다. 그러나 병리적 비유창성과 정상적 비유창성 모두 정상 아동과 말더듬 아동의 구어에서 나타나기 때문에 정상 아동과 말더듬 아동의 구어를 분석할 때 그 비유창성이 어디에 속하는지 구별하기 어렵다(Johnson & Associates, 1959).

Johnson 등(1959)은 정상적인 비유창성과 초기 말더듬의 비유창성 형태를 알아보기 위하여 말더듬 아동 49명과 연령과 성별 및 사회경제적 계층을 대응시킨 동수의 정상 아동을 대상으로 실험을 실시하였다. 그 결과, 두 집단 모두 음·음절반복, 단어부분반복, 구반복, 깨진 단어, 연장, 삽입, 수정, 미완성 구 등의 여덟 가지의 비유창성 형태를 나타냈다. 이들 여덟 가지의 비유창성 형태 중 두 집단 간 유의한 차이가 나타난 음·음절반복, 단어부분반복, 구반복, 깨진 단어, 구어 연장 등의 유형이 있었고, 삽입, 수정, 미완성 구에서는 두 집단 간 유의한 차이가 나타나지 않았다. 또한 통계적으로 유의한 차이가 난 5개 형태 중 특히 확연한 차이가 나타난 음 · 음절반복과 단어부분반복의 두 형태는 말더듬과 정상적인 비유창성을 구분하는 결정적 요인으로 판단하였다.

한편 Yairi(1997)는 초기 아동기 말더듬의 비유창성에 관한 문헌적 고찰을 통하여 초기 말더듬의 특성으로 보이는 비유창성 형태를 보고하였다. 정상적 비유창성 아동은 전형적으로 2회 이하의 단어부분반복과 단어전체반복을 보였으며, 단위 반복 수가 갑자기 증가한다는 것은 정상적인 비유창성이 정상적인 발달에서 벗어나는 것을 의미하는 것이라고 하였다. 흥미로운 결과 중 하나는 말더듬 아동의 약 1/3이 갑작스럽게 말을 더듬기 시작하고 심지어 말더듬이 점진적으로 발생한다 하더라도 실제로 2주 내에 말더듬이 일어났다. 실험을 통하여 얻어진 초기 말더듬 아동의 특성을 정리하면 다음과 같다.

- 비유창성의 총 빈도가 더듬지 않는 아동에 비해 2.5~3배 많음
- 말더듬 같은 비유창성이 더듬지 않는 아동에 비해 5~6배 많이 나타남
- 전체 비유창성에서 말더듬 같은 비유창성 비율이 더듬지 않는 아동에 비해 2배 이상 많음
- 단위 반복 수가 2회 이상인 단어부분반복과 단음절 단어전체반복의 비율이 더듬지 않는 아동에 비해 3배 정도 더 많음
- 비유창성 군(cluster)이 더듬지 않는 아동에 비해 6배 정도 더 많고, 비유창성 군의 길이가 긴 단어에서는 최소 2배 정도 더 많음
- 반복 사이의 간격이 더듬지 않는 아동에 비해 더 짧음
- 비유창성에 수반되는 머리 및 목의 움직임이 더듬지 않는 아동에 비해 2배 정도 더 많음

신명선(1996)은 2~6세의 정상 아동 50명을 대상으로 정상적 비유창성에 대한 실험을 실시하였다. 그 결과, 전체 비유창성 형태 중 삽입이 가장 많이 나타났으며, 연령이 높아질수록 삽입, 단어전체반복, 단어부분반복은 감소하는 반

면, 정상적 비유창성인 수정은 증가하는 것으로 나타났다. 병리적 비유창성과 정상적 비유창성 모두 연령의 증가와 함께 감소하였으며, 병리적 비유창성과 정상적인 비유창성 사이의 비율 차이가 점차 더 커졌다. 비유창성의 한 형태인 단어부분반복에서 반복의 횟수가 가끔 2회 나타나기도 하였으나 1회가 일반적이었으며, 반복 횟수가 2회 이상 자주 일어날 때는 말더듬에 대한 위험 신호로 해석할 수 있었다. 이러한 결과를 바탕으로 정상적인 비유창성의 기준을 다음과 같이 제시하였다(권도하 외, 2011).

- 총 비유창성률이 9% 이하(2~3세)
- 총 비유창성률이 7% 이하(4~6세)
- 단어부분반복의 단위 반복 수가 2회 이하
- 비유창성 형태가 삽입, 쉼, 수정이 일반적임

비유창성 형태에 대한 연구들은 연구자들마다 결과가 다양하다. 때로는 어떤 연구자의 주장이 좀 더 타당하게 여겨지기도 하고 또 어떤 경우는 다른 연구자의 주장이 합리적으로 여겨지기도 한다. 이것은 아마도 초기 말더듬의 가변성과 아동 개인에게 작용하는 말더듬 변인의 다양성에 기인하는 결과일지도 모른다. Hall과 Yairi(1992)는 아동의 구어를 청지각적인 판단으로 결정하는 데 어려움이 있는 세부적인 구분을 미세한 음향학적 자료를 통하여 가능하다고 주장하였다. 이들은 jitter와 shimmer를 측정하여 아동의 유창한 구어에서 존재하는 후두기능의 미세한 문제점을 찾을 수 있다고 주장하였다. 실제로 말더듬 아동과 정상 아동을 대상으로 실시한 실험의 결과를 보면 shimmer가 정상 아동에 비해 말더듬 아동에게서 높게 나타났다. 또한 최근 말을 더듬기 시작한 3~4세 아동의 구어에서 shimmer가 높은 것으로 확인되었다고 한다. Hall과 Yairi(1992)는 이러한 결과를 바탕으로 말더듬 아동 혹은 말더듬 위기에 있는 아동과 정상적 비유창성을 보이는 아동을 구별하는 데 음향학적 결과를 유용하게 사용할 수 있을 것이라고 주장하였다. 이러한 주장과 더불어 최근에 성인을 대상으로 말더듬인과 일반인 및 근긴장성 발성장애인의 음향학적 분석을 통한 말더듬인의 음성 특성을 알아보는 실험이 있었다(정훈, 2011). 연구 결과, 말더듬 성인에게서도 Hall과 Yairi의 실험에서 얻어진 결과와 동일하게 shimmer의 수치가 다른 두 집단과 통계적으로 유의한 차이가 나타났다.

이러한 결과는 정상적인 비유창성과 초기 말더듬을 판별할 때 비유창성의 형태만으로 구분이 어려운 경우, 비교적 검사 방법이 간단하고 객관적 데이터를 얻을 수 있는 음향학적 검사 방법을 활용한다면 아동기 말더듬의 진단 시 기초 자료로 사용할 수 있을 것으로 보인다.

2. 말더듬 진행

말더듬 진행의 패턴은 어떻게 말더듬이 진행되는지를 이해하는 데 도움을 주지만, 여러 연구의 결과를 보면 그 패턴이 일정하지 않다는 것을 알 수 있다. Bluemel(1932)이 최초로 사용한 일차성 말더듬과 이차성 말더듬이라는 용어는 여러 문헌에서 오랫동안 언급되었던 말더듬 진행에 관한 용어다. 일차성 말더듬이란 어떤 발화가 시작할 때 음절과 단어를 쉽게 힘들이지 않고 반복하고, 특히 아동은 스스로 이러한 발화의 특성을 거의 또는 전혀 깨닫지 않는다는 특성이 있다. 또한 유창성의 깨짐이 없어졌다가 나타나기도 하고, 심하다가 약해지기도 한다. 이차성 말더듬은 병리적인 비유창성이 지속적으로 일어나는 것을 말한다. 아동은 말더듬에 대해 불안해하지는 않지만 자신의 문제를 인식하고, 막힘을 감소시키기 위하여 시작계교와 같은 특정한 방책을 사용하기도 한다(Wall & Myers, 1995). 이처럼 Bluemel은 말더듬의 진행을 일차에서 이차 말더듬으로 다소 선형적인 방식으로 개념화하였다. 그러나 최근의 연구 결과들에서는 많은 말더듬 아동이 일차 말더듬의 시기를 거치지 않고 처음부터 복잡하고 심각한 말더듬 행동을 보이기도 한다(Yairi & Ambrose, 2005; Yairi, Ambrose, & Niermann, 1993). 이러한 결과를 볼 때 말더듬이 가변적이고, 특히 아동기의 언어 발달은 외현적 특성뿐 아니라 내면적 특성까지 나타나는 시기이므로, 말더듬의 진행은 동일한 집단의 아동들이라도 각 아동의 개인적 특성에 따라 각각 다른 진행 과정을 보일 수 있다. 이 장에서는 말더듬 진행 과정이 순차적이라고 주장하는 대표적 학자들의 순차적 진행 모델과 말더듬 개개인의 이질성을 강조한 학자들의 경로 모델을 중심으로 일반적인 말더듬 진행을 살펴보았다.

1) 말더듬의 순차적 진행 모델

(1) Froeschels의 말더듬 진행

Froeschels(1921)는 말더듬의 진행 과정을 설명하는 데 관심을 가진 최초의 인물 중 하나다. Froeschels는 말더듬 진행 과정을 순서화나 체계화하기보다는 다소 주관적 관찰과 임상적 결과에 의존하는 경향이 있었다. 그의 말더듬 진행 과정을 살펴보면 말더듬 초기 단계에 나타나는 반복은 긴장 없이 정상 속도로 반복하는 것으로 시작된다. 다음으로 긴장이 더 강해지고 정상보다 빠른 속도가 긴장과 함께 나타난다. 이후에는 반복 속도가 정상 이하로 감소하면서 긴장이 증가한다. 마지막으로 음과 조음이 고착된 연장이 일어나는데, 그 속도는 여전히 정상보다 더 느리며, 현저한 긴장이 지속된다. 또한 말더듬 행동 중 가장 심한 막힘을 계속적이고 힘든 형태의 막힘을 지칭하는 강직성(tonic) 막힘과 반복적 형태의 막힘을 지칭하는 경련성(clonic) 막힘으로 구분하여 사용하였다. 점차 자신의 말더듬을 감추는 책략을 사용함으로써 말더듬이 더 심화된다. Froeschels는 치료 효과로 인한 예외가 있긴 하지만 모든 말더듬인들이 이러한 순차적 과정을 따른다고 주장했다(Yairi & Ambrose, 2005).

(2) Bloodstein의 말더듬 진행

Bloodstein(1961)은 단순히 임상에서 얻은 직관이 아닌 연구 자료에 기초하여 제일 먼저 말더듬 진행 단계를 제시하였다. 횡단 연구를 통하여 다른 연령에서 평가한 418명의 말더듬 아동들에 대한 Brooklyn College Speech and Hearing

Center의 임상 기록에 있는 첫 구어 평가보고서를 분석하였다. 그는 2~16세 대상자를 6개월 간격으로 나누어 각 연령을 대표하는 30개의 파일을 분석하였다. Bloodstein(1961)은 연령별 그룹이 나타낸 특징이 아동들이 전형적으로 겪게 될 말더듬의 과정을 반영한다고 가정하였다. 그는 이러한 가정들을 바탕으로 말더듬 진행 순서를 4단계로 제시하였다. 각 단계별 특성을 〈표 3-4〉에 제시하였다 (Yairi & Ambrose, 2005).

〈표 3-4〉 **Bloodstein의 말더듬 진행 단계**

단계	비유창성 특성
1단계	주요 증상은 단어나 음절의 반복이다. 일부 연장이나 이차적인 특징이 나타날 수 있다.
	말더듬이 구나 문장의 시작 위치에서 주로 나타난다.
	말더듬이 주기적이고 가변적이다. 말더듬의 빈도가 심한 정도에 따라서 증가하기도 하고 감소하기도 한다.
	말더듬은 의사소통 스트레스 상황에서 심화된다(예, 아동이 흥분해서 이야기할 때).
	대부분의 아동들이 자신의 말에 관심이 없다.
2단계	주요 증상은 다양하지만 반복의 속도가 빨라지고 긴장이 수반된다.
	말더듬은 주로 내용어(명사, 동사, 형용사, 부사)에 나타난다.
	말더듬이 만성적이다. 흥분 상태에 있거나 빨리 말할 때 증가한다.
	자신이 말을 더듬는다고 생각하지만 자신의 구어에 대해 걱정을 하거나 불안해하지 않는다.
3단계	주요 증상은 막힘까지 복잡한 증상으로 나타난다.
	말더듬이 특정 단어나 음뿐 아니라 특정 상황에 따라 가변성이 커진다.
	말더듬에 대한 예기나 어떤 부정적인 정서반응(단어 대치와 돌려 말하기)이 시작되지만, 공포를 느끼거나 당황하는 것이 거의 없다.
	아동은 말을 더듬더라도 구어 상황을 회피하지 않고 말을 하려는 경향이 있다.
4단계	말더듬에 대한 공포와 당황으로 예기가 존재한다.
	개인에 따라 특정 단어, 음, 상황공포를 나타내고, 유사한 단어로 대치하거나 에두르기를 사용한다.
	말을 더듬지 않는 것처럼 가장함으로써 사회적 관계에 어려움이 있다.
	청자의 반응에 매우 민감하며, 다른 사람들과 말하는 것을 피하게 된다.

(3) Guitar의 말더듬 진행

Guitar(1998)는 말더듬 진행 단계를 정상적인 비유창성(normal disfluency), 경계선급 말더듬(borderline stuttering), 초기 말더듬(beginning stuttering), 중간급 말더듬(intermediate stuttering), 심화된 말더듬(advanced stuttering)의 5단계로 제시하였다. 그에 따르면 모든 아동이 이러한 5단계의 말더듬 단계를 거치지는 않지만 각 단계의 특성은 가장 전형적인 발달을 나타낸다고 하였다. 이러한 단계는 말더듬 진행 순서를 제시해 줄 뿐 아니라 치료사들이 다양한 연령의 대상자들에게 적절한 치료를 선택하도록 돕는다. Guitar의 말더듬 진행단계는 〈표 3-5〉에 제시하였다(Guitar, 1998).

〈표 3-5〉 **Guitar의 말더듬 진행단계**

단계	연령	비유창성 특성
정상적인 비유창성	1세 6개월 ~6세	100개 단어당 10개 미만의 비유창성이 나타난다.
		대부분 단위 반복 수는 1회 이하이며, 때때로 2회가 나타난다.
		대부분의 비유창성은 삽입, 수정, 단어반복 등이다. 3세가 지나면 단어부분반복이 줄어든다.
		아동은 자신의 구어가 비유창하다는 것을 전혀 인식하지 못한다.
경계선급 말더듬	1세 6개월 ~6세	100개 단어당 10개 이하의 비유창성이 나타난다.
		단위 반복 수 2회가 자주 나타난다.
		수정이나 미완성 구보다 반복과 연장이 더 많이 나타난다.
		말더듬 행동에 긴장이 없다.
		자신의 비유창성에 반응을 보이지 않는다.
초기 말더듬	2~8세	말을 더듬을 때 긴장이 보이고 서두르는 행동이 나타난다. 반복의 속도가 빠르고 불규칙적이다.
		반복과 연장의 마지막 부분에서 소리의 음도가 올라간다.
		말을 더듬기 시작할 때 조음기관이 고정되는 경향을 보인다.

중간급 말더듬	6~13세	반복과 연장보다 막힘이 많다.
		막힘에서 벗어나기 위해 도피행동이 나타난다.
		막힘이 일어날 것을 예기하고 공포 단어를 피하기 위하여 회피행동을 한다.
심화된 말더듬	14세 이상	반복과 연장도 보이지만 긴장된 막힘이 주로 나타난다. 막힘은 중간급 말더듬보다 길고 긴장되고 종종 입술·혀·턱의 경련을 수반한다.
		회피행동을 광범위하게 사용한다.
		도피행동과 회피행동을 정교하게 사용하기 때문에 말더듬인 자신도 어떤 행동을 하고 있는지 모를 때가 많다.

2) 말더듬의 경로 모델

(1) Van Riper의 말더듬 경로

Van Riper와 Conture는 말더듬 진행 과정을 이질성을 강조한 경로 모델로 제안하였다. Van Riper(1971)는 말더듬 진행을 네 가지 경로로 제안하였다. 그는 300명의 아동 중 경로 Ⅰ이 48%, 경로 Ⅱ가 25%, 경로 Ⅲ이 11%, 경로 Ⅵ가 9%, 어떤 경로에도 포함되지 않는 아동이 7%라고 보고하였다. 하지만 한 경로에 속한 아동일지라도 그 경로의 순서를 정확하게 따르는 것은 아니라고 하였다. 이러한 경로는 말더듬 시작 연령, 시작 유형(점진적, 갑자기), 말더듬 형태, 부수행동을 중심으로 설명하였다. Van Riper의 말더듬 경로는 〈표 3-6〉에 제시하였다(Yairi & Ambrose, 2005).

〈표 3-6〉 Van Riper의 말더듬 경로

경로	비유창성 특성
경로 I	• 어린 말더듬인들에게 제일 많은 비율로 나타난다. • 정상적 비유창성의 기간이 지나고 병리적 비유창성이 점진적으로 발생한다. • 2.5세에서 4세경에 말더듬이 발생되며, 병리적인 비유창성은 긴장이나 자각이 거의 없이 주로 음절반복의 속도가 보다 더 불규칙적으로 되는데 시간이 흐를수록 이러한 현상이 더 자주 일어난다. • 아동은 점점 더 많은 긴장이 수반된 연장을 나타내기 시작한다. • 긴장, 좌절, 공포, 회피가 후기에 나타난다.
경로 II	• 언어 발달 초기에 발생한다. • 아동은 유창한 경험을 한 번도 해 보지 못할 수 있다. • 대부분의 아동은 조음장애와 언어장애를 동시에 가지고 있다. • 처음에는 긴장이나 자각이 거의 또는 전혀 없지만 점진적으로 발달하고 점차 구어 속도가 빨라진다. • 회피행동이 거의 나타나지 않는다.
경로 III	• 말더듬 발생 이전에 유창했던 아동에게서 갑자기 말더듬이 나타난다. 5세에서 9세 사이에 비교적 늦게 나타난다. • 가끔은 외상적 사건과 관련되어 말더듬이 발생된다. • 말을 더듬은 처음부터 긴장을 많이 경험하고, 후두막힘의 증후와 소리 없는 연장, 느리고 계획적인 구어 속도가 특징이다. • 아동은 말더듬 발생 시부터 병리적인 비유창성을 깨닫고 있으며, 좌절과 특정한 상황 및 단어의 공포를 경험한다. • 말더듬의 진행 과정이 빠르고 병리적이며 심한 형태를 나타낸다. 자연 회복은 거의 혹은 전혀 없다.
경로 VI	• 말더듬의 시작이 갑작스럽고 다른 경로보다 늦게 시작된다. • 아동은 자신의 말더듬을 잘 알고 있지만, 좌절이나 공포를 나타내는 증후는 없다. • 주요 특성은 단어전체반복이나 구반복을 의도적으로 하는 것으로 보인다. 시간이 경과함에 따라 빈도는 증가하지만 말더듬 형태는 그대로다. • 공포나 회피행동의 증상이 거의 없다.

(2) Conture의 말더듬 경로 모델

Conture(1990)는 네 가지 잠재적 단계를 활용한 세 경로 체계(three-track system)를 제시하였다. Conture는 네 가지 잠재적 단계를 알파행동(Alpha Behavior), 베타행동(Beta Behavior), 감마행동(Gamma Behavior), 델타행동(Delta Bahavior)으로 설명한다.

알파행동은 발화를 시작할 때 음절 사이에서 발생하며 단어 내 짧은 쉼, 후두 막힘, 조음의 정지 등의 짧고 비효율적인 구어 산출행동을 하는 것이 특징이다. 이러한 매우 짧은 멈춤은 아동의 유창성 산출 능력과 환경적 자극이나 요구 간의 상호작용의 결과로 발생한다.

베타행동은 반복적인 구어 메커니즘이 매우 짧거나 길게 일어나는 반복적인 성대 운동이 대표적인 특징이다. 이 행동은 원래 알파행동을 보상하거나 이에 대한 반응행동으로서 음절반복과 후두 내전, 콧구멍 벌렁거림 등의 형태로 나타난다.

감마행동은 긴장되거나 고착되거나 혹은 둘 다가 보이는 구어행동이며 베타행동에 대한 보상으로 나타난다. 이러한 행동은 후두의 닫힘, 입술의 접촉, 혀의 고정이 있는 행동들을 포함한다. 이 행동들은 들을 수 없는 연장이 일어나며 공기 흐름이나 발성이 깨지게 된다. 이 단계는 말더듬 발달이 시작된 단계로, 자연적인 회복이 일어날 가능성이 줄어들게 된다.

델타행동은 알파, 베타 및 감마 행동에 대한 구어적 · 비구어적 반응이다. 이러한 대응적 반응의 예로 인두 근육이 수축되거나 성대의 길이가 늘어나거나 짧아지고, 눈을 깜박거리고, 눈동자를 돌리는 행동을 한다(Manning, 2001).

Conture의 세 경로 체계는 Van Riper(1982)의 말더듬 발달 경로와 유사한 순서를 제시한다. 아동들은 시작하는 단계가 다를 수도 있고 다른 속도로 그 단계의 일부 혹은 전부를 거쳐서 진행할 수도 있다. Conture의 세 경로 체계는 〈표 3-7〉에 정리하였다(Yairi & Ambrose, 2005).

〈표 3-7〉 Conture의 세 경로 모델

경로	비유창성 특성
그룹 I	• 알파행동이 자연적으로 회복되는 특징이 있다. • 알파행동을 보이는 40~50%의 아동에게서 나타난다. • 비유창성이 짧아서 종종 지각되지 않을 정도다. • 베타행동의 사이클을 보일 수도 있지만 결국에는 점차적으로 사라진다. • 아동들은 다음 말더듬 단계로 진전되지 않고 움직이지 않는다. 긴장이나 고착된 제스처를 동반한 구어 운동 막힘에 반응하지 않는다. • 대개 아동들은 정상적인 조음, 언어, 신경 운동적 발달을 보인다.
그룹 II	• 알파행동을 보이는 전체 아동의 40~50%를 차지한다. • 알파행동에 다양하게 반응하면서 점차적으로 베타행동 단계로 나아가는 특징이 있다. • 아동들은 치료를 통해서만이 회복이 가능하다고 본다. • 아동들은 소리 연장의 출현 빈도가 증가하고, 비구어적 행동이 증가하는 행동을 보인다. • 이들은 조음·음운장애, 기타 언어 및 음성 문제를 가지는 경향이 있다.
그룹 III	• 알파행동을 보이는 전체 아동의 5~10%를 차지한다. • 아동들은 갑작스럽게 말을 더듬기 시작한다. • 아동은 곧바로 비구어행동과 관련한 막힘과 연장을 포함한 악화된 단계를 나타낸다. • 언어치료를 받기 전에 심리사회적 평가와 상담을 받을 것을 제안한다.

이 장에서는 유창성과 비유창성의 용어 정의와 기본적 특성과 말더듬 진행에 관하여 여러 학자의 주장을 중심으로 살펴보았다. 유창한 구어 산출과 관련한 변인으로 구어의 연속성, 구어 속도, 동시조음 및 노력 등으로 요약할 수 있다. 이러한 변인들은 전반적인 구어의 흐름과 비율의 객관적인 측정 혹은 청자의 판단에 따라 유창성 정도에 영향을 미치게 된다. 때문에 이러한 변인들의 특이성은 구어의 비유창성과 직접적으로 연관된다. 비유창성이 곧 말더듬을 의미하지는 않는다. 정상적인 구어 산출 과정에서도 비유창성이 나타날 수 있기 때문이다. 따라서 정상적 비유창성과 병리적 비유창성은 구별되어 사용된다. 정상적 비유창성이란 정상적인 범위 내에 있을 것으로 보이는 구어의 깨짐을 의미하고,

병리적 비유창성이란 병리적이라고 판단되는 구어의 깨짐을 의미하는 것으로 사용된다.

말더듬 진행에 대한 순차적 단계를 제시한 Guitar는 말더듬의 진행 단계를 정상적인 비유창성 단계, 경계선급 말더듬 단계, 초기 말더듬 단계, 중간급 말더듬 단계, 심화된 말더듬 단계로 설명한다. Guitar에 따르면 모든 말더듬인이 이러한 진행 단계를 거치지는 않지만 가장 전형적인 진행 순서를 제시하였다고 한다. 한편, 말더듬 진행 과정에서 개인의 이질성을 고려하여 Van Riper는 말더듬의 네 가지 경로를 제안하였다. 이러한 경로는 말더듬 시작 연령, 시작 유형, 말더듬 형태, 부수행동 등의 네 가지 변인을 근거로 분류하였으며, 한 경로에 속한 아동일지라도 그 경로의 순서를 정확하게 따르는 것은 아니라고 하였다.

연습문제

1. 유창성 지각에 영향을 미치는 요소를 설명하시오.

2. 정상적 비유창성과 병리적 비유창성을 예를 들어 설명하시오.

3. 전형적 비유창성과 비전형적 비유창성을 설명하시오.

4. Guitar의 말더듬 진행 단계를 설명하시오.

5. Van Riper의 말더듬 진행 경로를 설명하시오.

참고문헌

권도하(2011). 언어치료학사전. 경북: 물과 길.

권도하, 신후남, 이무경, 전희숙, 김시영, 유재연, 신명선, 황보명, 박선희, 신혜정, 안종복, 남현욱, 박상희, 김효정(2011). 언어치료학개론(개정판). 대구: 한국언어치료연구소.

신명선(1996). 정상 유아의 비유창성 발생에 관한 연구. 대구대학교 대학원 석사학위논문.

신명선, 최양규, 윤치연, 전희숙, 안종복, 백은아, 노동우, 이종헌, 남현욱, 정분선, 임경열(2003). 언어치료입문. 대구: 한국언어치료학회.

안종복, 신명선, 권도하(2002). 정상 성인 및 아동의 구어 속도에 관한 연구. 음성과학, 9(4), 93-103.

전희정(2003). 유창성 장애 아동과 정상 아동의 비유창성과 말속도에 관한 비교 연구. 한림대학교 대학원 석사학위논문.

정훈(2011). 후두 행동에 기초한 후두 이완 프로그램이 말더듬인의 유창성 향상에 미치는 효과. 대구대학교 대학원 박사학위논문.

Bloodstein, O. (1961). The development of stuttering Ⅲ. Theoretical and clinical implications. *Journal of Speech and Hearing Research*, *26*, 67-83.

Bloodstein, O. (1974). The rules of early stuttering. *Journal of Speech and Hearing Research*, *39*, 379-394.

Bloodstein, O. (1995). *A handbook on stuttering* (5th ed.). San Diego: Singular Publishing Group.

Bloodstein, O., & Ratner, N. B. (2008). *A handbook on stuttering* (6th ed.). Clifton Park, NY: Thomson Delmar Learnig.

Bluemel, C. S. (1932). Primary and secondary stammering. *Quarterly Journal of Speech*, *18*, 187-200.

Brutten, G. J., & Shoemaker, D. (1967). *The modification of stuttering*. Englewood Cliffs, NJ: Prentice Hall.

Campbell, J. H., & Hill, D. (1987). Systematic disfluency analysis. Miniseminar at the annual convention of the American Speech-Language-Hearing Association, New Orleans, LA.

Conture, E. G. (1982). Stuttering in young children. *Journal of Developmental and Behavioral Pediatrics*, *3*, 163-169.

Conture, E. G. (1990). *Stuttering* (2rd ed). Englewood Cliffs, NJ: Prentice-Hall.

Froeschels, E. (1921). Beitrage zur symptomatologie das stotterns. *Monatsschrift fur Ohrenheikunde*, *55*, 1109-1112.

Gaines, N., Runyan, C., & Meyers, S. (1991). A comparison of young stutterers' fluent versus stuttered utterances on measures of length and complexity. *Journal of Speech and Hearing Research*, *34*, 37-42.

Goldman-Eisler, F. (1958). The predictability of word in context and the length of pauses in speech. *Speech and Language*, *1*, 226-231.

Gordon, K. C., Hutchinson, J. M., & Allen, C. S. (1976). An evaluation of selected discourse characteristics in normal geriatric subjects. *Idaho State University Laboratory Research Reports*, *1*, 11-21.

Gordon, P. (1991). Language task effects: A comparison of stuttering and nonstuttering children. *Journal of Fluency Disorder*, *16*, 275-287.

Gordon, P., Luper, H., & Peterson, H. J. (1986). The effects of syntactic complexity on the occurrence of disfluencies in 5 year old nonstuttering. *Journal of Fluency Disorder*, *11*, 151-164.

Guitar, B. (1998). *Stuttering: An integrated approach to its nature and treatment* (2nd ed.). Baltimore, MD: Williams & Wilkins.

Hall, K. D., & Yairi, E. (1992). Fundamental Frequency, Jitter, and Shimmer in Preschoolers who Stutter. *Journal of Speech and Hearing Research*, *35*, 1002-1008.

Johnson, W., & Associates. (1959). *The onset of stuttering*. Minneapolis: University of Minnesota Press.

Kloth, S. A. M., Kraaimaat, F. W., Janssen, P., & Brutten, G. J. (1999). Persistence and remission of incipient stuttering among high risk children. *Journal of Fluency Disorders*, *24*(4), 253-265.

Lees, R., Anderson, H., & Martin, P. (1999). The influences of language disorder on fluency: A pilot study. *Journal of Fluency Disorder*, *24*, 227-238.

Manning, W. H. (2001). *Cilnical decision making in the diagnosis and treatment of stuttering disorders* (2nd ed.). Vancouver, Canada: Singular Thompson Learning.

Manning, W. H., & Shirkey, E. (1981). Fluency and the aging process. In D. S. Beasley & G. A. Davis (Eds.), *Aging: Communication Processes and Disorder* (pp. 175-189). New York: Grune & Stratton.

Mansson, H. (2000). Childhood stuttering: Incidence and development. *Journal of*

Fluency Disorders, *25*(1), 47-57.

Meyers, S. (1986). Qualitative and quantitative differences and patterns of variability in disfluencies emitted by preschool stutterers and nonstuttering during dyadic conversation. *Journal of Fluency Disorder*, *11*, 293-306.

Ryan, B. (2002). *Programmed therapy for stuttering children and adults* (3rd ed.). Springfield, IL: Charles C. Thomas.

Starkweather, C. W. (1980). Speech fluency and its development in nomal children. In N. Lass (Ed.), *Speech and Language*, *4*, 143-200.

Starkweather, C. W. (1987). *Fluency and stuttering*. Englewood Cliffs: Prentice Hall.

Van Riper, C. (1982). *The nature of stuttering* (2nd ed.). Englewood Cliffs, NJ: Prentice-Hall.

Wall, M. J., & Myers, F. L. (1995). *Clinical management of childhood stuttering* (2nd ed.). Austin, TX: Pro-Ed.

Weiss, A. L., & Zebrowski, P. M. (1992). Disfluencies in the conversations of young children who stutter: Some answers about questions. *Journal of Speech and Hearing Research*, *35*, 1230-1238.

Wijnen, F. (1990). The development of sentence planning. *Journal of Child Language*, *17*, 651-675.

Yairi, E. (1997). Home environment and parent-child interaction in childhood stuttering. In Curlee & Siegel, G. (Eds.), *Nature and treatment of stuttering, New directions* (2nd ed., 24-48). Needham Heights, MA: Allyn & Bacon.

Yairi, E., & Ambrose, N. G. (2005). *Early childhood stuttering*. Austin, TX: Pro-Ed.

Yairi, E., Ambrose, N. G., & Niermann, R. (1993). The early months of stuttering: A developmental study. *Journal of Speech and Hearing Research*, *36*, 521-528.

Yairi, E., & Clifton, N. F. (1972). Disfluent speech behavior of preschool children, high school seniors and geriatric persons. *Journal of Speech and Hearing Research*, *15*, 714-719.

Yaruss, J. S. (1997). Clinical measurement of stuttering behaviors. *Contemporary Issues in Communication Science and Disorder*, *24*, 33-44.

Zebrowski, P. M. (1994). Stuttering. In Tomblin, J. B., Morris, H. L., & Spriestersbach, D. C. (Eds.), *Diagnosis in speech-language pathology*. San Diego: Singular Publishing Group.

제4장

평가 준비

전희숙

1. 말더듬 진단 절차
2. 말더듬의 행동 평가
3. 말더듬의 정서 및 인지 평가
4. 유창성 평가를 위해 치료사가 갖추어야 할 전문성

평가 준비

유창성 평가를 준비할 때 유창성에 대한 지식과 기술적 전문성은 물론 말더듬는 사람과 가족의 요구사항, 그리고 그들의 문화를 이해하는 것도 준비하여야 한다. 유창성 평가를 위해 말더듬인 한 사람 혹은 그 가족들까지 소통하면서 그들이 보내는 신호들에 예민하여야 한다. 대상자나 가족들의 요구가 치료사와 다를 수 있다. 말더듬 성인이 완전히 유창하게 말하기를 요구할 수도 있고 말더듬 아동 치료에 가족들이 참여하기를 꺼릴 수도 있다. 이런 것들이 평가 회기 동안 해결될 수도 있고 몇 회기의 치료 후에야 해결될 수도 있다. 이럴 때 평가자는 말더듬뿐만 아니라 말더듬인도 고려하여 진정으로 관심을 가지고 공감하는 것이 중요하다. 그리고 평가를 준비하면서 대상자의 개인정보를 관리하고, 문화적 특성들도 고려하여야 한다. 문화에 따라 눈맞춤, 신체 접촉, 강화 방법, 가족상호작용 형태, 의도적 말더듬, 대화 형태, 호칭 등에서 차이가 있을 수 있다(Guitar, 2013). 이에 대한 충분한 정보를 가지고 평가를 준비하여야 한다.

이 장에서는 말더듬 진단 절차와 말더듬 행동과 정서 및 인지 특성을 평가하기 위한 변수들을 살펴보고, 유창성 평가를 위해 치료사가 갖추어야 할 전문성에는 어떠한 것이 있는지를 알아보았다.

1. 말더듬 진단 절차

대상자의 현재 말더듬 정도를 이해하기 위하여 말더듬 아동 및 성인이 가지고 있는 문제가 무엇이며, 그것이 어떠한 배경을 가지고 있는지에 대해 알아보는 사전 정보 수집이 진단의 첫 단계이다. 다음으로 유창한 사람과 비유창한 사람을 구별하는 선별 단계, 다음으로 발달성 말더듬, 신경인성 말더듬, 심인성 말더듬 및 속화 등과 구별해 내는 감별 단계를 거친다. 그리고 대상자의 특성을 파악하기 위하여 공식적 및 비공식적 검사를 실시하고 평가하며, 진단보고서를 작성하는 과정으로 진행한다. 사전 정보 수집부터 진단보고서 작성까지 말더듬 진단평가의 전반적인 절차에 대하여 살펴보려고 한다.

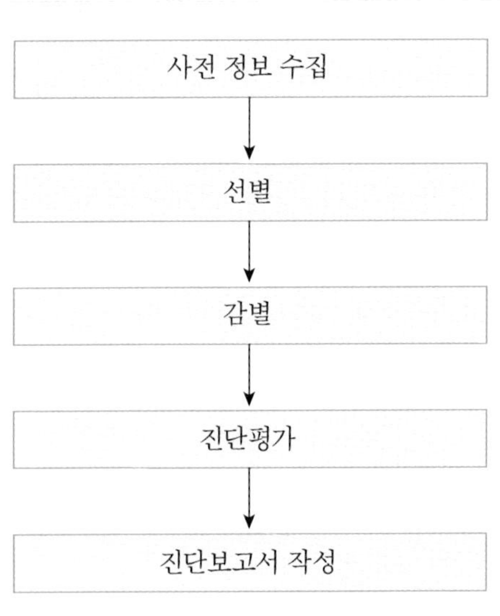

[그림 4-1] 말더듬 진단 절차

1) 사전 정보 수집

진단평가 과정은 임상가가 치료를 필요로 하는 사람이나 보호자를 만나는 순간부터 시작된다. 사전에 정보를 수집하는 방법에는 크게 사례사 양식지를 작성하도록 하여 사례사 조사하기, 치료사가 직접 대면하여 인터뷰하기 및 관련 전문가가 제공하는 정보를 수집하기 등이 있다.

(1) 사례사

사례사 조사는 언어치료사가 말더듬에 대한 많은 정보를 입수하여 말더듬인의 말더듬 문제를 철저하고 정확하게 평가하기 위해서 실시하는 하나의 방법이다. 일반적으로 사례사 양식지를 제공하고 말더듬 아동의 부모나 주양육자 혹은 말더듬 성인 본인이 작성하도록 한다. 말더듬 아동의 경우는 부모의 회고에 의해서 구체적인 말더듬 행동 및 발달 등과 관련한 정보를 수집하게 된다. 이 방법은 말더듬 성인 및 아동 부모가 직접 이야기하는 것에 대한 부담을 감소시킬 수 있으며, 응답 시간을 충분히 줄 수 있다는 장점이 있다. 사전 정보로 수집하는 내용에는 이름, 주소, 가족사항 등의 일반적인 정보, 신체, 언어, 사회성 등의 전반적인 발달 정보, 말더듬 시작 시기, 말더듬 행동의 변화, 가계력, 치료 경험 등과 같은 말더듬 관련 정보 등이 포함된다. 사례지 양식지에 다음과 같은 말더듬 발달사 등에 대한 내용을 첨가할 수 있다.

- 아동이 언제부터 말을 더듬기 시작했습니까?
- 누가 아동의 말더듬을 처음으로 자각했습니까?
- 어떤 상황에서 말을 더듬었습니까?
- 말더듬의 증상은 어떠합니까?(단어반복, 음절반복, 연장, 막힘 등)
- 말더듬의 형태가 비슷합니까, 아니면 상황에 따라서 다릅니까?
- 말을 더듬을 것 같으면 말을 하지 않거나 다른 말을 하는 등의 회피행동을 합니까?

- 아동은 자신의 말더듬에 무관심합니까, 아니면 자각하고 있습니까?(두려움, 좌절, 불안, 분노, 부끄러움, 놀람)
- 말더듬을 고쳐 보려고 어떤 노력을 해 보았습니까?
- 아동이 말더듬 외에 다른 언어문제가 있습니까?
- 아동이 말을 할 때 특히 어려워하는 상황이 있습니까?
- 아동이 말을 할 때 특히 어려워하는 단어가 있습니까?
- 아동이 말을 할 때 특히 어려워하는 사람이 있습니까?
- 아동이 말을 더듬는 상황에 ○하세요.
  - 나이 어린 아동과 말을 할 때( )
  - 자신의 이름을 말할 때( )
  - 질문할 때( )
  - 질문에 대답할 때( )
  - 어른들에게 말할 때( )
  - 책을 읽을 때( )
  - 발표할 때( )
  - 피곤할 때( )
  - 흥분할 때( )
  - 가족들과 말할 때( )
  - 친구들과 말할 때( )
  - 전화할 때( )

(2) 인터뷰

인터뷰에서는 언어치료사가 말더듬 성인이나 말더듬 아동의 부모에게 직접 질문하여 정보를 수집하고 전달한다. 훌륭한 치료사가 되기 위해서는 부모 및 대상자와 의사소통하는 데 능숙하여야 한다. 그러기 위해서 치료사와 인터뷰에 응하는 사람과의 라포(rapport) 형성이 우선되어야 한다. 인터뷰는 서론, 본론, 결론의 3단계로 나눌 수 있으며, 각 단계의 기본 개념은 다음과 같다.

① 서론단계

- 치료사 자신을 소개한다.
- 인터뷰의 목적을 제시한다.
- 인터뷰에 소요되는 시간을 대략적으로 제시한다.
- 예) 나는 언어치료사 ○○○라고 합니다. 오늘 ○○의 말에 대해 검사하기

에 앞서 아동의 말에 대해 몇 가지 질문을 하려고 합니다. ○○와 당신과 함께 인터뷰하는 데 시간이 좀 걸릴 것입니다. 약 40분 정도의 시간이 소요될 것입니다.

② 본론단계

- 대상자의 사례사와 현재 상태에 대해 질문한다.
- 유창성 문제와 더불어 의학적, 발달적, 가족적, 사회적 및 교육적 측면에서 관계있는 정보를 수집한다.
- 사례사 양식을 보고 인터뷰 동안 관련 정보를 좀 더 구체적으로 수집한다.
- 대상자 혹은 보호자의 질문에 대해 관련 정보를 제공한다.

③ 결론단계

- 인터뷰의 본론에서 얻은 결과들의 주요점을 요약한다.
- 인터뷰 협조에 대한 고마움을 표현한다.
- 다음에 가질 단계를 제시한다.

치료사들은 정보 수집 인터뷰, 정보 제공 인터뷰, 그리고 상담 인터뷰를 실시할 수 있다. 정보 수집 인터뷰는 사례사 양식지에 기록된 내용을 바탕으로 추가적인 질문을 하면서 진행할 수 있다. 사례사 양식지에 포함된 질문이더라도 추가적인 정보가 필요할 경우 질문할 수 있다. 일반적인 질문의 예는 다음과 같다.

- 언제부터 말을 더듬기 시작했습니까?
- 어떻게 시작되었습니까? 점진적이었습니까, 급진적으로 시작되었습니까?
- 누가 아동의 말에 처음으로 주의를 기울였습니까?
- 처음보다 말더듬이 호전되었습니까, 아니면 더 악화되었습니까?
- 말더듬 행동이 일관적입니까, 혹은 다양합니까? 변동이나 변화를 일으키는

특별한 환경이 있습니까?

- 말더듬 문제로 다른 곳에 의뢰한 적이 있습니까? 문제를 해결하는 데 도움이 되었습니까?
- 말더듬을 해결하는 데 도움을 주기 위해 다른 가족들은 어떻게 노력하였습니까?
- 다른 전문가(의사, 교사, 보청기 제공자 등)들은 어떻게 평가하였습니까?
- 본 기관에는 어떻게 오게 되었습니까? 어떤 결과를 기대하십니까?
- 가족들 중 아동 외에 말을 더듬은 사람이 있습니까?(부모, 형제, 자매, 조부모, 삼촌, 숙모, 조카 등) 그들은 아직 말을 더듬습니까?
- 아동이 왜 말을 더듬는다고 생각합니까?
- 아동이 말을 더듬을 때 어떤 느낌이 듭니까?
- 말더듬에 대하여 가족이나 친구들의 반응은 어떠합니까?
- 말더듬이 나타날 때, 말을 더듬지 않기 위해 어떤 노력을 합니까? 어떤 전략(대처방안)을 사용합니까?
- 어떤 상황에서 가장 많이 더듬습니까?(전화상에서, 많은 사람과 얘기할 때, 친구, 가족, 부모, 또는 권위적 지위를 가진 사람과 얘기할 때 등)
- 말을 할 때 특정 음이나 단어를 회피합니까?
- 말더듬 때문에 학교나 가정 생활에 어려움이 있습니까?
- 오늘 치료실에서 한 말이 평소와 비슷합니까? 아니면 평소보다 더 더듬었습니까, 덜 더듬었습니까?

치료사는 인터뷰를 하는 동안 말더듬 행동과 더불어 대상자의 태도, 정서 등에 대하여 살펴보아야 한다. 대상자가 자신의 말더듬과 자기 자신을 어떻게 생각하는지를 알아야 한다. 대상자의 말더듬 행동이 경도이더라도 이러한 내면적 특성을 묻는 질문에 경도로 반응할 것이라고 생각해서는 안 된다. 대상자 자신이 말더듬, 부모 반응, 또래 반응, 타인 반응, 대상자 자신의 반응, 대상자의 자아개념, 이전 치료 방법 등에 대하여 어떻게 생각하는지를 알기 위한 구체적인 질문의 예는 다음과 같다(Leith, 1984).

① 말더듬

- 당신은 왜 당신이 말을 더듬는다고 생각하십니까?
- 말을 더듬을 때 어떻게 하십니까?
- 당신은 말을 더듬을 때 당신 자신에 대해서 화가납니까? 만약 화를 낸다면 그 이유는 무엇입니까?
- 당신은 말더듬이 우연하게 일어날 때 두렵습니까?

② 부모 반응

- 당신이 말을 더듬을 때 어머니는 어떻게 반응하십니까?
- 당신이 말을 더듬을 때 아버지는 어떻게 반응하십니까?
- 당신이 말을 더듬는 것에 대해 어머니나 아버지가 뭐라고 말씀하십니까?

③ 또래 반응

- 당신이 말을 더듬을 때 또래 남자들은 어떻게 반응합니까?
- 당신이 말을 더듬을 때 또래 여자들은 어떻게 반응합니까?
- 당신이 말을 더듬을 때 다른 학생들은 당신에게 뭐라고 합니까?

④ 타인 반응

- 당신이 말을 더듬을 때 사람들이 당신을 어떻게 생각하는 것 같습니까?
- 당신이 다른 사람들과 대화할 때 말을 더듬으면 그들은 어떻게 행동합니까?

⑤ 대상자 자신의 반응

- 당신이 말을 더듬을 때 당신의 말을 듣는 사람이 웃는다면, 당신은 어떻게 행동하고 또 어떻게 생각합니까?
- 당신이 말을 더듬을 때 당신의 말을 듣는 사람들이 얼굴을 찡그린다면, 당

신은 어떻게 행동하고 또 어떻게 생각합니까?
- 당신은 누군가가 말더듬 때문에 당신을 놀릴 때 어떻게 합니까?

⑥ 대상자의 자아개념
- 당신이 가지고 있는 장점을 모두 말해 주세요.
- 당신의 단점은 무엇입니까?
- 당신은 거울에 비친 당신 자신을 보면 어떤 생각이 듭니까?

⑦ 이전 치료 방법
- 당신은 말더듬에 관한 어떤 치료를 받아 보았습니까?
- 당신이 받은 치료가 얼마나 도움이 되었습니까?
- 당신이 치료에서 배웠던 것들을 아직도 사용할 수 있습니까?

일반적으로 정보 수집 이후 대상자의 특성에 따라 말더듬에 대한 적절한 정보를 제공한다. 비유창성의 형태, 말더듬의 진행 과정, 발생 원인, 유창성 진단평가 및 치료 과정 등에 대하여 정보를 제공하게 된다. 이 시간 동안 신뢰를 형성하여 지속적인 관계를 만들어 갈 수 있도록 하여야 한다.

인터뷰는 직접 대면하여 질문을 하기 때문에 질문의 의도나 내용에 대하여 부가적인 설명을 해 줄 수 있다. 그리고 답변 내용에 따라 질문 순서나 내용을 융통성 있게 할 수도 있고 내담자의 비언어적 측면까지 파악할 수도 있다. 반면, 내담자가 인터뷰 상황에서 부담을 가지고 정확하게 응답하지 않을 수 있고, 오랜 시간이 소요될 수도 있다.

(3) 관련 전문가로 부터 정보 수집

관련 전문가, 즉 소아과 의사, 청각사, 이비인후과 의사, 신경과 의사, 교사, 특수교사, 물리치료사 등으로부터 지능, 특정 증후군, 의학적 문제, 사회적 문제, 예후와 관련된 요인 등에 대한 정보를 수집할 수 있다.

2) 선별

선별은 유창한 사람과 유창하지 않은 사람을 구별하는 것이다. 말더듬 성인의 경우 핵심행동 및 부수행동이 두드러지게 나타나므로 쉽게 구별할 수 있다, 말더듬 아동의 경우 자연적으로 회복될 것인지 아닌지를 구별하는 것이 어려울 수 있다. 말더듬 아동의 80%가 18~24개월 이내에 자연회복된다고 보고되고 있다(Yairi et al., 1996). 따라서 언어치료사는 자연회복될 가능성이 있는 경우와 만성적인 말더듬이 될 것으로 예측되는 경우를 구별할 수 있어야 한다.

선별을 하기 위하여 비유창성의 형태와 빈도를 분석하여 비교하는 방법을 많이 사용해 왔다. 많은 학자들이 유창한 화자에게도 나타나는 정상적인 비유창성과 말더듬인들에게 두드러지게 나타나는 병리적인 비유창성 형태를 질적 및 양적으로 연구하여 왔다(비유창성 형태는 제3장 참조). Yairi와 Ambrose(2005)가 유창한 아동과 말더듬 아동을 구분하기 위한 기준으로 100음절당 3회 이상의 진성 비유창성(SLD)을 제시하였다.

Adams(1980)는 유창한 아동의 기준을 다음과 같이 제시하였다.

- 총 비유창성 백분율이 9% 이하
- 주로 나타나는 비유창성 형태가 단어전체반복, 구반복 및 수정 등임
- 발화를 시작할 때 힘이나 긴장이 없음
- 단어부분반복에서 반복하는 모음을 다른 모음으로 대치하지 않음

Curlee(1984)는 다음과 같은 행동들 중 어느 하나라도 나타나면 말더듬으로 진단해야 한다고 하였다.

- 반복의 비유창성 백분율이 2% 이상, 반복의 속도가 점차 증가, 음절반복에서 모음을 다른 모음으로 대치, 음성에서 긴장이 나타남
- 말한 단어들 중 2% 이상에서 1초 이상의 긴 연장이 나타남
- 막힘시간이 2초 이상
- 신체 움직임, 눈 깜박임, 입술 및 턱의 전율처럼 비유창성과 연관된 부수행

동이 나타남
- 말하는 것과 연관된 정서적인 반응 혹은 회피행동이 나타남

신명선(1996)은 2~6세 유창한 아동들의 기준을 다음과 같이 제시하였다.
- 총 비유창성 백분율이 9% 이하(2~3세)
- 총 비유창성 백분율이 7% 이하(4~6세)
- 단어부분반복 횟수가 2회 이하
- 비유창성 형태가 삽입, 쉼, 수정이 일반적임

비유창성이 나타나는 어린 아동을 말더듬인으로 보고 말더듬 치료를 시작해야 하는지를 결정하기 위해 Conture(2001)는 일곱 가지 기준을 제시하고, 이 중에서 두 가지 이상에 해당되면 치료를 권하고 있다. 여기에서 말하는 비유창성군(disfluency cluster)이란 동일한 단어나 인접한 단어에서 비유창성이 2회 이상 연속적으로 나타나는 것을 말한다(Silverman, 1973).
- 비유창성의 빈도가 10% 이상
- 소리 연장이 단어 내 비유창성의 30% 이상
- 말더듬 정도 측정검사(SSI; Rilly, 1994)에서 19점 이상
- 말더듬 예측 검사(Riley & Riley, 1981)에서 17점 이상
- 안구를 측면으로 움직이거나 눈 깜빡이는 행동이 수반됨
- 비유창성군 형태의 말더듬이 비유창성의 25% 이상
- 18개월 이상 말더듬이 지속됨

그리고 Yairi와 Ambrose(2005)는 경도(mild) 말더듬으로 진단할 수 있는 비유창성의 기준 일곱 가지를 제시하였고, 이 중에서 세 가지 이상에 해당되면 말더듬으로 간주하였다(〈표 4-1〉 참조).

〈표 4-1〉 경도 말더듬을 진단하기 위한 비유창성 기준

척도(100음절당)	말더듬에 대한 최소한의 기준
단어부분반복(PW)	1.5 이상
단음절 단어반복(SS)	2.5 이상
비운율적 발성(DP)	0.5 이상
평균 반복 단위 수(RU)	1.5 이상
진성 비유창성(SLD)	3.0 이상
가중치 SLD	4.0 이상
반복(PW와 SS) 단위 2 또는 2 이상	1.0 이상

여기에서 Yairi와 Ambrose는 단일 SLD(single stuttering-like disfluency)를 계산하는 것보다 가중치 SLD(weighted SLD)가 유창한 아동과 말더듬 아동을 더 잘 구분할 수 있다고 보았다. 가중치 SLD를 구하는 식은 다음과 같다. 가중치 SLD는 다음 순서대로 산출할 수 있다.

가중치 SLD = [(PW + SS) × RU] + (2 × DP)

[(단어부분반복 + 단음절 단어반복) × 평균 단위 반복 수] +(2 × 비운율적 발성)

① 100음절 당 단어부분반복과 단음절 단어반복의 합 (PW + SS)

② 평균 단위 반복 수(RU)를 곱한다.

③ 100음절당 비운율적 발성(DP)의 2배를 더한다(비운율적 발성은 유창한 화자에게는 없거나 거의 나타나지 않고, 말더듬인에게 주로 나타나므로 가중치를 적용함).

그리고 만성이 될 아동을 구별하기 위하여, 말더듬 만성화 예측 체크리스트(Stuttering Chronicity Prediction Checklist; Cooper, 1973), 어린 말더듬 아동을 위한 말더듬 예측 검사(Stuttering Prediction Instrument For Young Children; Riley,

1981) 등이 개발되었다. 말더듬 만성화 예측 체크리스트에서는 가계력, 말더듬 행동의 변화 등의 사례사 지표, 말더듬 인식 및 말더듬에 대한 정서 등의 만성화 태도 지표 그리고 반복, 연장, 부수행동 등의 만성화 행동 지표 등을 체크하여 만성화를 예측한다. 말더듬 예측 검사에서는 부모 및 아동의 말더듬에 대한 인식, 좌절, 두려움, 회피 등에 대한 반응, 그리고 단어부분반복, 연장 및 말더듬 빈도의 총 점수를 산출하여 말더듬을 예측한다(제5장 참조).

3) 감별

감별이란 대상자가 가지고 있는 유창성 문제가 어떤 유창성 장애에 포함되는지를 구별하는 것이다. 비유창성은 발달성 말더듬인뿐만 아니라 유창한 사람, 속화자, 신경인성 말더듬인, 심인성 말더듬인, 언어문제 등을 가진 사람 등에게서도 나타날 수 있다.

유창성 장애 유형에는 크게 말더듬과 속화가 있다. Daly(1992)는 속화의 핵심적인 특징으로 구어 속도가 지나치게 빠름, 문법적인 정교성에 주의를 기울이지 않음, 구어 및 언어 발달 지연, 좋지 못한 읽기 이해력, 비조직적인 쓰기 등 다섯 가지를 제시하였다. 속화와 말더듬은 둘 다 비유창하지만 그 증상이 다르고 치료 방법 또한 다르기 때문에 반드시 감별할 수 있어야 한다. 경우에 따라 말더듬과 속화가 중복되어 나타날 수도 있다. 속화에 관한 보다 자세한 내용은 제9장을 참조하기 바란다.

다음으로 말더듬 중에서도 발달성 말더듬과 후발성 말더듬을 감별하여야 한다. 어린 시기부터 말을 더듬어 온 발달성 말더듬과 달리, 신경계 손상으로 인한 신경인성 말더듬(neurogenic stuttering)과 심리적 문제로 인한 심인성 말더듬(psychogenic stuttering)과 같은 후발성 말더듬을 감별한다. 후발성 말더듬 또한 유창성이 깨어지지만 발달성 말더듬과 다른 독특한 특성을 가지고 있다. 보다 자세한 내용은 제8장을 참조하기 바란다.

4) 진단평가

진단평가 단계에서는 공식적 및 비공식적 검사를 실시하고 그 결과들을 종합하여 평가하게 된다. 이 결과는 치료 목표 및 방법 등을 결정하는데 근거가 된다.

공식적인 검사는 표준화된 검사도구를 사용하는 것으로 말더듬과 말더듬인이 가지는 특성을 분석하여 심한 정도를 결정한다. 말더듬, 즉 외현적인 특성을 분석하여 심한 정도를 구할 수 있는 검사가 있고, 정서적 및 인지적 측면의 내면적인 특성을 알아보는 검사가 있다. 다양한 검사도구들을 숙지하고 능숙하게 시행할 수 있어야 한다. 대상자의 특성을 고려하여 검사를 실시하고 종합적으로 평가할 수 있어야 한다. 회피행동을 능숙하게 사용하는 내면화된 말더듬인(internalized stutterer)일 경우 말더듬 행동이 두드러지게 나타나지 않을 수도 있다. 말더듬 지속시간이 긴 성인의 경우 지속시간에 따라 점수가 부여되는 검사도구를 이용한 결과가 그렇지 않은 검사 결과보다 더 심한 것으로 나타날 수도 있다. 구체적인 검사도구들은 제5장을 참조하기 바란다.

비공식적인 검사는 표준화된 검사도구를 사용하지는 않고, 구어를 질적으로 분석하는 것이다. 구어 표본을 수집하여 분석하는 방법과 직접 및 간접 관찰하는 방법 등이 있다. 대표성 있는 표본을 수집하기 위하여 대상자의 말더듬 행동을 녹화하는 방법을 많이 사용한다. 말더듬은 가변적이므로 실제 말더듬 행동 특성을 알기 위하여 다양한 상황에서 구어 표본을 수집해야 한다. 가정에서의 비유창성 정도를 알기 위하여 말하는 장면을 녹화해 오도록 할 수도 있다.

그리고 다양한 의사소통 상황에서 말더듬과 말더듬인을 관찰할 수 있다. 말더듬이 많이 나타나는 아동일수록 말더듬 행동의 가변성이 더 크게 나타나므로 부모와 아동과의 상호작용, 스트레스 받는 상황에서의 놀이, 이야기 다시 말하기, 그림 설명하기 등의 상황에서 비유창성을 관찰한다(Yaruss, 1997). 표준화된 검사를 실시하는 동안 나타나지 않았던 심각한 비유창성이 나타날 수도 있다. 말더듬 행동과 더불어 대상자가 구두적 혹은 비구두적 소통을 하는지, 주장적 혹은 비주장적인지, 삶에서 민감하게 반응하는 주제는 무엇인지, 전반적으로 생활에 적응을 잘하는지 등 말더듬인의 특징도 관찰한다. 대상자가 말더듬으로 인해 많이 위축되었다면 구두적 의사소통보다 비구두적 의사소통을 많이 할 것이다. 비록 구두적 의사소통을 한다고 하더라도 가능한 한 짧은 문장으로 질문에 대답할 것이고 자발적인 구어는 거의 나타나지 않을 것이다. 그리고 소수 주장적인 말더듬인은 외향적이고 거리낌 없이 말을 하며 말을 하는 동안 눈맞춤을 지속한다. 단, 눈맞춤에만 근거하여 판단하는 것은 주의하여야 한다. 직접적인 눈맞춤이 적의를 나타내는 행동으로 해석되는 문화가 있어서, 이러한 문화에 영향을 받은 사람은 눈맞춤을 지속하지 않는다. 그리고 대상자에게 말더듬을 더 많이 유발시키는 민감한 주제가 있다. 이것은 치료의 후반부에 이러한 주제로 말하도록 하여 대상자의 조절능력을 향상시키는 데 이용할 수 있다. 그리고 전반적인 적응능력도 관찰한다. 또래와의 관계, 교실 및 가정에서의 적응 등은 부모나 교사들에게 체크하도록 하여 조사할 수 있다.

5) 진단보고서 작성

공식적 및 비공식적 검사를 마치면 대상자에 대한 진단보고서를 작성해야 한다. 일반적인 정보란에는 대상자의 성명, 생년월일, 연령, 진단 날짜, 평가자 성명 등의 내용을 기록한다. 배경 정보란에는 사례사 조사 및 인터뷰를 통해 얻은 대상자의 구어 및 언어 발달, 의학적 및 교육적 역사 등의 내용을 기록한다. 평가 결과는 말더듬 검사도구 및 구어 표본을 이용한 검사 결과를 기록한다. 요약 및 권고사항에는 현재 대상자의 말더듬 심한 정도, 예후, 요구되는 치료 기간 등을 기록한다.

2. 말더듬의 행동 평가

말더듬은 그 특성이 다양하므로 공식적 및 비공식적 검사를 이용하여 심한 정도를 파악한다. 말더듬 행동의 심한 정도를 결정하기 위하여 구어 표본을 수집하고 구어를 분석하게 된다. 구어 표본을 수집하는 방법과 평가 변수들에 대하여 살펴보려고 한다.

1) 구어 표집

말더듬 평가에서 구어 표본을 수집하는 표집(sampling)은 가장 중요한 절차라고 하여도 과언이 아니다. 유창성에 관한 분석과 판단의 중요한 자료가 되므로 적절한 표본을 수집하는 것이 매우 중요하다.

구어 표본을 수집할 때에는 첫째, 가능한 한 말더듬인이 일상생활에서 사용하는 구어 표본까지 수집한다. 예를 들면, 치료사와 상담을 하기 전 대기실에서 말더듬인이 친척이나 친구와 이야기하는 것, 치료실 내에서 부모님과 자연스럽게 대화하는 것, 직장 혹은 가정 등에서 일상생활을 하는 동안 대화하는 것 등이 있다. 둘째, 다양한 환경에서 다양한 과업의 구어 표본을 수집한다. 그림 보고 말하기, 책 읽기, 전화하기, 게임하는 동안 말하기 등 다양한 과업을 수행하는 동안 이루어지는 구어표본을 수집할 수 있다. 말더듬 검사들을 시행할 때의 구어 과업과 필요한 자료들은 제5장에서 다룰 것이다. 그리고 한 세션 이상 혹은 한 개 이상의 환경에서 수집하는 것이 좋다. 치료실, 검사 장소 밖이지만 검사 장소와 유사한 곳, 가정, 학급, 운동장, 직장, 대상자가 타인들과 시간을 보내고 상호작용하는 기타 장소 등에서의 발화를 수집할 수 있다. 다른 환경에서 표집이 불가능하다면 말하는 장면을 녹화해 오도록 요구할 수도 있다.

구어 표본을 수집하는 과정 중에 치료실에서 비유창성이 나타나지 않을 경우, 다양한 방법으로 비유창성을 유도할 수 있다. 치료사가 아동이 말할 때 집중하지 않고 고개를 돌리기, 시간적인 압박을 주기 위해 치료사의 연속적인 질문에 빨리 대답하게 하기, 치료사의 구어 속도를 빠르게 하기, 연속 장면 그림을 제시하고 빨리 설명하도록 요구하기, 조금 추상적이거나 답하기 어려운 질문을 하고 대답을 요구하기, 다른 사람이 치료실에 들어오도록 하여 주의를 분산시키기, 아동의 학년보다 조금 높은 수준의 책을 읽도록 하기 등의 활동을 할 수 있다(Blood & Hood, 1978; Guitar & Peters, 1980; Manning, 2010; Van Riper, 1982). 이러한 비유창성을 유도하기 위한 행동을 반드시 많이 할 필요는 없다. 이때 나타난 말더듬 행동이 부모님이 실생활에서 관찰했던 심각한 말더듬 행동과 유사한지는 부모 상담을 통해 알아볼 필요가 있다.

2) 평가 변수

대상자의 구어에 대한 대표적인 표본을 얻은 후에, 치료사는 평가의 다음 단계, 즉 비유창성을 분석한다. 공식적인 검사를 이용할 경우 그 검사에서 지시하는 평가 변수만 분석할 수도 있고, 비공식적인 검사를 시행할 경우 다음에서 제시하는 다양한 평가 변수 중에 선택하여 분석할 수도 있다.

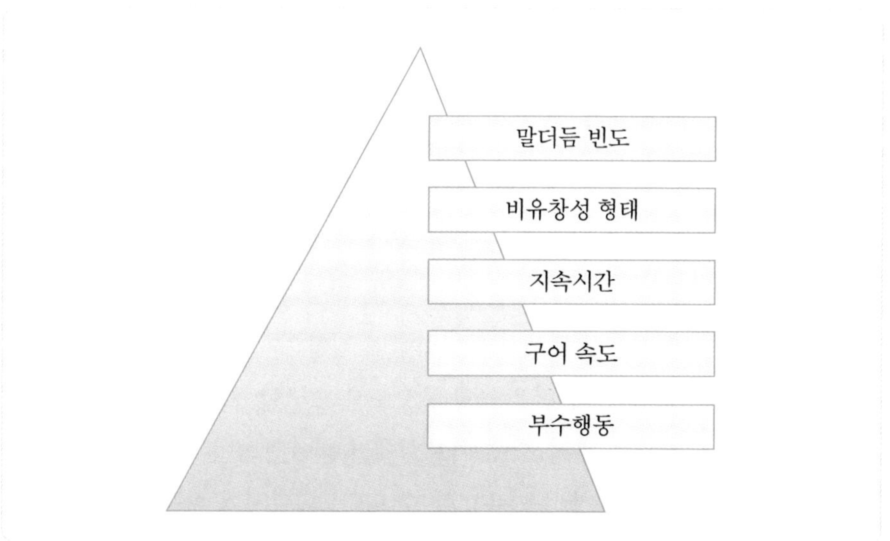

[그림 4-2] 말더듬 평가 변수

(1) 말더듬 빈도

말더듬 빈도를 측정하는 것은 말을 더듬는 것에 대한 평가에서 가장 많이 이용하는 변수이다. 말더듬 단어란 어떤 특정한 단어의 발화 바로 앞에 혹은 발화와 동시에 한 개 이상의 말더듬 행동이 나타나는 단어를 말한다. 말더듬의 빈도를 수치화할 때 말더듬 단어 백분율(percentage of stuttered words; %SW), 말더듬 음절 백분율(percentage of stuttered syllables; %SS), 분당 더듬은 단어 수(stuttered words per minute; SW/M), 비유창성 비율 등 다양한 단위들을 사용하고 있다.

말더듬 정도 측정검사-3(SSI-3; Riley, 1994)에서는 말더듬 단어 백분율(percentage of stuttered words; %SW)을 말더듬 음절 백분율(percentage of stuttered syllables; %SS)로 바꾸어 수치화하였다. 말더듬 정도 측정검사-4(SSI-4; Riley, 2009)에서는 각 말하기 과업에서 150~500음절의 표본을 수집하고, 각 과업에서의 말더듬 음절 백분율을 산출하여 점수화한다. 말더듬 음절 백분율(%SS) 산출의 예를 들면, 7음절 중에 말더듬 행동(stuttering event)이 1회 나타났다면 1/7 × 100 = 14.29 %SS이다.

유창성 인터뷰(Fluency Interview; Ryan, 2001)에서는 분당 더듬은 단어 수(stuttered words per minute; SW/M)를 구하여 말더듬 비율을 구한다. 3분 동안 25개의 단어를 더듬었다면 25/3 = 8.33 SW/M이 된다.

파라다이스 유창성검사-II(Paradise-Fluency Assessment-II: P-FA-II; 심현섭 외, 2011)에서는 발화한 음절수 중에서 정상적인 비유창성 비율과 비정상적인 비유창성 비율을 구하여 점수화한다. 예를 들어, 23음절로 된 낱말을 말하는 동안 정상적인 비유창성이 2회 나타나면 정상적인 비유창성의 비율은 2/23 × 100 = 8.7이 된다. 비정상적인 비유창성이 3회 나타났다면 3/23 × 100 = 13이 된다. 각 비유창성 점수는 정상적인 비유창성 비율에 ×1을, 비정상적인 비유창성 비율에 ×1.5를 하여 산출한다.

말더듬 빈도를 측정하기 위하여 그 음절 혹은 단어를 더듬었는지 혹은 더듬지 않았는지에 대한 이원적인 결정을 한다. 이 방법은 측정이 용이하고, 객관도와 신뢰도가 높다는 장점이 있다. 하지만 대충적인 계수이기 때문에 말더듬인의 말더듬 현상을 정확하게 기술하는 데 어려움이 있다. 그러므로 이원적인 결정에 의한 말더듬 빈도 계수와 더불어 비유창성 형태를 분석하여 보완하기도 한다(Ryan, 2001).

말더듬 빈도를 산출하는 과정에서 대상자에게서 나타나는 회피행동에 특별히 관심을 가질 필요가 있다. 회피행동을 1차 및 2차 회피행동으로 나누어서 살펴볼 수 있다. 1차 회피행동은 대상자가 말하는 행위를 바꾸려는 노력에 관한 것으로, 에두르기, 연기책, 시작계교 등을 사용하는 것이고, 2차 회피행동은 말하려는 시도 자체와 관한 것으로, 말하는 양을 줄이거나 전혀 말하지 않는 것, 의사소통을 다른 사람에게 의존하는 것 등이 해당된다. 이러한 경우 말더듬의 빈도는 낮게 나타날 수 있지만 말더듬의 심한 정도를 정상 혹은 경증으로 평가하지 않도록 유의하여야 한다. 이런 경우 내면적인 특성 검사 등을 실시하고 다양한 결과들을 포함하여 종합적으로 평가하여야 한다.

(2) 비유창성 형태

비유창성 형태는 어떻게 말을 더듬는가에 해당하며 치료사가 심한 정도를 결정하거나 치료의 예후나 진전을 파악하는 데 도움이 된다.

검사도구에 따라 주로 나타나는 비유창성 형태가 무엇인지 파악하여 점수화하는 것도 있고, 비유창성 형태에 따라 점수화하지는 않지만 말더듬 빈도를 구하기 위해 형태를 분석해야 하는 경우도 있다. 유창성 인터뷰(Ryan, 2001)에서는 투쟁이 가장 심한 형태로 점수가 가장 높고, 그 다음으로 긴 연장 혹은 침묵(1초 이상), 간단한 연장 혹은 침묵(1초 이하), 다단어부분반복, 다단어전체반복, 단단어부분반복, 단단어전체반복, 정상적인 비유창성(예, 수정) 순으로 각 형태별 점수를 제시하고 있다. 말더듬 정도 측정검사-4(SSI-4; Riley, 2009)와 파라다이스 유창성 검사-II(P-FA-II; 심현섭 외, 2010)에서는 비유창성 형태를 분석하여 형태에 따라 점수를 제시하지는 않는다.

(3) 지속시간

지속시간(duration)은 말더듬 행동이 나타난 시간으로 말더듬의 심한 정도를 결정하는 하나의 변수이다. 지속시간이 길면 길수록 심한 것이고, 치료 후 말더듬 빈도는 같더라도 지속시간이 단축되었다면 진전이 있다고 볼 수 있다. 말더듬 정도 측정검사-3(SSI-3; Riley, 1994)에서는 가장 긴 막힘 3개의 평균 지속시간으로 산출하던 방법을 가장 긴 말더듬 행동 3개의 평균 지속시간으로 바꾸었다. 즉, 막힘뿐만 아니라 반복, 연장 등의 행동도 분석에 포함시켰다.

(4) 구어 속도

구어 속도는 쉼이나 비유창성 등의 포함 여부에 따라 전체 구어 속도(overall speech rate)와 조음 속도(articulation rate)로 구할 수 있다(Ingham & Riley, 1998). 전체 구어 속도는 발화 시간 중 비유창성을 포함하여 분석하고, 조음 속도는 쉼, 머뭇거림, 비유창성을 제외하고 구한다. 전체 구어 속도는 과제를 수행하는 데 걸린 전체 시간을 측정하여, 단위 시간 당 음절수 또는 단어수로 구한다(Ingham & Riley, 1998). 조음 속도는 전체 발화 시 걸린 시간에서 쉼, 머뭇거림 및 비유창성 등이 포함되지 않은 시간을 측정한 후, 유창하게 산출된 음절수를 측정된 시간으로 나누어 단위 시간당 음절수 혹은 단어수로 측정한다(Ingham & Riley, 1998; Kelly & Conture, 1992). 쉼은 발화의 묵음 구간 중 150ms 이상을 쉼으로 간주하기도 하고(Hammen & Yorkston, 1996), 폐쇄음의 묵음 구간과 쉼을 혼동하는 것을 막고 대상자의 구어 속도를 고려하여 200ms 이상(Grosjean & Collins, 1979) 혹은 250ms 이상(Miller et al., 1984)을 쉼으로 간주한다.

구어 속도 분석을 위한 시간 단위는 분이나 초를, 언어 단위는 음소, 음절, 단어 등을 이용한다. 분당 단어수(words per minute; WPM), 분당 음절수(syllables per minute: SPM), 초당 음절수(syllables per second; SPS), 초당 음소수(phonemes per second; PPS) 등을 구할 수 있다. 목적에 따라 전체 구어 속도와 조음 속도를 구한다. 한국 성인의 구어 속도는 음절을 기준으로 읽기에서는 308.29±22.57, 독백에서는 252.87±40.86이며, 아동은 읽기에서 176.67±33.65, 독백에서는

147.30±33.14이었다(안종복 외, 2002).

(5) 부수행동

말더듬인의 주요한 특징은 구어에서 나타나지만, 비유창성의 바로 앞이나 비유창성이 나타나는 동안 눈에 보이는 긴장이나 머리, 목, 눈 및 기타 신체 부위의 움직임이 나타난다. 눈을 깜빡이기, 이마 찌푸리기, 얼굴 찌푸리기, 콧구멍 벌렁거리기, 어깨를 비틀기, 손, 다리, 발, 몸통 움직이기 등이 나타난다. 이러한 행동들은 말더듬과 관련되어 나타나며, 말더듬인이 유창하게 말할 때는 나타나지 않는다. 그리고 유창한 화자들에게서 볼 수 있는 행동보다 높은 빈도로 좀 더 과장되게 나타난다(Conture, 2001).

말더듬 정도 측정검사(SSI-4)에서는 신체적 부수행동을 수치화하여 심한 정도를 평가하는 데 포함하고 있다(Riley, 2009). 신체적 부수행동을 주의를 끄는 소리, 얼굴, 머리, 사지로 나누고 각각을 채점하고 총점을 구하여 점수화한다.

Boodstein(1981)은 겉으로 드러난 부수행동, 생리적인 부수행동, 내면적인 부수행동으로 나누었다. 구체적인 행동들의 예는 다음과 같다.

- 겉으로 드러난 부수행동: 눈 깜빡거림, 머리 움직임, 얼굴이 붉어지거나 창백해짐, 발을 굴리거나 손을 치는 행동 등
- 생리적인 부수행동: 심장맥박 변화, EEG 변화, 동공팽창 등
- 내면적인 부수행동: 좌절감, 근육이 당겨지는 느낌, 막힘 전후의 정서적 공포 및 불안 등

〈표 4-2〉는 말더듬과 관련된 생리적 요인들을 판별하는 데 도움이 된다(권도하 외, 1994). 치료사는 이러한 행동들이 말을 하는 동안 항상 나타나는지 비유창한 구어를 하는 동안에만 나타나는지 주의 깊게 관찰할 필요가 있다.

〈표 4-2〉 **말더듬과 관련된 생리학 요인**

성 명: ____________ 연령: ____________
검사자: ____________ 날짜: ____________

말더듬 행동과 관련된 다음과 같은 생리적 행동이 나타나면 ○표 하세요.

호흡적 요인	( ) 휴식 시 정상호흡 ( ) 구어 시 정상호흡 ( ) 얕은 호흡 ( ) 흡기 시 소리가 남 ( ) 연장하여 흡기 ( ) 호기 시 소리가 남 ( ) 헐떡 거림 ( ) 불규칙한 호흡 ( ) 기타 ____________	발성적 요인	( ) 정상적인 발성 기능 ( ) 발성 시작의 지연 ( ) 성문을 꽉 닫음 ( ) 음도 파열 ( ) 지나친 음도 변화 ( ) 너무 큼 ( ) 너무 작음 ( ) 강도가 바뀜 ( ) 불규칙한 호흡 ( ) 기타 ____________
조음적 요인	( ) 정상적인 조음 접촉 ( ) 부드러운 조음 접촉 ( ) 강한 조음 접촉 ( ) 정상적인 조음위치 ( ) 정상적인 조음 방법 ( ) 잘못된 조음 위치 ( ) 잘못된 조음 방법	운율적 요인	( ) 정상적인 운율 ( ) 연장음 산출 ( ) 강한 강세 ( ) 불규칙한 강세 ( ) 적절한 구어 속도 ( ) 너무 빠른 속도 ( ) 너무 느린 속도

3. 말더듬의 정서 및 인지 평가

말을 더듬는 사람은 말더듬이란 문제 때문에 자기가 한 말에 대하여 놀림을 받으며, 조롱을 당하고, 비난을 받고, 회피하며, 고립되고, 동정 받고, 꾸중을 들을 수도 있다. 말더듬인들은 말더듬으로 인해 이렇게 너무나 다양한 부정적인 경험을 해 왔기 때문에 치료 목표가 단지 유창하게 말할 수 있는 것 이상일 수 있다. 그래서 말더듬는 행동과 더불어 정서나 인지 등도 말더듬의 하나의 요소로 본다(World Health Organization:WHO, 1980). 말더듬인들에게 나타나는 불안, 공포 등은 정서적 요소(affective component)에, 반복, 연장 등의 구어행동은 행동적 요소(Behavior component), 부정적인 의사소통 태도 등은 인지적 요소(cognitive component)에 포함하여 설명한다(Bennett, 2006). 치료 효과를 제대로 파악하기 위해서 말더듬 행동뿐만 아니라 말더듬인들의 정서적 및 인지적 특성도 평가할 수 있어야 한다.

이러한 특성들을 알아보기 위하여 불안, 좌절 등과 같은 부정적인 정서, 의사소통 태도, 행동 통제소, 자아효능감, 말더듬 지각, 말더듬 경험 등에 대하여 검사할 수 있다. 이러한 내면적 특성은 반드시 말더듬 행동 특성과 비례하여 나타나지 않는다. 즉, 말더듬 빈도가 높은 사람의 의사소통 태도가 빈도가 낮은 사람보다 더 부정적이라고 할 수 없다는 것이다.

내면적인 특성들은 체크리스트와 같은 자기보고식 검사도구들을 이용하여 평가하는 경우가 많다. 글을 읽지 못하는 학령전기 아동의 경우는 아동에게 질문을 하여 대답하도록 할 수 있다(Guitar & Grims, 1977; Vanryckeghem & Kawai, 2015). 또한 간접적인 방법으로 부모나 교사를 대상으로 말더듬 아동의 정서 및 태도에 대하여 검사할 수도 있다(Langevin et al., 2010; Smith et al., 2000).

4. 유창성 평가를 위해 치료사가 갖추어야 할 전문성

유창성 평가 과정의 각 단계들을 수행하기 위하여 치료사는 여러 가지 전문인으로서의 능력을 갖추어야 한다. 치료사는 대상자나 가족이 무엇을 원하는지를 알아내고, 다음으로 나타나는 말더듬의 문제를 이해하고 정확히 평가하여야 한다. 다음에서 유창성 평가를 위해 갖추어야 하는 치료사의 능력들을 제시하였다.

- 정상적인 비유창성과 말더듬을 구별할 수 있어야 한다.
- 속화와 말더듬을 구별할 수 있고 두 장애 사이의 관계를 이해할 수 있어야

한다.

- 언어, 조음, 음성, 청각 검사 결과를 말더듬과 관련시킬 수 있어야 한다.
- 아동과 가족으로부터 사례사 등에 대한 정보를 수집할 수 있어야 한다.
- 유용한 구어 표본을 수집할 수 있어야 한다.
- 공식적 및 비공식적 검사 결과를 종합하여 말더듬의 심한 정도를 평가할 수 있어야 한다.
- 쉽게 관찰되지 않는 정서 및 인지 특성을 검사하는 도구들을 이용할 수 있어야 한다.
- 시간 압박, 정서적 반응, 간섭 또는 방해 등과 같은 환경적인 변수들을 말더듬 발생, 유지 및 말더듬의 심한 정도와 관련시킬 수 있어야 한다.
- 비유창성의 형태를 판별하고 구어의 질적인 분석을 할 수 있어야 한다.
- 말더듬은 구어의 음향학적 단서를 말더듬의 심한 정도와 관련시킬 수 있어야 한다.
- 종합적 평가 결과를 토대로 대상자 및 보호자와 함께 치료 프로그램을 구상할 수 있어야 한다.
- 평가 결과에 근거한 적합한 치료 방법 등을 대상자 및 보호자들에게 설명할 수 있어야 한다.

유창성 장애의 평가는 언어치료사의 임상 과업에서 해결해야 할 중요한 부분으로 치료에 앞서 이루어져야 한다. 유창성 장애에 대한 평가를 타당성 있게 해야만 효과적인 치료를 하게 된다. 대상자들에게 나타나는 특성이 대상자에 따라 상당히 다양하므로, 유창성 장애 평가에 앞서 진단평가 절차, 말더듬 행동 및 정서 · 인지 평가 방법들을 이해하고 유창성 검사도구들을 숙지하고 평가에 임해야 할 것이다.

연습문제

1. 말더듬의 진단 절차를 설명하시오.

2. 사전 정보 수집 단계에서 사용하는 방법들을 설명하시오.

3. 말더듬 평가를 위해 구어 표본을 수집할 때 유의해야 할 점들을 설명하시오.

4. 말더듬 행동에 대한 평가 변수들을 설명하시오.

5. 유창성을 평가하기 위해 치료사가 갖추어야 할 전문성에 대하여 설명하시오.

참고문헌

권도하, 석동일, 김영태, 정옥란, 강수균(1994). 언어진단. 대구: 한국언어치료학회.

신명선(1996). 정상 유아의 비유창성 발생에 관한 연구. 대구대학교 재활과학대학원 석사학위 논문.

심현섭, 신문자, 이은주(2010). 파라다이스-유창성 검사-II. 서울: 파라다이스복지재단.

안종복, 신명선, 권도하(2002). 정상 성인 및 아동의 구어 속도에 관한 연구. 음성과학, 9(4), 93-103.

Adams, M. R. (1980). The young stutterer: Diagnosis, treatment and assessment of progress. *Seminars in Hearing*, *1*(4), 289-299.

Bennett, E, M. (2006). *Working with People Who Stutter: A Lifespan Approach*. New Jersey: Prentice Hall.

Blood, G. W., & Hood, S. B. (1978). Elementary school-aged stutterers' disfluencies during oral reading and spontaneous speech. *Journal of Fluency Disorders*, *3*(3), 155-165.

Bloodstein, O. (1981). *A handbook on stuttering* (3rd ed). Chicago: National Easter Seal Society.

Conture, E. G. (2001). *Stuttering: Its nature, diagnosis, and treatment*. Allyn & Bacon.

Cooper, E. B. (1973). The development of a stuttering chronicity prediction checklist: A preliminary report. *Journal of Speech and Hearing Disorders, 38*(2), 215-223.

Grosjean, F., & Collins, M. (1979). Breathing, pausing and reading. *Phonetica, 36*(2), 98-114.

Guitar, B. (2013). *Stuttering: An integrated approach to its nature and treatment.* Lippincott Williams & Wilkins.

Guitar, B., & Grims, S. (1977). Developing a scale to assess communication attitudes in children who stutter. In annual meeting of the American Speech-Language-Hearing Association, Atlanta, GA.

Guitar, B., & Peters, T. J. (1980). *Stuttering: An integration of contemporary therapies.* Memphis: Stuttering Foundation of America.

Guitar, B., & Peters, T. J. (1999). *Stuttering: An integration of contemporary therapies* (No. 16). Stuttering Foundation of America.

Hammen, V. L., & Yorkston, K. M. (1996). Speech and pause characteristics following speech rate reduction in hypokinetic dysarthria. *Journal of communication disorders, 29*(6), 429-445.

Ingham, J. C., & Riley, G. (1998). Guidelines for documentation of treatment efficacy for young children who stutter. *Journal of Speech, Language, and Hearing Research, 41*(4), 753-770.

Kelly, E. M., & Conture, E. G. (1992). Speaking rates, response time latencies, and interrupting behaviors of young stutterers, nonstutterers, and their mothers. *Journal of Speech, Language, and Hearing Research, 35*(6), 1256-1267.

Kent, R. D. (1994). *Reference manual for communication science and disorders.* Austin: Pro-Ed.

Langevin, M., Packman, A., & Onslow, M. (2010). Parent perceptions of the impact of stuttering on their preschoolers and themselves. *Journal of Communication Disorders, 43*(5), 407-423.

Leith, W. (1984). *Handbook of stuttering therapy for the school clinician.* San Diego: College-Hill Press.

Manning, W. H. (2010). *Clinical decision making in fluency disorders* (3rd Ed). Delmar Cengage Learning.

Miller, J. L., Grosjean, F., & Lomanto, C. (1984). Articulation rate and its variability in spontaneous speech: A reanalysis and some implications. *Phonetica, 41*(4), 215-

225.

Riley, G. D. (1981). *Stuttering prediction instrument for young children.* Tigard: CC Publications.

Riley, G. D. (1994). *Stuttering severity instrument for children and adults* (SSI-3). Austin: PRO-Ed.

Riley, G. D. (2009). *Stuttering severity instrument.* Austin: Pro-Ed.

Silverman, E. M. (1973). Clustering: A characteristic of preschoolers' speech disfluency. *Journal of Speech and Hearing Research, 16*(4), 578-583.

Smith, A. R., McCauley, R., & Guitar, B. (2000). Development of the teacher assessment of student communicative competence (TASCC) for grades 1 through 5. *Communication Disorders Quarterly, 22*(1), 3-11.

Van Riper, C. (1982). *The nature of stuttering.* Englewood Cliffs: Prentice Hall.

Vanryckeghem, M., & Kawai, N. (2015). Evaluation of speech-related attitude by means of the KiddyCAT, CAT, and BigCAT, within a larger behavior assessment battery framework for children and adults who stutter. *The Bulletin of the Center for Special Needs Education Research and Practice, 13*, 1-9.

World Health Organization. (1980). International classification of impairments, disabilities, and handicaps: A manual of classification relating to the consequences of disease, published in accordance with resolution WHA29. 35 of the Twenty-ninth World Health Assembly, May 1976.

Yairi, E., Ambrose, N. G., Paden, E. P., & Throneburg, R. N. (1996). Predictive factors of persistence and recovery: Pathways of childhood stuttering. *Journal of Communication Disorders, 29*(1), 51-77.

Yairi, E., Ambrose, N., & Grinager, N. (2005). *Early childhood stuttering.* Austin: Pro-Ed.

Yaruss, J. S. (1997). Clinical measurement of stuttering behaviors. *Contemporary Issues in Communication Science and Disorders, 24*(Spring), 27-38.

제5장

말더듬 진단과 평가의 실제

장현진

1. 말더듬 아동과 성인 평가
2. 말더듬 예측 검사
3. 말더듬 검사도구
4. 진단보고서 작성

말더듬 진단과 평가의 실제

말더듬 아동 부모 및 성인이 치료실에 내원하여 가장 궁금해하는 것은 '내 자녀의 말더듬은 어느 정도로 심한가?' '내 말더듬은 치료 가능한가?'와 같은 것이다. 이와 같은 궁금증을 풀어 가기 위한 첫 단계는 대상자의 현재 상태가 어떠한지를 파악하는 것이며, 이를 진단과 평가라고 한다. 이러한 과정을 통해서 대상자의 현재 상태를 정확히 이해함으로써 대상자에게 제공될 치료의 목표를 수립할 수 있다. 또한 치료 과정이 진행됨에 따라 대상자의 변화 추이도 살펴볼 수 있을 것이다. 대상자에 대한 진단과 평가 과정은 치료와 아주 밀접한 관계로 연결되어 있다.

말더듬 아동과 성인을 평가하기 위해서는 다양한 특성을 고려해야 할 것이다. 예를 들면, 일반 화자와 비유창한 화자의 특성을 알아야 할 것이다. 어떤 이는 자신의 감정, 생각, 의도를 전달하기 위해 어떠한 노력이나 머뭇거림 없이 자유롭게 이야기를 한다. 반면, 어떤 이는 이야기를 하기 위해서 한참을 입만 벌리고 있거나, 긴장된 표정으로 부자연스럽게 말하기도 한다. 우리는 전자를 유창한 화자라 하며, 후자를 비유창한 화자라고 말한다. 비유창한 화자에는 말더듬인이 포함되며, 말더듬는 개인의 비유창성 수준은 다양하다.

그렇다면 비유창한 화자 중에서 말더듬인을 구별할 수 있는 방법은 무엇일까? 말을 하는 동안에 음이나 음절 또는 조음 포즈 등에서 반복, 연장 투쟁 등이 일어나 반복적으로 구어 유창성이 깨지는 사람들을 우리는 말더듬인이라고 한다. 이런 외적인 행동이 일차적으로 말더듬인을 구별할 수 있는 특징일 것이다. 이러한 말더듬은 2~5세경에서 시작된다고 보고되고 있다. 2~5세는 언어가 급속히 발달하는 시기이기 때문에 누구에게서나 비유창성이 나타날 수 있다. 따라서 정상적인 비유창성과 병리적인 비유창성을 양적으로만 평가하기보다는 질적으로 평가할 필요가 있다. 또한 본인의 말더듬을 지각하는 성인들을 평가할 때에는 말더듬이 외적으로 나타나는 부분만 다루는 것이 아니라, 내적으로 말더듬인으로서 갖게 되는 특성을 평가하는 것도 중요하다.

따라서 이 장에서는 앞에서 설명한 말더듬인의 말더듬 아동과 성인 평가에 대하여 이해하고자 한다. 말더듬인의 외적 · 내적 특성 및 심한 정도를 파악하고자 말더듬 예측 검사, 외현적 평가, 내면적 평가 등의 도구들을 살펴본다. 또한 진단과 평가 결과를 바탕으로 보고서 작성 방법에 대하여 논의하고자 한다.

1. 말더듬 아동과 성인 평가

1) 말더듬 아동 평가

말더듬 발달 과정 중에 있는 아동들을 진단하는 것은 아동 부모와의 인터뷰에서 시작될 것이다. 아동 부모와의 인터뷰를 통해서 부모는 아동의 말더듬 문제를 객관적으로 파악할 수 있게 하고, 말더듬 문제에 대한 특성을 파악할 수 있는 기회가 될 것이다. 이러한 과정을 통해서 대상 아동이 정상적인가 혹은 정상적이지 못한가에 대해 판단하게 될 것이다. 말더듬 아동의 정상적인 비유창성과 병리적인 비유창성을 구별하기 위한 기준은 제3장에서 언급하였다. 일단 아동의 유창성에 대한 특성을 파악하고, 아동의 비유창성 정도가 정상인 범주 안에 있는지 판단하도록 해야 한다.

말을 더듬는 아동이 내원하여 말더듬 검사도구로 평가하는 동안 치료사 앞에서 말더듬 행동이 나타나지 않을 수도 있다. 이러한 경우에는 다양한 방법을 통해서 말더듬 행동을 유도해야 할 것이다. 제한된 상황보다는 다양한 의사소통 상황에서 비유창성을 유도하여 발화를 관찰할 필요가 있다(Yaruss, 1997). 다양한 의사소통 상황에는 부모와의 자연스러운 상호작용 상황, 놀이 상황, 스트레스를 받는 상황에서의 놀이, 이야기 다시 말하기, 그림 설명하기 등이 있다. 이러한 상황에서 말더듬 빈도 및 형태를 파악하여 말더듬의 가변성을 확인할 수 있다고 주장하였다(Yaruss, 1997).

또한 말더듬 아동의 진단과 평가에 있어서 부모의 참여는 상당히 중요하게 고려해야 할 점이다. 하지만 말더듬 아동의 치료에 있어서도 환경 중심 중재 방법을 이용하는 것처럼 아동의 진단과 평가에도 부모의 참여는 상당히 중요한 측면이다. 이에 따라 Rustin과 Cook(1995)은 부모-아동 간 상호작용의 특징을 밝히기 위한 질문들을 제시하기도 하였다. 이는 부모의 반응에 따라 아동의 말더듬의 현재 수준에 대해 보다 명확하게 알 수 있기 때문이다. 평가자들은 진단과 평가를 하는 과정에 부모의 참여를 고려해야 한다.

말더듬 아동을 평가하는 SSI-3(Riley, 1994), FI(Fluency Interview, Ryan, 2001), 스토커 프로브 검사도구, 의사소통 태도 검사 개정판(Communication Attitude Test Revised: CAT-R; Brutten & Dunham, 1989), A-19(A-19 Scale for children who stutter; Guitar, 1997) 등이 있다. 또한 만성적인 말더듬 아동을 예측할 수 있는 검사도구로는 Cooper(1973)의 말더듬 만성화 예측 체크리스트와 Riley(1981)의 만성화 예측 검사가 있다.

2) 말더듬 성인 평가

유창성의 심한 정도는 시간과 장소에 따라서 변화한다. 우리는 대부분 의사소통에서 스트레스 상황이 아닌 경우에는 더듬지 않는 반면, 스트레스를 받는 상황이 되면 비유창한 정도가 보다 심해진다. 이러한 말더듬의 상황에 따른 가변성은 말더듬인에게서 더 많이 나타나기 때문에 정상적으로 유창하게 말을 하다가도 유창성을 방해하는 자극들에 유창성이 깨지는 경우가 많다. 이러한 말더듬의 가변성은 여러 말더듬인의 특성 중 하나이며, 왜 그러한 증상들이 나타나는지 알 수 없는 미스터리한 부분이다. 말더듬인들 본인조차도 순간적으로 유창하게 말을 하다가 어떠한 상황에서 급작스럽게 더듬는 증상이 나타나는지 의문스럽게 생각한다.

말더듬 성인들은 유창성 수준의 변화가 심하기 때문에 평가는 더욱 어려울 것이다. Bloodstein(1987)은 "말더듬인의 말더듬 정도가 상황에 따라 매번 다르게 나타나기 때문에 대표성을 나타내는 평가를 하기가 어렵다."라고 말했다. 말더듬인들에게 하나의 상황에서만 말더듬의 심한 정도를 측정한다면, 말더듬인의 특성을 정확하게 파악하기 어려울 것이다. 따라서 말더듬 성인을 평가할 때 다양한 상황에서 말더듬을 측정하는 것이 중요하다.

또한 말더듬 성인 평가에서 고려해야 할 부분은 겉으로 드러나는 유창성의 깨짐과 더불어 내면적 특성을 살펴보아야 하는 것이다. 말더듬 성인은 겉으로 드러나는 비유창성을 통제하는 능력을 상실하게 되어 무력감을 느끼고, 이로 인해 불안과 초조함을 나타내기도 한다. 말더듬 성인의 이러한 내면적 특성은 초기 말더듬 아동과는 다른 특성으로 말더듬 성인을 평가할 때 반드시 고려해야 하는 것이다.

말더듬 아동들은 말더듬 행동을 뚜렷하게 드러내지만, 말더듬 성인의 경우는 이미 수년간 말더듬 문제에 대해 대처하면서 말더듬 행동을 감추는 방법을 개발하여 겉으로 관찰하기 어려운 경우가 많다. 말더듬 성인인 경우 겉으로 드러난 문제를 감추기 위해 긴 시간 동안 회피행동 패턴을 개발해 왔기 때문에 이러한 부분까지도 고려해야 할 하나의 측면이라고 할 수 있다.

말더듬 성인을 평가하는 검사도구에는 말더듬 정도 측정검사(Stuttering Severity Instrument: SSI-3, Riley, 1994)와 유창성 인터뷰(Fluency Interview: FI, Ryan, 2001) 등이 있으며, 내면적 특성을 검사하는 도구에는 말더듬 성인용 자아효능감 척도(Self-Efficacy Scaling for Adults Stutterers: SEASE, Ornstein & Manning, 1985), Erickson 의사소통 태도 평가(Erikson, 1969), 말더듬 지각 검사(Perceptions of Stuttering Inventory: PSI, Woolf, 1967), 행동 통제소(Locus of

Control of Behavior: LCB, Craig et al., 1984) 검사 등이 있다.

2. 말더듬 예측 검사

말더듬인들이 말을 더듬는 것은 취학 전부터 시작된다고 보고되고 있다. 말더듬의 발달 과정은 경미한 반복에서부터 시작해서 그 후 몇 년, 몇 달 동안에 걸쳐 점진적으로 비유창성의 빈도와 형태가 심해진다. 대부분의 치료사들은 아동의 비유창성을 확인하게 되면, 이러한 비유창성 행동이 일시적으로 나타난 행동인지 혹은 지속적으로 비유창성 특성이 나타날 것인지를 정확하게 예측하는 것이 필요하다. Conture(1990)는 치료사의 경우 병리적인 특성을 확인할 수는 있지만, 아동의 말더듬 지속 여부에 대해 예측하는 것에 어려움을 갖고 있다고 했다.

치료사들이 초기 말더듬인들의 말더듬을 예측하는 데 필요한 요소들에는 가계력, 성별, 말더듬 지속시간, 말더듬 시작연령, 아동의 표현언어 능력, 비유창성 형태 등이 있다. 또한 다양한 검사도구들을 활용해서 말더듬 대상자들의 말더듬 지속 여부를 예측하기도 한다. 이 절에서는 말더듬 예측과 관련된 검사도구들을 살펴보고자 한다.

1) Cooper의 말더듬 만성화 예측 체크리스트

말더듬 만성화 예측 체크리스트(Stuttering Chronicity Prediction Checklist; Cooper, 1973)는 치료사가 대상자의 말더듬 지속 여부를 판단하는 데 사용되는 도구이다. 이 체크리스트는 만성화 사례사 지표, 만성화 태도 지표, 만성화 행동 지표 등 세 가지 범주로 나누어져 있으며, 하위 문항들로 구성되어 있다. 대상자들은 질문에 대해 '예' '아니요' '모름'에 체크하고, '예'의 반응 수를 기본으로 점수로 채점하는 도구이다. 결과 해석은 0~6점은 회복 예측, 7~15점 주의를 요함, 16~27점 만성화 예측으로 할 수 있다.

실시 방법: 3~8세 연령의 아동을 대상으로 기록한다. 질문에 대한 대답은 아동 부모의 도움이 필요하다. 각각의 항목을 설명해 주고 부모와 의논해야 한다. 적절한 칸에 표기(✓)한다.

	예	아니요	모름
I. 만성화 사례사 지표			
1. 만성적 말더듬 가계력이 있습니까?			
2. 비유창성의 심한 정도[빈도, 지속시간, 일관성(consistency)]가 증가하였습니까?			
3. 비유창성이 보다 쉬운 반복보다 막힘으로 시작되었습니까?			
4. 아동의 말더듬이 관찰된 이후 지속적으로 나타나고 있습니까?(정상적인 유창성 기간이 길면서 일시적인 말더듬이 나타나는 것과 반대로)			
5. 아동이 2년 이상 비유창하였습니까?			
II. 만성화 태도 지표			
1. 아동은 자신이 비유창하다고 자각합니까?			
2. 아동이 비유창성 때문에 의사소통에 두려움을 느낍니까?			
3. 아동은 자신의 비유창성 문제가 악화되고 있다고 믿습니까?			
4. 아동이 말하는 상황을 피합니까?			
5. 아동이 비유창성 때문에 분노나 좌절감을 표현합니까?			
III. 만성화 행동 지표			
1. 비유창성 중에 소리의 연장이나 머뭇거림이 나타납니까?			
2. 부분반복이 전체 단어 또는 구반복보다 더욱 자주 나타납니까?			
3. 단어부분반복에 눈에 보이는 긴장이나 스트레스가 수반됩니까?			
4. 동일한 단어에서 단어부분반복이 3번 이상 일어납니까?			
5. 음절반복의 속도가 보통 때보다 더 빠릅니까?			
6. 음절반복에 중설모음이 부적절하게 삽입됩니까?			
7. 반복하는 동안 공기 흐름이 종종 방해를 받습니까?			
8. 연장이 1초 이상 지속됩니까?			

9. 비유창성이 나타나는 동안, 100단어 중 1개 단어 이상 연장이 나타납니까?			
10. 연장이 매끄럽지 않고 반대로 불균일하거나 방해를 받습니까?			
11. 연장이 일어나는 동안 긴장이 관찰됩니까?			
12. 연장이 점차적인 것과 반대로 갑자기 종료됩니까?			
13. 유성음을 연장하는 동안 공기 흐름이 방해를 받습니까?			
14. 말을 시작하기 전 소리 없는 쉼이 평소보다 길게 나타납니까?			
15. 억양 패턴이 제한적이고 단조롭습니까?			
16. 비유창성이 나타나는 동안 눈 맞추기를 하지 않습니까?			
17. 비유창성이 나타나는 동안 관찰 가능하고 주의를 분산시키는 안면 또는 신체 움직임이 있습니까?			

[결과 해석]

회복 예측 0~6/ 주의를 요함/경계선급 7~15/ 만성화 예측 16~27

2) 만성화 예측 검사

만성화 예측 검사(Stuttering Prediction Instrument For Young Children; Riley, 1981)는 말더듬인의 만성화 가능성을 확인하기 위해 개발되었다. 체크리스트는 사례사, 반응, 단어부분반복, 연장, 빈도로 구성되어 있다.

말더듬 예측 검사도구

Ⅰ. 사례사

배경정보

1. 아동이 언제 처음으로 비유창성을 나타냈습니까?

____

그때 어떠한 상황이었습니까?

____

2. 말더듬의 심한 정도가 점점 증가하고 있습니까?
말더듬의 심한 정도가 점점 감소하고 있습니까?

____

3. 말더듬이 나타났다 사라졌다가 합니까?

____

오늘 자녀의 말이 평소보다 많이 더듬습니까, 적게 더듬습니까, 아니면 평균 수준입니까?

____

말더듬의 가계력

4. 가족 중 누가 말을 더듬은 적이 있습니까?

a. 아버지(생부)는? 예____ 아니요____ ______세부터 ______세까지
b. 어머니(생모)는? 예____ 아니요____ ______세부터 ______세까지
c. 형제자매 중에는? 예____ 아니요____ ______세부터 ______세까지

d. 다른 친인척들 중에는 말을 더듬은 사람이 있습니까?

할아버지 예____________ 아니요____________
할머니 예____________ 아니요____________
고모(이모) 예____________ 아니요____________
삼촌(외삼촌) 예____________ 아니요____________
사촌 예____________ 아니요____________
기타______________________________

II: 반응

5. 당신은 아동의 말이 비유창하다고 생각합니까?
   a. 그렇지 않음(점수 0)
   b. 그렇다고 생각됨(점수 1)
   c. 매우 그렇다고 생각됨(점수 2) 점수 [ ]

6. 아동이 말더듬으로 인해 놀림(괴로움)을 받은 적이 있습니까?
   a. 전혀 관찰되지 않음(점수 0)
   b. 약간 관찰함(점수 1)
   c. 빈번히 관찰됨(점수 2) 점수 [ ]

7. 아동이 말이 잘 나오지 않을 때 좌절합니까?(예, 운다, 발을 구른다, 자신을 친다, 혹은 "왜 나는 정확하게 말을 못하나요?"라고 묻는다 등)
   a. 전혀 관찰되지 않음(점수 0)
   b. 약간 관찰됨(점수 1)
   c. 빈번히 관찰됨(점수 2) 점수 [ ]

8. 아동이 말더듬에 대한 두려움 때문에 가끔 말하려는 단어를 바꾸어 말합니까?
   a. 전혀 관찰되지 않음(점수 0)
   b. 약간 관찰됨(점수 1)
   c. 빈번히 관찰됨(점수 2) 점수 [ ]

9. 아동이 말더듬에 대한 두려움 때문에 어떤 상황을 회피합니까?
   a. 전혀 관찰되지 않음(점수 0)
   b. 약간 관찰됨(점수 1)
   c. 빈번히 관찰됨(점수 2) 점수 [ ]

10. 말을 더듬는 동안에 이상한(extraneous) 얼굴이나 신체의 움직임이 있습니까?
   a. 전혀 관찰되지 않음(점수 0)
   b. 약간 관찰됨(점수 1)
   c. 빈번히 관찰됨(점수 2) 점수 [ ]

소계 [ ]

Ⅲ. 단어부분반복

빈도:	전혀 없음	1~3회	4회 이상	
점수:	0	1	3	점수 □

가장 심한 비정상을 전사하십시오. ______ ______ ______ ______

반복한 음절의 비정상성	정상	경도	중도	고도	
(예, 중모음, 긴장, 깨어짐)	0	1	2	4	점수 □

소계 □

Ⅳ. 연장

A, B, C 중에서 최고 높은 획득 점수만 기록하십시오.

A. 모음 연장

지속시간:	1.5초 미만	1.5~2초	2~4초	4초 이상
점수:	0	2	4	6

점수 □

B. 발성 막힘

지속시간:	전혀 없음	0.5~1초	1~3초	3초 이상
점수:	0	4	8	12

점수 □

C. 조음 위치 고정(조음 포징)

지속시간:	전혀 없음	0.5~1초	1~3초	3초 이상
점수:	0	4	8	12

점수 □

소계 □

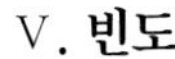

V. 빈도

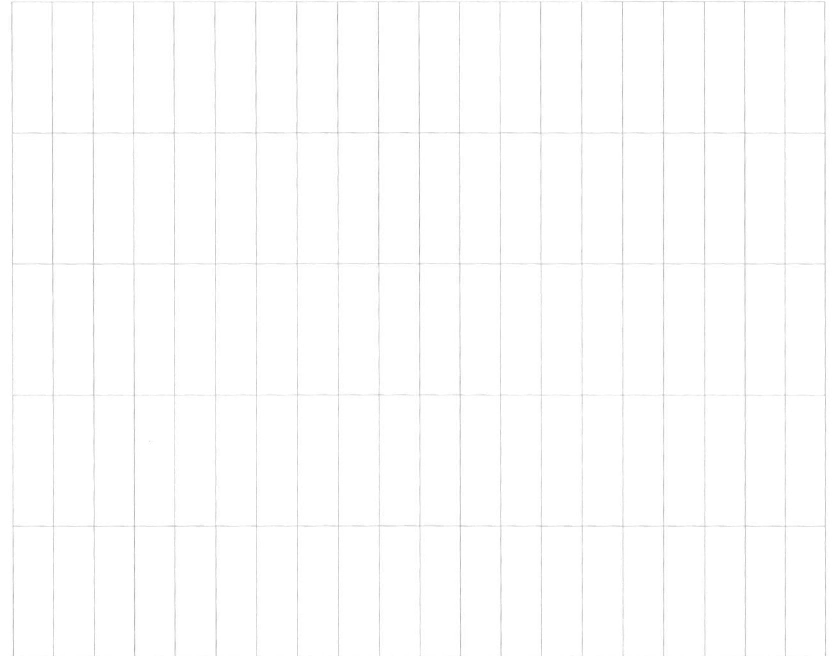

백분율:	0	1	2~3	4	5~6	7~9	10~14	15~28	29이상
점수:	0	2	3	4	5	6	7	8	9

_______%

소계 [ ]

3. 말더듬 검사도구

1) 외현적 특성 검사

(1) 말더듬 정도 측정검사

Riley(1994)가 말더듬을 평가하기 위하여 개발한 말더듬 정도 측정검사(Stuttering Severity Instrument for Children & Adults: SSI-3)는 번안하여 현재 말더듬 임상 현장에서 많이 사용하고 있다.

검사 대상은 글을 읽지 못하는 사람과 글을 읽을 수 있는 사람 등 두 집단으로 나뉘어 있다. 읽기 능력이 3학년 이하 수준인 아동은 글을 읽지 못하는 것으로 간주하고 연속적인 그림 자료를 보여 주면서 구어 표본을 수집한다. 읽기 능력이 3학년 수준 이상인 아동들과 성인들을 대상으로 독백(3분 정도로 직업 혹은 학교에 대해 말하기)과 읽기 과업을 실시하여 구어 표본을 수집한다. 읽기 자료는 3학년, 5학년, 7학년, 성인 등의 수준으로 구성되었다.

이 검사도구는 말더듬 행동의 빈도, 지속시간, 신체적 부수행동 특징 등의 요소를 측정한다. 말더듬 행동을 음 또는 음절의 반복 혹은 연장으로 정의하고, 단어전체반복은 말더듬 행동으로 간주하지 않는다. 그러므로 말더듬 빈도는 말더듬 행동이 나타난 음절 수의 백분율로 계수한다. 지속시간은 가장 긴 말더듬 행동 3개를 선택하여 평균 시간을 계산한다. 신체적 부수행동은 말을 더듬은 구어에 수반되는 행동을 네 가지 범주, 즉 신체적인 특징(얼굴, 머리, 손과 발)과 주의를 끄는 소리를 각각 0~5점 사이의 척도로 평가한다. 구어 표본에서 말을 더듬은 음절의 비율, 지속시간 및 부수행동을 점수로 환산하여 더한다. 지속시간과 신체적 부수행동 특징에 대한 채점 방식은 학령전기 아동, 학령기 아동, 성인이 동일하다. 이 검사도구는 각각의 하위 점수를 더한 총점을 표준 데이터에 있는 점수와 비교하여 백분위 점수의 범위와 아주 약함(very mild), 약함(mild), 중간(moderate), 심함(severe), 아주 심함(very severe) 등 심한 정도를 구할 수 있다.

SSI-3 말더듬 정도 측정검사: 검사 양식

성 명		성 별	남 여	생년월일		연령	세
검사자		검사 날짜		읽기능력여부	가 부		

빈도: 읽을 수 있는 사람에게는 과업 #1과 #2를 사용하고, 읽을 수 없는 사람에게는 과업 #3을 사용하고, 한 사람에게 두 가지를 모두 사용하지 않는다.

읽을 수 있는 사람				읽을 수 없는 사람		
#1. 직장과업		#2. 읽기과업		#3. 그림과업		
%	점수	%	점수	%	점수	빈도 점수
1	2	1	2	1	4	
2	3			2	6	#1+#2 혹은 #3
3	4	2	4	3	8	
4~5	5	3~4	5	4~5	10	
6~7	6	5~7	6	6~7	12	
8~11	7	8~12	7	8~11	14	
12~21	8	13~20	8	12~21	16	
22 이상	9	21 이상	9	22 이상	18	

지속시간: 가장 긴 말더듬행동 3개의 평균 시간		지속시간 점수
시간	점수	
순식간	2	
0.5~0.9초	4	
1~1.9초	6	
2~2.9초	8	
3~4.9초	10	
5~9.9초	12	
10~29.9초	14	
30~59.9초	16	
60초 이상	18	

신체적 수반행동		신체적 수반행동
평가척도: 0=없음; 1=그 행동을 자세히 보지 않으면 몰라봄; 2=일반 사람이 보아서 겨우 알아 봄; 3=혼란을 줌; 4=매우 혼란을 줌; 5=고통스러워 보임		
혼란을 주는 소리: 숨 쉬는 소리가 시끄러움, 휘파람 소리, 콧바람 소리, 혀 차는 소리	0 1 2 3 4 5	
얼굴을 찡그림: 턱을 당김, 혀를 내밂, 입술을 압박함, 근육긴장	0 1 2 3 4 5	총점
머리동작: 뒤로, 앞으로 머리를 돌림, 눈을 마주보지 않음, 항상 주위를 봄	0 1 2 3 4 5	
사지의 동작: 손과 팔을 움직임, 손으로 얼굴을 가림, 몸통을 틈, 다리를 움직임, 발을 톡톡 침, 발을 흔듦	0 1 2 3 4 5	

SSI-3 결과 해석

• 학령전기

전체 총 점수	백분위	정도
0~8	1~4	아주 약함
9~10	5~11	
11~12	12~23	약함
13~16	24~40	
17~23	41~60	중간
24~26	61~77	
27~28	78~88	심함
29~31	89~95	
32이상	96~99	아주 심함

• 학령기 아동

전체 총 점수	백분위	정도
6~8	1~4	아주 약함
9~10	5~11	
11~15	12~23	약함
16~20	24~40	
21~23	41~60	중간
24~27	61~77	
28~31	78~88	심함
32~35	89~95	
36이상	96~99	아주 심함

• 성인

전체 총 점수	백분위	정도
10~12	1~4	아주 약함
13~17	5~11	
18~20	12~23	약함
21~24	24~40	
25~27	41~60	중간
28~31	61~77	
32~34	78~88	심함
35~36	89~95	
37~46	96~99	아주 심함

(2) 유창성 인터뷰

Ryan(1974)이 말더듬을 평가하기 위하여 개발한 말더듬 인터뷰(Stuttering Interview: SI)는 다양한 활동에서 나타나는 말더듬 행동을 측정하는 평가 양식으로 아동용(A) 및 성인용(B) 인터뷰 양식이 있다. 그 후 Ryan(2001)은 2개의 인터뷰 양식이 번거롭고, 시간 소비가 많다는 단점을 보완하여, 아동 및 성인에게 공통적으로 실시할 수 있는 유창성 인터뷰(Fluency Interview: FI)로 개정하였다. 이 검사 결과는 말더듬인을 선별 및 진단하고 치료 프로그램을 계획하는 데 정보를 제공한다. 치료 프로그램의 효과를 알아보고자 할 때도 사전 및 사후 검사로 사용된다. 인터뷰 양식에는 숫자를 세는 자동적인 구어에서부터 대화에 이르기까지 과업이 다양하다. 인터뷰 시 피험자가 말한 각 시간을 측정하고 말더듬 빈도 및 형태를 분석한다. 인터뷰를 실시하는 데 약 20분이 소요되며 실시 및 채점 방법이 비교적 쉽고 필요한 자료 또한 간단하다.

유창성 인터뷰(Fluency Interview: FI)는 자동적인 구어, 따라 하기, 읽기, 그림, 혼자 말하기, 독백, 질문, 대화, 전화, 다른 상황에서 관찰 등의 열 가지 구어 과업으로 이루어져 있다. 검사를 실시할 때 그림이 있는 잡지(그림 자료), 읽기 자료(300음절에 준하는 자료면 무엇이든 가능), 실제 전화기 등을 준비한다. 인터뷰 양식 항목 중에서 특히 읽기, 대화 과업에서 말더듬 빈도, 구어 속도, 말더듬 형태를 분석하여 선별검사로 사용할 수 있다. 말더듬의 심한 정도는 일반인 0에서 고도로 심한 7까지로 나타낸다.

검사 결과를 해석하기 위해, 피검자가 말한 것을 그대로 녹취한다. 단어전체반복, 단어부분반복, 연장, 투쟁과 같은 병리적인 비유창성 형태를 나타내는 단어를 센다. 형태를 분류할 때 만약 2개 이상의 말더듬 형태가 한 단어 안에서 일어나면, 가장 심하게 나타나는 형태로 계산한다. 시간 재기는 피검자가 말한 시간(혹은 읽은 시간) 모두를 재고, 말한 시간에는 짧은 쉼은 포함하고 긴 쉼은 제외한다. 말더듬 빈도를 분당 더듬은 음절 수로, 구어 속도를 읽기, 독백, 대화 시 분당 읽은 혹은 말한 음절 수로 처리한다. 말더듬 형태의 심한 정도는 투쟁, 연장, 단어부분반복, 단어전체반복 순서다. 말더듬 빈도, 구어 속도, 말더듬 형태의 점수를 체크하여 심한 정도를 결정한다.

이 인터뷰 양식은 다양한 환경에서 대상자의 구어 표본을 이용하므로 상황에 따른 상대적인 난이도에 대한 정보를 얻을 수 있어서 말더듬을 평가하는 데뿐 아니라 실제적인 치료를 계획하는 데도 유용하다.

유창성 인터뷰(FI) 양식

성명	박 ○ ○	나이	18	성별	
검사자	김 ○ ○	검사 날짜		신뢰도	
SW/M	10.6		형태	W/W PW/W P S	

시간	SW		
49″	0	A	자동적인 구어
			1. "1～20까지 헤아리세요." 2. "알파벳, 요일, 달의 이름을 말하세요." 3. "노래를 해 보세요."(검사자가 노래제목을 제시하여도 좋음) 4. "동요나 시를 외워 보세요."(검사자가 제시하여도 좋음)
18″	1	B	따라 하기(한 번에 하나씩 검사자를 따라 말함)
			5. 자동차, 사람, 안녕, 종이, 재미있다, 말더듬, 양서동물, 협력, 특수화, 조직, 대표적인, 구조적인, 어느 날, 그 집, 차 안으로, 나는 그녀를 찾을 수 없어, 그것은 좋은 생각이야, 어제 비가 4시간 동안 내렸어.
61″	5	C	읽기(아동의 읽기 수준 혹은 이하 수준의 자료로 실시)
			6. "소리 내어 읽으세요."(1분간)
8″	0	D	그림(잡지나 신문에 있는 어느 그림이라도 좋음)
			7. 10개 그림의 이름을 말하기(1~2개 단어)
60″	12	E	혼자 말하기(검사자는 방을 나간다)
			8. "무엇이든지 이야기해 보세요."(1분간)
60″	15	F	독백

			9. 최근에 본 TV 또는 영화에 대해 이야기하기(1분간)
33″	9	G	질문
			10. “당신의 이름은 무엇입니까?” ”당신의 직장 혹은 다니는 학교 이름은? 그곳에서(학교/직장) 하는 일이 무엇입니까? 아버지/남편의 직업은 무엇입니까? 어머니/아내는 무슨 일을 하십니까? 식구가 몇 명입니까? 식구들에 대해서 이야기해 주세요?“
			11. “나에게 다섯 가지 질문을 해 보세요.”
170″	31	H	대화
			12. 검사자가 대화의 상대자가 되어 줌(2분)
49″	8	I	전화(아동에게는 옵션임)
			13. 3곳에 전화하기(전체 1분) 공항 혹은 버스정류장에 전화. “ **(장소)**에서 출발한 **(버스)**가 몇 시에 도착합니까?” 친구나 친척에게 전화하고 채팅함
63″	20	J	다른 상황에서 관찰
			14. 검사실 이외의 장소에서 검사자 이외의 다른 사람과 이야기하는 것을 관찰(1분) 장소: **클리닉 사무실** 대화자: **사무원**
571	101	계	

노트:

환자는 과업에 완전히 주의를 집중하여 수행하였으며, 긴장이 거의 없는 것 같았음

지시사항:

1. 항목 J를 제외하고, FI 전체를 녹음하세요. 시간은 학생이 말하거나 읽은 시간만 적으세요.
2. 아동이 수행하지 못하는 항목은 생략하세요.
3. 더듬은 단어(단어전체반복, 단어부분반복, 연장, 투쟁)를 계수하세요. 더듬은 각 단어는 한 번만 계수하세요.
4. 계수한 더듬은 유형에 동그라미를 하세요. 1개 이상의 동그라미를 할 수도 있습니다.
5. 선별검사로서 읽기 및 대화 항목만을 할 수 있습니다.

결과 해석

척도	SW/M[a]	SPM[a]	SPM[b]	형태 분석
0 없음	<3.0	185~210	168~240	정상적인 비유창성(예: 수정)
1 경도	3.0~6.4	211~236	241~277	단단어전체반복
2 경도	6.5~9.7	237~262	278~314	단단어부분반복
3 중도	9.8~13.1	>263	>315	다단어전체반복
4 중도	13.2~16.5	159~184	167~131	다단어부분반복
5 중도	16.6~19.8	133~158	95~130	간단한 연장(혹은 침묵) <1초
6 고도	19.9~23.1	107~132	59~94	긴 연장(혹은 침묵) >1초
7 고도	>23.2	<106	<58	투쟁

[a]: 2~4세 학령전 아동

[b]: 전체 연령

(3) 파라다이스 유창성 검사

최근에 개발된 파라다이스 유창성 검사-II(Paradise-Fluency Assessment: P-FA-II; 심현섭, 신문자, 이은주, 2010)는 우리나라에서 처음으로 표준화된 유창성 검사도구다. 검사 목적은 구어와 의사소통 태도를 평가하여 유창성 장애 여부와 심한 정도를 파악하고, 유창성 문제가 진행되는 것을 예방하고 치료 계획을 수립하며, 재평가를 통해 치료 효과를 검증하는 데 있다. 구어 평가의 경우, 과제 수행 시 요구되는 언어적 · 인지적 부담을 점차 가중시킴으로써 유창성 문제에 영향을 미치는 요인들을 파악하는 데 도움이 되도록 한다.

검사는 취학 전, 초등학생, 중학생 이상으로 나누어 실시되며, 검사 내용은 구어와 의사소통 태도 두 가지로 나뉘어져 있다. 구어 과제는 필수 과제와 선택 과제로 나누어져 있다. 취학 전 아동의 필수 과제는 문장 그림, 말하기 그림, 그림책이며, 초등학생 필수 과제는 읽기, 이야기 그림, 말하기 그림이며, 중학생 이상 필수 과제는 읽기, 말하기 그림, 대화다. 선택 과제는 낱말 그림 과제, 따라 말하기 과제로 나뉜다.

검사 결과 처리를 위해 비유창성을 정상적인 비유창성과 병리적인 비유창성으로 분류하도록 되어 있다. 검사 결과를 해석하기 위해서는 평가지에 기록된 구어 평가 과제에서의 비유창성 점수, 부수행동 정도, 의사소통 태도 점수를 기록한다. 구어 평가 영역의 각 과제의 점수를 합하여 필수 과제 점수를 산출한 후 점수분포표를 이용하여 백분위점수의 범위와 말더듬의 심한 정도를 구한다. 구어 평가 영역의 비유창성 점수와 부수행동 점수, 의사소통 태도 점수에 따라 말더듬의 심한 정도를 살펴봄으로써 말더듬의 여러 측면을 통합적으로 해석하여 치료의 방향을 설정하고 임상적 결정을 하는 데 도움이 된다.

(4) 스토커 프로브 테크닉

스토커 프로브 테크닉(Stocker Probe Technique, Stocker, 1976) 검사도구는 말더듬 아동을 진단 및 치료하는 데 사용하는 것으로 실시하기가 간단하다. 프로브 테크닉은 치료사가 제시한 말 속에서 답을 찾아 말하는 것에서부터 스스로 이야기를 구성하는 창의적인 언어에 이르기까지 5단계의 요구 수준으로 이루어졌다. 프로브의 요구 수준에 대한 반응에 따라 말더듬의 심한 정도를 평가하고, 언어 발달이 이루어지고 있는 시기에 정상적인 비유창성을 경험하는 아동과 실제 말더듬 아동을 가능한 빨리 감별할 수 있다는 것이 장점이다. 아동이 잘 알고 있는 물건들을 사용하기 때문에 아동에게 더욱 흥미를 주고 적절한 구어를 유도하게 한다.

프로브가 '연필'일 때 5단계의 요구 수준의 예를 들면, 수준 I 은 양자택일형 질문으로 '이것은 굵어요? 가늘어요?', 수준 II는 명명하기 질문으로 '이것은 무엇입니까?', 수준 III은 전치사구를 포함하는 질문(한국어의 경우 조사를 포함하는 질문)으로 '이것은 어디에 두나요?', 수준 IV는 물건의 속성을 말하게 하는 것으로 '연필에 관해서 알고 있는 것을 모두 말해 보세요.', 수준 V는 프로브에서 가장 창의적인 질문으로 '연필에 대한 자신의 경험을 말해 보세요.'라고 한다. 각 프로브는 5개의 질문 및 요구를 할 수 있는 두 가지 물건으로 되어 있으며, 하나의 프로브를 실시하는 데 2분 정도 소요된다. 각 수준에서 아동의 반응이 끝나면 유창

(+), 비유창(-)으로 채점한다. 첫 평가는 5개의 프로브로 구성되었으므로 10개의 물건을 사용한다. 각 요구 수준이 열 번 나타나기 때문에 검사자는 아동의 비유창한 수준을 쉽게 알 수 있다. 아동의 비유창성이 요구 수준에 관계없이 비일관적으로 나타난다면 정상적인 비유창성을 나타내는 것이고, 요구 수준이 높아질수록 비유창성이 증가한다면 말더듬을 나타내는 것이다. 낮은 수준에서 비유창성이 많이 나타나면 그만큼 아동의 말더듬이 심하다는 것을 나타낸다.

(5) 한국 아동용 말더듬 검사(Korean Childhood Stuttering Test: KOCS)

발간 예정인 KOCS(신명선, 김효정, 장현진, 2020)는 말더듬 아동 진단평가를 위해 표준화된 말더듬 검사도구이다. 평가 목적은 말더듬 아동의 구어에서 말더듬의 심한 정도를 측정하고, 관찰 평가를 통해 일상생활에서의 말더듬 특성을 파악하고자 한다. 검사 내용은 구어 유창성 평가와 관찰 평가로 나뉘어져 있다. 구어 유창성 평가의 하위 과업은 그림 빨리 명명하기, 문장 따라 말하기, 구조적인 대화하기, 이야기 말하기 과업으로 구성되어 있으며, 관찰 평가는 비유창성과 부수행동 평가로 구성되어 있다.

분석 방법은 문장 이상의 구어 과업에서 이루어진 전체 발화에서 비유창성 빈도를 측정하는 것이 아니라 아동이 반응한 첫 세 어절에서 반복과 연장/막힘의 빈도를 측정한다. 이러한 측정 방법이 전체 발화를 분석하는 것과 상관이 높다면 전체 발화를 전사하지 않고 간단하게 말더듬의 심한 정도를 측정할 수 있게 된다. 또한 대상자의 문장 첫 세 어절에서 비유창성과 빈도를 측정한다면 전체 발화를 전사하지 않아도 분석이 가능하여 쉽게 진단 결과를 도출할 수 있도록 고안하였다.

2) 내면적 특성 검사

(1) 말더듬 성인용 자아효능감 척도

말더듬 성인용 자아효능감 척도(Self-Efficacy Scale for Adult Stutterers: SESAS,

Ornstein & Manning, 1985)는 Bandura(1982)의 지각적인 자아효능감 척도에 기초한 도구로, 말더듬는 성인이 50가지 특정한 말하기 상황에 접근했을 때 어느 정도 유창할 수 있는가에 대한 확신 정도를 측정하기 위한 목적으로 개발되었다. 치료 대상자는 각 말하기 상황에 접근할 자신감에 대하여 10~100점까지의 십진법 척도를 사용하여 답한다. 50가지 말하기 상황은 쉬운 것에서부터 어려운 것의 순서로 제시되어 있다. 50가지 상황에 대한 치료 대상자의 답변을 평균 내어 SEASE 접근 점수를 구한다. 동일한 내용의 50가지 말하기 상황에서 유창성에 대한 자신감을 체크하도록 하여 유창성 점수를 구한다. 이 부분에서 치료 대상자는 자신의 치료 프로그램과 현재 치료 경과에 기초하여 자신이 정한 유창성 수준을 얼마나 잘 유지할 수 있는가에 대한 자신감을 표시한다. 아래 검사지 예시에는 접근효능감 검사의 예시만 제시하였고, 유창성효능감 검사는 50개의 상황이 동일하여 따로 제시하지 않았다.

말더듬 성인용 자아효능감 검사(A Self-Efficacy Scale for Adult Stutterers: SESAS)

아래에 제시된 각 상황에 (1) 접근할지 여부를 체크하고 (2) 접근할 확신의 정도를 10~100의 숫자로 쓰세요. 당신이 접근하기 원한다든가 혹은 해야 한다고 생각하는 것이 아니라 현재 당신의 수준을 솔직하게 판단해 주세요. 만약 당신이 어떤 상황에 들어가지 않을 것이라고 생각한다면, 그 문항에는 표시를 하지 마세요.

〈접근효능감〉

10	20	30	40	50	60	70	80	90	100
전혀 확신하지 않음				중간 정도 확신					매우 확신

번호	구체적인 말하기 상황	접근	확신도
1	식사하는 동안 가족 중 한 명과 말하기		
2	붐비지 않는 백화점에서 도움을 요청하기		
3	거리에서 걷는 동안 친한 친구와 말하기		

4	전화로 가족과 말하기		
5	영화를 보기 위해 줄서서 기다리는 동안 임상가와 말하기		
6	상점에서 만난 직장 동료와 말하기		
7	전화로 친구를 불러내기		
8	다른 고객이 아무도 없을 때 맥도날드에서 음식 주문하기		
9	상점에서 만난 담당 의사와 말하기		
10	집에서 전화 받기		
11	직장에서 동료와 말하기		
12	친구에게 공항(또는 다른 곳)까지 태워 달라고 부탁하기		
13	전화로 114 안내원에게 말하기		
14	쇼핑몰에서 두 명의 친구를 소개시켜 주기		
15	사회적 모임에서 상사와 말하기		
16	경찰에게 길 묻기		
17	이성과 전화 통화하기		
18	시끄러운 술집이나 식당에서 여러 친구들과 말하기		
19	수업 후에 선생님과 말하기		
20	장거리 전화하기		
21	다섯 명의 사람들 앞에서 농담하기		
22	그룹 토의를 하는 동안에 질문에 답하기		
23	정보 안내자에게 전화하기		
24	직장에서 상사에게 다가가서 먼저 대화를 시작하기		
25	파티에서 낯선 이성에게 먼저 대화를 시작하기		
26	사람이 많은 방에서 전화 받기		
27	그룹 토의를 하는 동안에 질문하기		
28	맥도날드 드라이브 인에서 스피커를 통해 주문하기		
29	늦을 거라고 알리는 전화를 하기		

30	낯선 사람에게 자신을 소개하기		
31	시끄럽고 사람이 많은 바에서 바텐더에게 술을 주문하기		
32	전화로 상사와 통화하기		
33	맥도날드에서 여러 사람이 서 있는 줄에서 주문하기		
34	사람이 많은 백화점에서 모든 점원들이 바빠 보일 때 도움을 요청하기		
35	치료 시간을 취소하기 위해 치료사에게 전화하기		
36	낯선 사람들에게 자기를 소개하기		
37	20명의 학생들 앞에서 자신의 일이나 취미에 대해 자원하여 말하기		
38	직장에서 업무와 관련된 자신의 실수에 대해 상사에게 말하기		
39	전화로 위치 묻기		
40	식당에서 종업원이 아주 바쁠 때, 음식을 주문하기		
41	기내에서 옆자리에 앉은 사람에게 대화를 먼저 시작하기		
42	학교나 직장에서 30분간 중요한 발표를 하기		
43	25명의 성인들 앞에서 자신의 직업이나 취미에 대해 자원하여 이야기하기		
44	전화로 피자 주문하기		
45	직장에서 급여인상을 요청하기		
46	종업원에게 서비스의 부족에 대해 불평하기		
47	전화로 낯선 사람에게 모임에 대해 말해 주기		
48	TV나 라디오 토크쇼에 자발적으로 나가기		
49	더듬을지라도 원하는 음식을 먹으려고 주문하기		
50	청구서에 대해 전화로 문의하기		

(2) 의사소통 태도 척도

Erickson(1969)은 여러 가지 말하기 상황에서 말더듬인들의 태도를 평가하기 위해서 39개 항목으로 구성된 S-Scale을 개발하였는데, 이것을 Andrews와 Cutler(1974)가 24개 항목으로 수정 · 개발하여 의사소통 태도 척도(Modified Erickson scale of communication attitudes: S-24)를 내놓았다. 이분법적인 채점 방식을 사용하며, 점수가 높으면 높을수록 의사소통 태도는 부정적인 것이다. 말더듬인들을 대상으로 연구한 결과들이 다소 다르고, 항목들이 말더듬인들에게만 해당되는 것이 아니기 때문에 이 척도로 일반인과 유창성 장애가 있는 사람을 완전하게 감별하지 못한다는 비평이 있다. 하지만, 말더듬인들은 일반인들보다는 더 높게 나오는 경향이 있으며 말더듬 치료 전후의 감정 및 태도의 변화를 알 수 있다. 말더듬인의 평균 점수는 19.22, 말을 더듬지 않는 성인의 평균은 9.14로 나타났다. 대상자의 치료 전 태도와 치료 후 태도 변화를 평가하여 진전 정도와 다음 단계의 치료 계획 및 종결 시기를 결정하는 데 기초 자료가 된다.

의사소통 태도 척도-수정판(Modified Erickson scale of communication attitudes: S-24)

성명: ____________ 날짜: ____________ 점수: ____________

〈지시사항〉 당신에게 각 문항이 사실이거나 사실에 가까울 경우 '예'란에 ✓표를 하고, 사실이 아닐 경우에는 '아니요'란에 ✓표를 하십시오.

	예	아니요
1. 나는 보통 말을 할 때, 좋은 인상을 주고 있다고 생각한다.		
2. 나는 어느 누구와 말을 해도 불편함을 느끼지 않는다.		
3. 나는 여러 사람들 앞에서 말하는 동안에도, 사람들을 매우 편안하게 쳐다볼 수 있다.		
4. 나는 선생님이나 상사와 말하는 것이 어렵다.		
5. 여러 사람들 앞에서 말한다는 것을 생각만 해도 두렵다.		
6. 어떤 단어들은 다른 단어들보다 말하기가 더 어렵다.		

7. 나는 말을 시작하면 금방 나 자신에 대해서 모든 것을 잊어버린다.		
8. 나는 매우 사귐성이 있는 사람이다.		
9. 사람들은 내가 그들과 말할 때 가끔 불편해하는 것 같다.		
10. 나는 어떤 사람을 다른 사람에게 소개시키는 것을 좋아하지 않는다.		
11. 나는 그룹 토의에서 종종 질문을 하는 편이다.		
12. 나는 말을 할 때, 쉽게 목소리를 조절한다.		
13. 나는 여러 사람들 앞에서 말하는 것을 꺼려 하지 않는다.		
14. 나는 내가 정말 하고 싶은 일을 하는데 필요한 만큼 말을 잘하지 못한다.		
15. 말할 때 나의 목소리는 듣기 좋고 편안한 목소리이다.		
16. 나는 때때로 내가 말하는 방식 때문에 당황한다.		
17. 나는 자신감을 가지고 대부분의 말하는 상황을 직면한다.		
18. 내가 편안하게 말할 수 있는 사람은 거의 없다.		
19. 나는 쓰기보다는 말하기가 더 쉽다.		
20. 나는 말하는 동안 자주 초조함을 느낀다.		
21. 나는 낯선 사람과 말하는 것이 힘든다.		
22. 나는 나의 말하기 능력에 대해 대단한 자신감을 느낀다.		
23. 내가 다른 사람들처럼 분명하게 말하였으면 하고 희망한다.		
24. 나는 정답을 알고 있는데도, 말하기가 두렵기 때문에 종종 대답하기를 포기해 버린다.		

다음의 답과 일치하는 항목마다 1점씩 주어 채점한다.

1. 아니요	4. 예	7. 아니요	10. 예	13. 아니요	16. 예	19. 아니요	22. 아니요
2. 아니요	5. 예	8. 아니요	11. 아니요	14. 예	17. 아니요	20. 예	23. 예
3. 아니요	6. 예	9. 예	12. 아니요	15. 아니요	18. 예	21. 예	24. 예

(3) 말더듬 지각 검사

Woolf(1967)가 개발한 말더듬 지각 검사(Perceptions of Stuttering Inventory: PSI)는 말더듬 성인과 청소년이 직접 회피, 투쟁, 예기 등을 나타내는 정도를 본인이 체크하도록 설계되었다. 말더듬인은 문항의 내용이 자신의 특성과 같다고 느끼는가를 묻는 60개의 문항에 체크한다. 자신에게 해당되지 않는 문항은 빈칸으로 둔다.

말더듬 지각 검사(Perceptions of Stuttering Inventory: PSI)

각 문항의 끝에 S, A, E로 표시한 것은 S=투쟁(struggle), A=회피(avoidance), E=예기(expectancy)를 나타낸다. 실제로 이 종합검사에는 이들 기호를 포함하지 않았지만, 따로 있는 채점판에는 열거되어 있다.

		SAE
이름: __________	나이: __________	#: __________
검사자: __________	날짜: __________	%: __________

〈지시사항〉
다음에 말더듬에 관한 60개의 진술이 있습니다. 이들 중에 일부는 당신이 말을 더듬는 특징일 수 있습니다. 각 항목을 주의 깊게 읽고, 다음의 보기와 같이 답하십시오.

만약에 음을 반복하는 것이 당신의 말더듬의 일부이라면, '나의 특징' 아래에 체크 표시 ✓를 하십시오. 만약 당신에게 그러한 특징이 나타나지 않는다면, 칸을 비워 두십시오.

나의 특징
___1. 권위자(예, 교사, 고용주, 성직자)와 이야기하는 것을 회피한다.(A)
___2. 당신의 말을 방해하는 것(예, 쉼, 주저함, 반복)이 말더듬을 일으킨다고 생각한다.(E)
___3. 말에서 막힘을 예상할 때, 당신의 목소리의 음도를 올리거나 내린다.(E)
___4. 부수적이고 불필요한 얼굴의 움직임(예, 말을 하려고 하는 동안 콧구멍이 움직임)이 있다.(S)
___5. 말하는 것 대신에 제스처(예, "예"라고 말하는 대신 고개를 끄덕임, 인사 대신 미소를 지음)를 사용한다.(A)

___6. 정보를 요청하는 것(예, 기차 시간 문의, 방향 묻기)을 회피한다.(A)

___7. 말하기 전에 할 말을 혼자서 속삭이거나, 말하기 전에 말할 내용을 연습한다.(E)

___8. 말을 거의 요구하지 않는 직업이나 취미를 선택한다.(A)

___9. 말을 쉽게 시작하기 위해, 부수적이거나 불필요한 음이나 단어나 구(예, '어' '음' '뭐')를 덧붙인다.(E)

___10. 가능한 한 말을 적게 하여 짧게 대답한다.(A)

___11. 말을 하려고 할 때, 머리나 팔, 신체를 갑자기 또는 강하게 움직인다(예, 주먹을 꽉 쥐기, 머리를 한쪽으로 움칠함).(S)

___12. 음이나 단어를 힘들여서 반복한다.(S)

___13. 대화나 토론을 하지 않으려고 의도적인 태도를 취한다(예, 잘 들어 줌, 듣지 않는 척함, 지겹다는 행동을 취하거나 깊은 생각에 잠겨 있는 척함).(A)

___14. 물건 사는 것을 회피한다(예, 가게에 가는 것, 우체국에서 우표를 사는 것을 회피함).(A)

___15. 말을 하는 동안 호흡을 소리 나게 하거나 힘들게 한다.(S)

___16. 말더듬을 예상할 때, 목소리를 크게 하거나 작게 한다.(E)

___17. 어떤 음이나 단어를 연장한다(예, m-m-m-m-my).(S)

___18. 웃거나, 헛기침을 하거나, 목을 가다듬거나, 제스처나 기타 신체적 동작을 함으로써 말을 쉽게 시작하려고 한다.(E)

___19. 말을 하는 동안 일반적인 신체 긴장(예, 흔들림, 떨림, 내적으로 '묶여 버린 듯한' 느낌)이 있다.(S)

___20. 말하려고 하는 것(예, 단어의 길이나 문장에서 그 단어의 위치 등)에 대해 필요 이상의 주의를 기울인다.(E)

___21. 말을 하려고 투쟁할 때, 얼굴이 뜨거워지거나 빨개지는 것(예, 부끄러워할 때처럼)을 느낀다.(S)

___22. 억지로 또는 애써서 단어나 구를 말한다.(S)

___23. 더듬을 것으로 예상되는 단어의 앞 단어나 구를 반복한다.(E)

___24. 단어나 음이 나오지 않기 때문에, 노래하는 목소리나 단음도로 말한다.(E)

___25. 새로운 사람을 알기를 회피한다(예, 친구들을 방문하지 않거나, 데이트를 하지 않거나, 사회적 모임이나 교회의 모임 등에 참여하지 않음).(A)

___26. 말을 하는 동안 치아로 비정상적인 소리(예, 이를 가는 소리나 이를 쬫는 소리)를 낸다.(S)

___27. 자신을 소개하거나, 이름을 알려 주거나, 남을 소개하는 것 등을 회피한다.(A)

___28. 특히 말하기 어려운 특정 음이나 글자나 단어(예, 문자 'ㅅ'으로 시작하는 단어)들이 있다.(E)

___29. 말하기를 회피하기 위해 핑계(예, 피곤한 척하거나, 어떤 화제에 관심이 없는 척하기)를 댄다.(A)
___30. 숨도 안 쉬고 말을 빨리 한다.(S)
___31. 힘들게 소리를 낸다.(S)
___32. 유창하게 말하는 시간은 비정상적이고, 그러한 유창하게 말하는 시간은 지속될 수 없고, 곧 말을 더듬게 될 것이라고 느낀다.(E)
___33. 말하기 전에, 이완을 하는 데 집중하거나 긴장을 하지 않으려고 한다.(E)
___34. 의도했던 말 대신에 다른 단어나 구로 대치한다.(A)
___35. 더듬을 것으로 예상되는 단어 앞 단어의 음을 연장하거나 강조한다.(E)
___36. 청중들 앞에서 말하기를 회피한다.(A)
___37. 말하는 것에 너무 긴장해서 아무 소리도 낼 수 없다.(S)
___38. 말을 리듬 있는 동작에 맞추거나 타이밍을 맞춘다(예, 발로 박자를 맞추며 말하거나, 팔을 흔들며 말함).(E).
___39. '어려운' 음이나 단어를 회피하기 위해 말하려고 계획한 것을 순서를 바꾼다.(A)
___40. 말할 때, 배우처럼 연기를 한다(예, 확신에 찬 태도를 취하거나 화난 척함).(E)
___41. 전화 사용을 회피한다.(A)
___42. 입술, 혀, 턱, 목구멍에 힘이 들어가거나 긴장된 동작을 한다(예, 턱이 협응되지 않게 움직임).(S)
___43. 말하려고 했던 단어나 단어의 부분 또는 구(예, 특정 음이나 글자가 있는 단어)를 생략한다.(A)
___44. 단어를 말하려고 투쟁하는 동안, '통제할 수 없는' 소리를 낸다.(S)
___45. 이국적인 억양을 사용하거나, 사투리를 가장하거나, 다른 사람의 말투를 모방한다.(E)
___46. 말하는 동안에 평상시보다 많은 땀(예, 손바닥에 끈적끈적한 느낌)이 난다.(S)
___47. 유창하게 말을 할 수 있다고 확신할 때까지 잠시 말하기를 미룬다('어려운' 단어 앞에서 쉼).(E)
___48. 말하는 동안 부수적이고 불필요한 눈동작(예, 눈을 깜박이거나, 눈을 꼭 감음)을 한다.(S)
___49. 말을 하려고 투쟁하는 동안 힘겹게 숨을 쉰다.(S)
___50. 비슷한 나이의 다른 사람들(동성 및 이성)과 말하기를 회피한다.(A)
___51. 말더듬이 예기되거나 완전히 '막힘'이 일어난 이후에 말을 시도하는 것을 포기한다.(A)
___52. 말을 시도하는 동안, 가슴이나 배의 근육이 긴장된다.(S)
___53. 말을 더듬지나 않을지, 또는 만약 말을 더듬으면 어떻게 할지 걱정한다.(E)
___54. 말을 하기 전이나 어떤 단어에서 막힐 때, 입술, 혀, 또는 턱이 경직된 자세를 취한다.(S)
___55. 부모 중 한 분 혹은 두 분과 말하기를 피한다.(A)

___56. 어려운 상황에서 다른 사람이 당신 대신에 말하게 한다(예, 당신 대신 다른 사람에게 전화를 해달라고 하거나, 식당에서 대신 주문을 하게 한다).(A)
___57. 말하기 전에 숨을 멈춘다.(S)
___58. 더듬을 것으로 예상되는 단어의 앞 단어를 천천히 혹은 빨리 말한다.(E)
___59. 말을 어떻게 할 것인가에 대해서 신경 쓴다(예, 혀의 위치를 어디에 두고, 호흡은 어떻게 할까를 생각함).(E)
___60. 말더듬 때문에 말하는 활동을 회피한다고 이유를 댄다.(A)

(4) 행동 통제소 검사

행동 통제소 검사(Locus of Control of Behavior Scale; Craig, Franklin, & Andrews, 1984)는 말더듬인이 자신의 행동을 통제하고 있는 정도를 평가하는 것이다. 점수 산출 방식은 각 항목에 대한 점수를 더하여 계산한다. 높은 점수는 지각적 통제의 더 큰 '외적 성질'을 반영한다. 문항은 총 17개로 구성되어 있으며, 1, 5, 7, 8, 13, 15, 16은 역문항이다.

행동 통제소 검사

지시사항: 다음에는 다양한 주제들이 당신의 개인적인 신념에 어떻게 영향을 주는지에 대한 많은 진술들이 있습니다. 정오 반응은 없습니다. 각가의 항목에 동의하거나 동의하지 않는 사람들이 있습니다. 괄호 안에 당신이 옳다고 믿는 선택을 작성하세요.

0	1	2	3	4	5
전혀 동의하지 않음	일반적으로 동의하지 않음	다소 동의하지 않음	다소 동의함	일반적으로 동의함	매우 동의함

1. 나는 어려움을 예상할 수 있고, 그것들을 피하기 위해서 조절할 수 있다. ( )
2. 나에게 일어나는 많은 것들은 아마도 우연의 문제이다. ( )
3. 모든 사람은 운이나 우연이 자신의 운명을 결정한다고 믿고 있다. ( )
4. 나는 외부적 지언이 있다면 내 문제를 통제할 수 있다. ( )
5. 계획을 세울 때, 나는 원하는 결과를 가져오게 할 수 있다고 확신한다. ( )
6. 내 문제는 내 모든 삶을 지배할 것이다. ( )

7. 내 실수와 문제들은 내가 다루어야 할 책임이 있다. ( )
8. 성공한 사람이 되는 것은 근면한 일의 문제이다. 행운은 그것과 거의 또는 아예 상관이 없다. ( )
9. 내 삶은 외부적 행동과 사건에 의해 통제된다. ( )
10. 사람들은 통제로 넘어서는 상황의 피해자이다. ( )
11. 지속적으로 내 문제를 관리하기 위해 나는 전문가의 도움이 필요하다. ( )
12. 내가 스트레스를 받을 때, 근육이 긴장하는 것은 통제 밖의 문제들 때문이다. ( )
13. 나는 사람들이 진정으로 자신의 운명의 주인일 수 있다고 믿는다. ( )
14. 나는 힘들 때 불규칙적이고 빠른 호흡을 조절하는 것이 불가능하다. ( )
15. 나는 내 문제가 왜 상황에 따라 다른지를 이해한다. ( )
16. 나는 미래 문제를 성공적으로 다룰 수 있다고 자신한다. ( )
17. 나의 경우에 내 문제를 조절하고 유지하는 것은 대부분 운에 의해 좌우된다. ( )

4. 진단보고서 작성

진단보고서는 진단평가한 후 말더듬의 심한 정도를 문서로 구체화하여 작성된 내용이다. 진단보고서는 말더듬 대상자에게서 얻은 정보를 바탕으로 그 정보의 수집 과정을 구체적으로 진술하는 것이다. 진단보고서의 내용에 현재 말더듬인에게 나타나는 말더듬의 내적 · 외적 특성을 정확하게 작성하는 것이 좋은 언어치료 서비스의 출발점이 될 것이다. 또한 말더듬 치료 과정에서 일어난 변화의 확인 자료로 활용 가능하다.

다음은 진단보고서의 예시이다.

1) 일반적인 정보

이 름	김 ○ ○ (여)	생 년 월 일	2011년 1월 11일 (8;0)
정보제공자	母	장 애 유 형	
평가진단일	2019년 1월 26일	평 가 자	* * *

2) 배경 정보

김○○ 아동은 8세의 여자 아동으로 말을 더듬는 문제로 본 기관에 의뢰되었다. 어머니 보고에 의하면 임신과 출산 과정에는 별다른 이상이 없었으며 아동의 언어 및 신체 발달은 정상적이었으나 만 2세경 중이염을 2주 정도 앓았다고 한다. 아동은 2009년부터 약 1년 동안 말을 더듬었으나 말더듬 빈도가 심했다가 사라졌다가를 반복해서 치료실을 방문하게 되었다. 아직 치료를 전혀 받아본 적이 없는 상태라고 한다.

가족력은 외할아버지께서 말을 더듬으시며 매 주말마다 외갓집에서 보냈다고 한다. 아동은 똑똑한 편이고 지는 것을 굉장히 싫어하는 편이라고 하였다. 친척들과 함께 있을 때 친척들의 아동의 말에 대한 많은 지적들에 대해 어머님이 힘들어 하셨다고 한다. 엄마와 아동이 조용히 말더듬에 대해서 이야기할 때 아동이 울었다고 하며 말더듬에 대해서 이야기하는 것을 굉장히 싫어한다고 한다. 어머님과 아동 모두 말더듬에 대해서 말하지는 않지만 스트레스 상황이라고 한다. 어머님께서는 다른 것을 잘하는 아동이 말더듬으로 인해 상처를 받을 것을 염려하여 치료실을 내원하였다. 아동은 현재 초등학교에 재학 중이라고 한다.

3) 진단평가도구

(1) 말더듬 심한 정도 평가(Stuttering Severity Instrument for Children & Adults: SSI)

(2) 파라다이스 유창성 검사(Paradise-Fluency assessment: P-FA)

4) 검사 결과

(1) 말더듬 심한 정도 평가

글을 읽을 수 있는 아동은 읽기 과업과 말하기 과업을 실시하였다. 읽기 과업의 빈도점수 6점, 말하기 과업에서 7점, 총점 13점으로 나타났다. 머무는 시간은 가장 길게 머문 시간 4초, 3초, 2초로 나타났으며 평균 3초로 나타났다. 신체적 부수행동은 보이지 않았습니다. 총점 16점을 심한 정도로 환산하니, 24~40 퍼센타일로 나타났고, 심한 정도는 약함으로 나타났다.

	점수	퍼센타일	심한 정도
빈도과업	13		
머무는 시간	3		
신체적 부수행동	0		
총점	16	24～40	약함

(2) 파라다이스 유창성 검사

아동의 말더듬의 주 형태는 비운율적 발성(DP)과 반복(R2)이 가장 많았다. 아동 구어의 상황별 특징은 문장 그림은 총 100음절로 정상적인 비유창성(ND)은 3회(간투사(I) 2회, 수정(UR) 1회), 비정상적인 비유창성(AD)은 비운율적 발성(DP) 2회로 나타났다. 말하기 그림은 총 200음절로 정상적인 비유창성(ND)은 총 3회(주저(H) 1회, 간투사(I) 2회), 비정상적인 비유창성(AD)은 10회(비운율적 발성(DP) 2회, 비정상적 반복 1-(R1a)과 반복(R2)이 각 4회)로 나타났다. 백분위 점수는 41～50으로 중간 정도 말더듬으로 나타났다.

5) 요약 및 권고사항

검사 결과, 아동은 중간 정도의 말더듬을 나타내었고 자기 생각을 이야기할 때나 질문에 대한 답을 할 때 더 심하게 더듬는 경향을 보였다. 주 형태는 비운율적 발성(DP)과 반복(R2)이었으며 부수행동은 나타나지 않았다. 따라서 아동에게 유창성 치료가 필요함을 권고한다.

이 장을 통해 독자들이 말더듬 진단 과정에 대해 쉽게 접근할 수 있으며, 말더듬 진단과 관련된 검사도구들을 전문가적으로 다룰 수 있길 바란다. 진단과 평가 과정은 때로는 과학이라고 표현하기도 하고, 때로는 예술이라고 표현하기도 한다. 그만큼 진단과정은 대상자의 현재 수준을 정확하게 설명할 수 있어야 한다. 또한 치료사는 때로 대상자의 겉으로 드러난 특성뿐만 아니라 내재된 부분까지 고려하여 결과를 설명할 수 있어야 한다. 이러한 과정에 대한 이해가 전문적인 언어치료사에 있어서 꼭 갖추어야 할 영역일 것이다. 이를 토대로 말더듬 아동과 성인의 치료 수준을 결정하고, 또한 치료 예후를 살펴서 대상자의 진전 정도를 설명할 수 있을 것이다.

연습문제

1. 말더듬 예측 검사도구에 대해서 설명하시오.

2. 말더듬의 외현적 특성을 검사하는 검사도구에 대해서 설명하시오.

3. 말더듬의 내면적 특성을 검사하는 검사도구에 대해서 설명하시오.

참고문헌

권도하(2011). 언어치료학사전. 경북: 물과 길.

심현섭, 신문자, 이은주(2010). 파라다이스 유창성 진단검사 II. 서울: 파라다이스 복지재단.

안종복, 신명선, 권도하(2002). 정상 성인 및 아동의 구어 속도에 관한 연구. 음성과학, 9(4), 93-103.

Andrews, G., & Cutler, J. (1974). Stuttering therapy: the relation between changes in symptom level and attitudes. *Journal of Speech and Hearing Disorders*, *39*. 312-319.

Bandura, A. (1982). Self-efficacy mechanism in human agency. *American Psychologist*, *37*, 122-147.

Bloodstein, O. (1987). *A Handbook on stuttering* (4th ed.). Chicago: National Easter Seal Society.

Brutten, G. J., & Dunham, S. L. (1989). The communication attitude test: A normative study of grade school children. *Journal of Fluency Disorders*, *14*(5), 371-377.

Conture, E. G. (1990). *Stuttering* (2nd ed.). Englewood Cliffs, NJ: Prentice-Hall.

Cooper, E. B. (1973). The development of a stuttering chronicity prediction checklist: a preliminary report. *The Journal of speech and hearing disorders*, *38*(2), 215-223.

Cooper, E. B., & Cooper, C. (2003). *Personalized fluency control therapy for adolescents and adults*. Austin, TX: Pro-Ed.

Craig, A. R., Franklin, J. A., & Andrews, G. (1984). A scale to measure locus of control of behaviour. *British Journal of Medical Psychology, 57*, 173–180.

Daly, D. A., & Cantrell, R. P. (2006). Cluttering: Characteristics labelled as diagnostically significant by 60 fluency experts. Paper presented at the 6th IFA World Congress on disorders of fluency, Dublin, Ireland.

Erickson, R. (1969). Assessing Communication attitudes among stutterers. *Journal of Speech and Hearing Research, 12*, 711–724.

Guitar, B. (1997). Therapy for children's stuttering and emotions. In R. F. Curlee & G. M. Siegel (Eds.), *The Nature and Treatment of Stuttering: New Directions* (2nd ed., pp. 280–291). Boston: Allyn & Bacon.

Helm-Estabrooks, N., Geschwind N., Freeman M., & Weinstein C. (1999). Stuttering: Disappearance and reappearance with acquired brain lesions. *Neurology, 36*, 1109–1112.

Hill, D. (1999). Evaluation of child factors related to early stuttering: A descriptive study. In N. Bernstein Ratner & E. Charles Healey (Eds.), *Stuttering research and practice: Bridging the gap* (pp. 145–174). Mahwah, NJ: Lawrence Erlbaum Associates.

Kelly, E. M., & Conture, E. G. (1992). Speaking rates, response time latencies and interrupting behaviors of young stutterers nonstutterers, and their mothers. *Journal of Speech and Hearing Rsearch, 35*, 1256–1267.

Ornstein, A. F., & Manning, W. H. (1985). Self-efficacy scaling by adult stutterers. *Journal of Communication Disorders, 18*(4), 313–320.

Riley, G. (1981). *Stuttering prediction instrument for young children*. Tigard: CC Publications.

Riley, G. (1994). *Stuttering Severity Instrument for Children and Adults* (3rd ed.). Austin, TX: Pro-ed.

Rustin, L., & Cook, F. (1995). Parental involvement in the treatment of stuttering. *Language, Speech, and Hearing Services in Schools, 26*, 127–137.

Ryan, B. (1974). *Programmed therapy for stuttering in children and adults*. Illinos: Charles C. Thomas.

Ryan, B. (2001). *Programmed therapy for stuttering in children and adults*. Illinos: Charles C. Thomas.

Stocker, B. (1976). *The Stocker probe technique: For diagnosis and treatment of stuttering in young children*. Tulsa: Modern Education Corporation.

Van Riper, C. (1982). *The nature of stuttering* (2nd ed.). Englewood Cliffs, NJ: Prentice-Hall.

Weiss, A. L., & Zebrowski, P. M. (1992). Disfluencies in the conversations of young children who stutter: some answers about questions. *Journal of Speech and Hearing Research, 35*, 1230-1238.

Woolf, G. (1967). The assessment of stuttering as struggle, avoidance, and expectancy. *British Journal of Disorder of Communication, 2*, 158-171.

Yairi, E., Ambrose, N. G., & Niermann, R. (1993). The early months of stuttering: A developmental study. *Journal of Speech and Hearing Research, 36*, 521-528.

Yairi, E., Ambrose, N. G., Paden, E. P., & Throneburg, R. N.(1996). Predictive factors of persistence and recovery: Pathways of Childhood Stuttering. *Journal of Communication Disorders, 29*, 51-77.

Yaruss, J. S. (1997). Clinical measurement of stuttering behaviors. *Contemporary Issues in Communication Science and Disorder, 24*, 33-44.

제6장

아동 말더듬 치료

안종복

제 6 장 아동 말더듬 치료

의사소통 문제를 겪고 있는 자녀를 둔 부모는 그 문제의 본질과 발달 과정을 이해하는 것이 문제 해결에 있어 매우 중요하다. 특히 말을 더듬는 자녀를 둔 부모도 구어 유창성을 촉진하는 요인들과 방해하는 요인들을 이해하는 것은 치료와 관련하여 매우 중요한 의미를 가지고 있다. 그러므로 언어치료사는 말더듬 중재를 시작하기에 앞서 부모에게 자녀의 유창성을 촉진시키는 요인(들)을 어떻게 촉진시켜 줄 것인지, 유창성을 방해하는 요인(들)을 어떻게 감소시킬 것인지 그리고 말더듬으로 인해 갖게 되는 감정 및 태도를 어떻게 다룰 것인지에 관해 설명해 주고 시연해 주어야 한다.

기본적으로, 언어치료사는 첫 평가에 이어 치료가 진행되는 동안 부모와 지속적으로 상담을 하게 된다. 정상적인 비유창성이 나타나는 자녀의 부모에게는 추후 재평가(주로 3~6개월 사이)를 하기 전까지 대략 한 달에 한 번 정도 전화 상담을 할 필요가 있다. 만일 부모가 계속 연락하기를 원하는 경우 2~3개월마다 전화 상담을 하도록 한다. 경계선급(borderline) 말더듬 혹은 초기(beginning) 말더듬의 증후들이 나타나는 학령기 자녀의 부모에게는 말더듬에 대한 자녀의 자각 정도에 따라 환경을 변화시키는 간접 치료 혹은 적절한 수준의 직접 치료를 일정 기간 받도록 권고한다. 이런 사례는 대부분 주 2~3회기, 회기마다 40분 정도의 치료를 권고한다.

이 장은 아동 말더듬 치료에 도움이 될 만한 정보를 크게 두 부분으로 나누어 제시하였다. 첫째, 진단과 평가에 따른 치료 계획(목표, 활동) 수립 및 치료 계획서 작성에 관해, 둘째, 다양한 치료 방법들(부모 중재, 간접 치료, 직접 치료, 기타 치료 기법)에 관해 제시하였다.

1. 치료 계획 수립 및 치료 계획서 작성

1) 치료 계획 수립

유창성 문제를 겪고 있는 대상 아동의 치료 계획은 기본적으로 평가 결과에 근거해야 한다. 평가 결과는 아동에 따라 구어에만 국한되거나 인식, 감정 및 태도도 포함되는데, 실질적으로 치료를 계획할 때는 아동의 개인적 · 환경적 요인(들)도 포함시키도록 한다. 여기서 아동의 개인적 · 환경적 요인의 예로는 연령, 형제자매의 유무 등을 들 수 있다.

치료 계획은 일반적으로 목표, 활동, 강화 스케줄 등을 수립하는 것이다. 물론 치료 계획에 주별 치료 회기 수도 포함될 수 있으나, 이 요인은 부모의 의견이 반영되는 비중을 고려하여 여기서는 제외하도록 한다. 먼저, 치료 목표는 장기 목표와 단기 목표로 나눌 수 있다. 장기 목표는 일종의 최종 목표(예, 아동은 일상생활에서 유창하게 말할 수 있다.)일 수도 있지만, 단기 목표보다 상위 개념의 목표일 수도 있다. 예를 들어, 단기 목표를 '아동은 치료사와 놀이에서 조음기관을 가볍게 움직여 단단어(이어문, 삼어문, 사어문)를 말할 수 있다.'로 설정하면 장기 목표는 '아동은 치료사와 놀이에서 조음기를 가볍게 움직여 말할 수 있다.'로 설정할 수 있다. 반면, 단기 목표는 월별 혹은 주별 목표에 해당되는 것으로, 아동별 현재 수준 혹은 상태에 따라 다르게 설정되어야 한다.

다음으로 치료 활동은 대상 아동의 연령, 동기 부여, 참여 정도 등을 고려하되 기본적으로 놀이 프로그램으로 구성하는 것이 효율적이다. 유아 혹은 아동에게 놀이는 생활 그 자체이며, 여러 영역의 발달에 영향을 미치는 가장 중요한 매개

체임이 증명되어 왔으며(이선화, 2004; 이하나, 2009), 언어치료 영역에서도 그 효율성이 입증되어 왔다(김지아, 2015; 심재찬, 2016). 대상 아동의 연령이 어릴수록 쉽고, 단순한 놀이가 효과적이고 상대적으로 연령이 많을수록 다소 수준 높은 놀이가 효과적이지만, 아동의 개별 성향, 기호 등에 따라 구성하는 것이 최선일 것이다.

강화 스케줄은 강화물의 유형, 빈도 등을 대상 아동, 치료 프로그램의 단계에 따라 설정하도록 한다. 보통 강화물의 유형은 음식물과 같은 1차적 강화물과 칭찬, 토큰과 같은 2차적 강화물이 있는데 어린 연령대가 아니라면 2차적 강화물을 선택할 필요가 있다. 다음으로 강화 빈도는 바람직한 새로운 행동을 형성할 때, 주로 프로그램의 확립 단계에서 사용되는 연속 강화 스케줄과 형성된 행동을 안정시키기 위해 유지시킬 때, 주로 확립 단계 이후의 단계들에서 사용되는 간헐 강화 스케줄이 있다. 이 간헐 강화 스케줄은 비율(즉, 횟수)과 간격(즉, 시간)으로 다시 나눌 수도 있다.

2) 치료 계획서 작성

치료 계획서는 보통 장기 치료 목표와 이에 따른 단기 치료 목표들이 제시된 장단기 치료 계획서가 있으며, 단기 치료 목표와 이에 따른 활동, 강화 절차, 준거 등이 제시된 회기 치료 계획서로 나눌 수 있다. 다음은 5세 아동을 대상으로 한 장단기 치료 계획서의 예시이다(김성태 외, 2019).

장단기 치료 계획서

담 당		팀 장	

대상자명	김○○	생년월일	2015. 07. 22
진 단 명	말더듬	치료일자	2019. 06. 19
치료사명	조○○		

장기 목표 1

- 부모는 가정에서 아동의 말더듬을 증가시키는 요인을 제거할 수 있다.

단기 목표

- 부모는 아동의 말더듬을 증가시키는 요인들(예, 개방형 질문, 말 끼어들기)을 확인할 수 있다.
- 부모는 아동의 말더듬을 증가시키는 요인들의 발생 빈도를 측정할 수 있다.
- 부모는 아동의 말더듬을 증가시키는 요인들의 발생 빈도를 감소시킬 수 있다.

장기 목표 2

- 아동은 치료사와의 상호작용에서 조음기관을 가볍게 움직여 삼 · 사어문으로 80% 이상 말할 수 있다.

단기 목표

- 아동은 치료사와 놀이에서 조음기관을 가볍게 움직여 단단어를 80% 이상 말할 수 있다.
- 아동은 치료사와 놀이에서 조음기관을 가볍게 움직여 이어문을 80% 이상 말할 수 있다.
- 아동은 치료사와 놀이에서 조음기관을 가볍게 움직여 삼어문을 80% 이상 말할 수 있다.
- 아동은 치료사와 놀이에서 조음기관을 가볍게 움직여 사어문을 80% 이상 말할 수 있다.

다음으로 장기 목표와 단기 목표(들)에 따라 회기 치료 계획서를 수립할 수 있는데, 정형화된 틀이 있지 않지만 대부분 다음과 같은 형식을 취하고 있다. 이러한 형식은 언어치료사가 근무하는 환경에 따라 달라질 수 있다. 다음은 앞서 제시된 장단기 목표에 따른 회기 치료 계획서의 예시이다.

회기 치료 계획서

담 당		팀 장	

대상자명	김○○	생년월일	2015. 07. 22
진 단 명	말더듬	치료일자	2019. 06. 19
치료사명	조○○		

단기 목표

- 부모는 아동의 말더듬을 증가시키는 요인들(예, 개방형 질문, 말 끼어들기)을 확인할 수 있다.

활동	목표	강화	준거	결과
일주일 동안 매일 가정에서 아동과 상호작용 하기	아동의 유창성을 방해하고 말더듬을 일으키는 요인 찾기	자기 스스로 강화 및 치료사의 이차적 강화	90% 이상	—

단기 목표

- 아동은 치료사와 놀이에서 조음기관을 가볍게 움직여 삼어문을 말할 수 있다.

활동	목표	강화	준거	결과
손 인형 또는 입이 큰 동물(예, 하마, 악어 등) 이용하여 상호작용 하기	조음기관을 가볍게 움직이면서 '진짜 입이 커'라고 말하기	언어적 강화, 토큰 강화	80% 이상	—

2. 치료 방법

1) 부모 중재

부모는 학령전기 및 학령기 아동의 언어, 인지, 심리, 운동, 학습, 사회성 등의 발달에 있어 매우 중요한 역할을 한다. 사회·문화적 환경의 변화에 따라 아동의 생활에 있어 부모의 영향이 미치지 않는 곳이 없을 정도이고, 심지어 성인이 되어서까지 영향을 미치는 경우도 종종 있다. 마찬가지로 아동 말더듬 치료에서도 부모의 역할이 중요하다. 특히 나이가 어린 아동, 자신의 말더듬 문제를 인식하지 못한 아동, 자신의 말더듬을 인식하여 개선하려는 의지는 있으나 실제 노력을 하지 않는 아동 등에게 부모의 역할은 절대적이고 필수적인 것이다. 물론 부모가 아동의 말더듬을 악화시키는 요인이 될 수 있다는 점도 간과해서는 안 될 것이다. 부모는 아동이 말더듬 치료를 받도록 유도하는 역할도 중요하지만, 아동 스스로 말과 관련된 행동, 심리 등을 조절해 나갈 수 있도록 지속적으로 역할을 하는 것이 더욱 중요한 것 같다.

의사소통장애의 모든 치료 영역이 그렇듯 아동 말더듬 치료 역시 쉽지 않다. 아동 말더듬 치료에 대한 경험이 많은 치료사조차 새로운 아동을 만나게 되면 늘 긴장할 수 있다. 아동이 말을 많이 더듬을수록 부정적인 감정과 태도를 갖게 되는 것처럼, 언어치료사도 아동 말더듬 치료에 관한 실패 경험이 많을수록 부정적 관점을 가지게 된다. 따라서 아동 말더듬 치료에 대한 언어치료사의 주관적 관점도 치료에 영향을 미치는 요인으로 작용할 수 있다.

필자는 두 가지에 초점을 맞춰 부모 중재를 설명하였다. 첫째, 자녀가 말을 더듬을 때와 더듬지 않을 때 부모는 어떻게 반응(행동)해야 하는지, 둘째, 말더듬, 자녀 그리고 부모로서의 감정 등에 관한 생각(사고)을 어떻게 가져야 하는지를 중심으로 설명하였다. 실제 부모 중재의 목표는 부모에게 자녀의 구어 유창성 및 의사소통 발달에 영향을 미치고 있다는 점을 깨닫게 하고, 부모에게 행동에 변화가 필요하다는 점을 이해시켜 치료에 적극 참여하도록 유도하는 것이다. 필자의 경험상, 치료 현장에서 부모 중 어느 한 분이라도 자녀의 말더듬을 받아들이지 못하거나 치료에 관한 거부감이 있다면 치료에 관한 예후는 좋지 못한 경향이 있었다. 설령 치료가 시작되더라도 지속되지 못하는 경우가 대부분이었다.

부모는 자신이 이해하지 못하는 어떤 문제를 자녀가 가지고 있다는 것을 인식할 때보다 자신이 그 문제 해결에 도움이 되지 못한다는 것을 느낄 때 더 걱정스럽고 속상하다. 따라서 언어치료사는 부모가 자신의 행동에 관한 자각을 강화하고 행동을 변화시키면 말더듬, 자녀 그리고 자신에 관한 현재의 사고와 감정도 변화될 것이라는 점을 인식시킬 필요가 있다.

(1) 행동 변화 유도하기

① 자녀의 비유창성에 주의를 끌지 않게 반응하고 상호작용 하기

부모가 자녀의 비유창성에 대해 주의를 끌지 않게 반응하고 자녀가 말하기와 관련하여 좌절을 겪지 않도록 반응함으로써 자녀의 비유창성은 점진적으로 조절되고 감소되며 결국 사라질 수 있다. 자녀는 부모의 얼굴 표정을 보면 어떤 감정 상태인지 안다. 쉽지 않겠지만, 부모는 자녀의 비유창성에 대해 걱정스러워하거나 부정적으로 반응하지 않도록 하고, 자녀가 말하고자 하는 내용에 대해 긍정적으로 반응하도록 노력해야 한다.

그러나 이 말이 부모가 자녀의 비유창성에 대해 관심을 가질 필요가 없다는 식으로 해석되는 것은 경계해야 한다. 자녀의 비유창성에 대한 걱정이 부모의 좌절이 되어서도, 자녀의 좌절이 되어서도 안 된다. 보통 치료 초기, 부모는 이러한 측면을 받아들이고 권고된 방식으로 행동하려고 노력하지만 시간이 지날수록 기대했던 것과 달리 비유창성 개선이 더디거나 미미하다고 느끼면서 무의식적으로 걱정하는 표정, 말, 행동 등이 자녀에게 전달되는 경우가 많다. 언어치료사는 초기 상담에서 그러한 점을 부모에게 알려 줄 필요가 있다.

② 좋은 청자 되기

치료사는 자녀의 의사소통 기술을 지원해 줄 수 있는 부모의 긍정적인 행동을 강조할 필요가 있다. 예를 들면, 느린 말 속도 및 여유 있는 말 주고받기 등의 실제적인 행동을 시연해 준다. 부모가 부적절하게 반응한다면(예, 더듬을 때 대신 말해 주는 것 혹은 "천천히 말해! 하고 싶은 말 먼저 생각하고 말해."라고 말하는 것), 이런 반응 자체가 자녀의 구어 유창성에 부정적인 영향을 미친다. 부모는 유창성을 촉진하는 행동뿐만 아니라 억제하는 행동도 확인함으로써 자녀에게 도움을 줄 수 있다.

③ 일상생활에서 자연스럽게 조음기관을 가볍게 움직이고 부드럽게 발성하고 느린 속도로 말하는 모델 사용하기

부모가 이런 개념을 파악하는 것은 어렵지 않지만, 실생활에서 지속적으로 실행하는 것은 매우 어려운 일이다. 언어치료사는 부모에게 조음기관을 가볍고 느리게 그리고 부드럽게 말하는 모델을 보여 줄 필요가 있는 것과 같이, 부모는 자녀에게 이런 방식의 말하기 모델을 보여 줄 수 있도록 부단히 연습해야 한다. 실제로 연습을 할 때, 모음을 가볍게 연장하는 것뿐만 아니라 정상적인 억양과 운율을 유지하면서 자음을 부드럽게 소리 내는 것도 중요하다. 단, 부모는 많은 연습을 통해 자녀가 이런 모델 자체에 주의를 집중하지 않도록 하는 것이 핵심이다.

자녀의 구어 유창성을 향상시키기 위해 평상시 느린 속도로 말하는 것이 도움이 된다는 점은 쉽게 이해될 수 있지만 일상생활에서 빨리 말을 해야 할 수밖에 없는 상황이 의외로 많다. 예를 들면, 등교시간이 되었는데 서두르지 않을 때, 위험한 행동을 할 때, 엄마와 아빠가 출근 때문에 빨리 나가야 할 때 등과 같은 상황에서는 말을 빨리 할 수밖에 없다. 그럼에도 불구하고 자녀의 유창성을 개선하기 위해서 부모의 이런 방식의 말하기 패턴이 생활화되도록 하는 수밖에 없다. 부모가 말 패턴을 바꾸지 못하면서 자녀에게 말 패턴을 바꾸라는 것은 모순이다.

④ 유창하게 말하는 경험은 많이, 비유창하게 말하는 경험은 최소화되도록 유도하기

자녀가 비유창하게 말하는 경험을 최소화시키는 것이 중요하다. 따라서 언어치료사와 부모는 자녀가 유창하게 말할 수 있는 기회를 많이 가지도록 상황을 만들어 줄 필요가 있다. 그런 상황에서, 아동이 유창하게 말을 할 때는 최대한 긍정적 경험을 많이 하도록 둘 필요가 있다. 이런 경험이 축적되면 유창한 구어 패턴이 확립된다. 보통 부모는 자녀가 유창하게 말을 할 때 무엇을 해야 하는지 알고 있지만(예, 칭찬, 격려 등과 같은 강화), 비유창하게 말을 할 때는 무엇을 해야 하는지 모르는 것 같다. 자녀가 연속적으로 비유창하게 말을 하면 부모가 말하는 시간(혹은 양)을 평상시보다 좀 더 늘릴 필요가 있다. 이러한 방법을 "그럼 아이의 말을 중단시키라는 건가요?"라고 오해할 수도 있다. 중단시키라는 의미보다 비유창한 말 자체를 많이 하지 않도록 자연스럽게 유도하라는 의미이다.

⑤ 유창성 방해요인을 확인하고 제거하기

초기 상담에서, 필요하다면 계속적인 상담에서 자녀가 말하기에 부담을 느끼는 장소, 상황과 상대적으로 편안한 상태로 말을 하는 장소, 상황에 대해 논의한다. 예를 들면, 통상적으로 식사 시간이 자녀의 유창성을 방해하는 잠재적인 요소일 수 있다. 식사 시간은 가족이 모여 하루 동안에 일어난 일에 관해 공유하는 시간이다. 이런 상황은 더듬는 자녀에게 특히 어렵다. 왜냐하면 시간적 압박, 즉 가족 구성원들 간의 빠른 주고받기, 돌발적인 질문 등이 말하는 것에 부정적인 영향을 미칠 수 있다. 이러한 요인은 앞서 언급한 바와 같이, 가족 구성원들의 말하기 패턴 변화, 즉 시간적 압박 없이 편안하게(한 사람이 말하는 것이 끝나도록 기다려 주기) 말하는 패턴을 확립함으로써 제거될 수 있다.

다른 방해요인은 말에 관한 요구(demand)가 있다. 예를 들면, 친구에게 새로 산 자전거에 관해 설명하도록 요구를 한다면 구어 유창성이 발달되는 과정에 있는 아동에게는 부담이 클 것이다. 이런 경우 부모는 자녀가 설명한 것을 확장시켜 주는 것도 한 가지 해결 방법일 수 있다. 이때 요구에 의해 반응을 한 것이 아

니라 자발적으로 연습한 것으로 생각하게 만드는 것이 중요하다.

또 다른 잠재적인 방해요인은 전화 상황이다. 전화 상황에서 유창하게 말하는 것은 말더듬 아동뿐만 아니라 말더듬 성인에게도 어려운 일이다. 이를 극복하기 위한 방법으로 전화 통화를 하기 전 전화기 앞에서 말할 내용을 느리고 부드럽게 말하는 연습을 반복하고, 상대방의 예상되는 질문에 대답할 준비 연습도 반복하도록 한다. 연습 초기, 부모는 전화 상대를 친숙한 사람들 위주로 선정할 필요가 있다. 이러한 방법을 통해 성공적으로 전화를 통화하는 경험이 증가하면 통화 시간, 통화 빈도 등도 조절하여 연습하도록 한다.

자녀의 과도한 스케줄 또한 공통적인 방해요인이다. 요즘 아동들은 유치원, 각종 학원 등으로 인해 너무 바쁘다. 물론 필요한 활동이지만, 그런 활동에서 말과 관련된 부담을 증가시키는 부분이 있다면 유창성에 좋지 않은 영향을 미치는 것은 명확하다. 이런 경우라면 부모는 자녀가 스트레스를 받지 않는 선에서 스케줄을 조절해 주어야 한다.

유창성을 방해하는 잠재적인 요인들은 주위에 많이 있는데, 가정마다 환경이 다르기 때문에 이 요인들도 다를 수 있기 때문에 부모는 언어치료사와 함께 확인하고 다룰 필요가 있다. 이러한 과정에서 자녀의 비유창성을 부모 탓으로 받아들이지 않도록 그들의 사고와 감정을 잘 살펴보고 신중하게 접근할 필요가 있다.

(2) 감정과 사고의 변화 유도하기

언어치료사는 최초 상담에서 부모의 심리 상태가 어떤지 혹은 어느 단계에 있는지 파악하는 것이 무엇보다 중요하다. 부모의 심리 상태가 어느 단계에 있느냐에 따라 상담의 초점이 달라진다는 의미이다. 예를 들면, 부모가 자녀의 비유창성이 실제 병리적인 현상인가를 확인하려는 것인지, 자녀의 비유창성을 치료할 방법을 찾으려는 것인지에 따라 상담 내용이 다를 수밖에 없다.

보통 부모는 자녀의 비유창성이 '말더듬'이라는 진단을 받게 되면 충격을 받는다. 그러나 곧 '에이! 아닐 거야!' '설마? 아마 잘못 내린 진단일 거야.' '한 번 보고 어떻게 알아?' 등과 같이 부정하게 된다. 이때부터 소위 'doctor shopping' 현상이 나타날 수 있는데, 여러 병원 혹은 치료센터를 방문하여 상담 혹은 평가를 받는다. 이런 기관에서 공통적으로 말더듬으로 확인되면 대부분의 부모는 우울한 상태가 된다. '대체 뭐가 문제야?' '나 때문인가?' '내가 무엇을 잘못한 것인가?' 등의 생각을 하기 시작해서 '못 고치면 어쩌나?' '평생 가면 어쩌나?' 등과 같은 생각에 빠져들게 된다. 이 시기가 지나면 부모는 현실을 직시하고 말더듬을 해결하기 위해 노력한다.

이처럼 부모의 심리 상태가 어느 단계에 있는지에 따라 언어치료사는 상담을 할 때 잘 받아들여진다는 느낌 혹은 전혀 받아들이지 않는다는 느낌을 가질 수 있다. 당연히 말더듬 치료는 부모의 심리 상태가 가장 마지막 단계일 때 효과적일 것이다.

언어치료사가 부모의 감정과 태도, 사고를 변화시키려고 할 때 부딪히게 되는 문제는 그들의 내적 및 외적 세계를 이해하는 것이다. 여기서 부모의 외적 세계는 직접 관찰할 수 있기 때문에 상대적으로 쉽게 파악할 수 있지만, 사고는 내적 세계 그리고 내적 세계와 외적 세계 사이의 역동적인 관계를 이해함으로써 파악될 수 있다. 부모와 언어치료사가 그러한 요인들을 잘 이해하게 될 때 치료 목표로 설정된 믿음 혹은 행동이 변화될 수 있다.

우리는 사고와 행동이 어떻게 관련되어 있는지 기본적으로 생각해 볼 필요가 있다. 다시 말해, 어떤 사람이 행동하는 것은 그 사람의 사고를 반영하고 있으며, 어떤 사람의 사고는 행동을 관찰함으로써 확인될 수 있다. 언어치료사는 부모와 상담하는 과정에서 그들의 생각과 태도를 파악해야 한다. 예를 들면 자녀에게 "더듬지 말고 말해." 혹은 "천천히 말해. 무엇을 말하고 싶은지 먼저 생각해 봐."라고 충고하는 대부분의 부모는 왜 이런 말이 좋지 않은 영향을 미치는지 알지 못한다. 상담 과정에서 말더듬의 본질과 원인에 관한 정보를 부모에게 설명해 주지만, 부모는 현재 행동을 그대로 적용하는 경향이 있다. 따라서 언어치료사는 부모가 자신들의 행동을 모니터하도록 지속적인 피드백을 해 주어야 한다.

한편, 부모가 잘못된 혹은 부적절한 행동을 했을 때 죄의식(예, '잘못했구나!'라는 후회)과 걱정(예, 신경질 및 긴장)이 표면화된다. 이러한 감정들은 말더듬을 다루는 것을 더욱 어렵게 만든다. 따라서 언어치료사는 아동의 의사소통 발달에 도움이 되며 긍정적 영향을 미칠 수 있는 부모의 행동과 부정적 영향을 미치는 행동도 함께 파악하는 것이 치료에 있어서 매우 중요하다. 자녀의 말더듬을 다루는 태도, 관심 및 능력은 부모에 따라 다양하다. 자녀가 더듬는다는 상황을 받아들이며 치료를 위해 노력할 준비가 되어 있는 부모도 있지만 다루기 꺼리는 부모도 있다.

일반적으로 중재를 받지 않고 자연회복되는 비율은 50~80% 정도로 알려져 있다(Guitar, 2018). 언어치료사는 초기 중재가 말더듬 치료의 성공 가능성을 높인다는 것을 알고 있다. 실제로, 예후와 관련된 지표 중 하나는 비유창한 행동의 발생과 치료의 시작 사이에 경과된 시간이다. 다시 말해, 경과된 기간이 길수록 말더듬을 치료하는 기간은 더 오래 걸린다. 다른 지표들로 말더듬에 대한 부정적 반응, 환경적 스트레스, 경제적 어려움, 사회적 문제, 부부 간의 의견 불일치 등이 있다.

언어치료사는 치료 관련 권고사항들에 관한 정보를 제공하고 시연한 후에 부모에게 실시하도록 유도한다. 이러한 과정을 통해 언어치료사가 자녀를 도와줄 수 있는 동료라는 점을 보여 줌으로써 부모의 죄의식과 불안을 감소시킬 수 있다. 부모의 죄의식과 불안을 확인하고 이해하는 것이 필수적인 것처럼, 그러한 감정을 바꾸는 것 또한 필수적이다. 부모의 죄의식과 불안은 유창성을 촉진시키는 데 초점을 두어야 하는 에너지를 소모하게 만든다. 더불어, 의사소통 및 초기 말더듬에 대한 자녀의 태도는 부모의 태도에 의해 영향을 받을 수 있다. 자녀가 자신의 비유창성이 부모의 긴장된 말과 태도를 유도한다는 사실을 인식하게 되면 더듬지 않으려고 부적절한 힘이 들어가면서 투쟁을 하게 된다. 이와 동시에 부모도 죄의식이 내면화되고 불쾌해진다. 부모가 말더듬 그리고 더듬기 시작한 자녀에 대해 잘 이해하고 부정적인 감정을 최소화하고 긍정적으로 생각하도록 하기 위해 실질적이고 객관적인 그리고 상세한 정보를 주어야 한다.

끝으로, 필자의 임상 경험상 어떤 사람의 생각을 바꾸는 것은 실제로 매우 어렵다. 앞서 언급된 내용들은 이론적이어서 숙지하는 데 별다른 어려움이 없으나, 이를 실행에 옮기는 것, 즉 말더듬 아동의 부모에게 적용하고, 부모가 실제로 생각과 태도가 달라지도록 유도하는 것은 쉽지 않은 일이다. 그럼에도 언어치료사는 이런 일에 익숙해져야 함은 물론 경험을 쌓고 자신만의 노하우를 가져야 아동 말더듬의 전문가(specialist)가 될 수 있을 것이다.

2) 간접 치료

간접 치료는 직접 치료를 시작할 인지적 준비가 되어 있지 않은 어린 연령의 대상자 혹은 말더듬 발달단계에서 경계선급 단계에 있는 대상자에게 주로 실시한다. 간접 치료를 사용하기 위해 언어치료사는 아동과 가족 구성원 간의 상호작용 패턴, 부모 및 형제자매의 개인별 특성 등을 살펴봄으로써 비유창성에 영향을 줄 수 있는 요인을 파악하여 변화를 유도할 계획을 세워야 한다. 앞에서 언급된 부모 중재 역시 간접 치료의 일부분이다.

(1) 가족 구성원 간의 상호작용 패턴 파악하기

언어치료사는 평가 전에 사례지를 작성하는 과정에서 혹은 상담하는 과정에서 가족 구성원 간의 상호작용 패턴을 파악하여 가정환경에서 스트레스를 일으킬 수 있는 요인을 찾도록 한다. 요인이 발견된다면 아동과 구성원 간의 상호작용 패턴을 어떤 방식으로 변화시킬 것인가를 결정해야 한다. 다음은 스트레스를 일으킬 수 있는 요인들의 목록으로, 전형적으로 경계선급 대상자에게 부담을 줄 수 있다.

- 빠른 구어 속도
- 쉼(휴지) 없이 진행되는 대화
- 말 끼어들기, 방해하기

- 빈번한 개방형 질문
- 과다한 비평 혹은 교정
- 적절하지 않은 혹은 일관되지 않은 태도
- 아동 수준보다 높은 어휘 혹은 구문

경험이 많은 언어치료사는 10~15분 정도 가족 구성원 간의 상호작용을 관찰하면 유창성에 부정적인 영향을 미칠 수 있는 변인을 파악할 수 있다. 예를 들면, 구어 속도가 빠른지, 말을 하고 있는 중간에 자주 끼어드는지, 아동의 말을 빈번하게 교정하는지 등의 요인을 발견할 수 있다.

상대적으로 경험이 적은 언어치료사는 가족 구성원 간의 상호작용을 평가하는데 필요한 능력을 개발하기 위해 〈표 6-1〉을 참조할 필요가 있다. 기본적으로 평가 전에 가족 구성원 간의 전형적인 대화가 담긴 정보(예, 동영상)를 참고하는 것도 도움이 된다. 이 정도면 가정에서 그들 간의 상호작용 패턴을 파악하는데 효과적일 수 있다. 물론 그런 정보를 얻지 못할 수도 있다. 이런 경우, 차선책으로 치료실에서 부모(주로 엄마)와 자녀가 상호작용하는 것을 관찰할 필요가 있다.

〈표 6-1〉 **가족 구성원 간의 상호작용 패턴 수량화 방법**

1. 구어 속도	가족 구성원이 말한 음절 수와 말한 시간을 측정한다. 말을 멈출 때마다 혹은 2초 이상 휴지할 때마다 시간 측정을 멈추고, 말을 다시 시작하면 측정한다. 말한 시간은 백분위초로 계산한다(예, 1분 13초는 1.22분이 된다). 다음으로 전체 말한 음절 수를 시간, 즉 분으로 나누어서 분당 음절 수(syllables per minute: SPM)를 계산한다. 예를 들면, 아빠가 1.22분에 366음절을 말하였다면 구어 속도는 300SPM이다. 보통 성인의 말하기 속도는 180~220SPM 정도로, 사례에서 아빠의 말 속도는 빠른 편이다.
2. 대화 중 쉼	초시계를 사용하여 아동의 말이 끝난 후 다른 가족 구성원이 말을 시작할 때까지의 시간을 측정한다. 이 시간의 평균이 1초 미만이면 대화의 속도는 빠르다고 볼 수 있다.

3. 말 끼어들기, 방해하기	아동이 말한 문장(혹은 문장 비슷한 발화)의 수를 헤아리고, 가족 구성원이 아동의 말에 끼어든 횟수를 헤아린다. 끼어든 수를 전체 문장의 수로 나누어 그 비율이 10% 이상이면 아동에게 빨리 말을 해야 한다는 부담을 줄 수 있다.
4. 개방형 질문	가족 구성원이 아동에게 말한 문장의 수, 질문한 문장의 수를 각각 헤아린다. 그런 다음 질문의 수를 전체 문장의 수로 나누어 그 비율이 25% 이상이면 아동에게 질문에 대답을 해야 한다는 부담을 줄 수 있다.
5. 과다한 비평 혹은 교정	가족 구성원이 말한 문장을 '비평' 혹은 '수용' 중에 하나로 분류한다. '비평'으로 분류하는 문장은 (1) 가족 구성원이 아동, 아동의 행위 혹은 말을 받아들이지 않는 것을 표현한 문장, (2) 아동이 말하도록 압력을 주는 문장 혹은 아동에게 활동을 지시하는 문장, (3) 엄격한 음성으로 말한 문장 혹은 의심하는 듯한 음성으로 말한 문장이다. '비평'으로 분류된 문장의 수를 전체 문장 수로 나누어 그 비율이 50% 이상이면 아동에게 부담을 줄 수 있다.
6. 적절하지 않은 혹은 일관적이지 않은 태도	가족 구성원이 말한 전체 문장의 수를 측정하되 아동이 발화한 내용에 반응한 문장의 수를 측정한다. 아동의 발화에 반응한 문장의 비율이 50% 미만이면 아동은 가족이 자신의 말을 관심 있게 들어 주지 않는다는 느낌을 가질 수 있다.
7. 아동 수준보다 높은 어휘 혹은 구문 사용	가족 구성원이 사용하는 어휘(혹은 구문) 수준과 아동의 어휘(혹은 구문) 수준을 비교해 본다. 가족 구성원들이 사용하는 어휘들이 아동의 수용 어휘 수준을 능가하면 아동은 부담을 느끼는 것으로 볼 수 있다.

(2) 가족 구성원의 상호작용 패턴 변화시키기

언어치료사는 아동을 평가하고 가족을 상담하는 동안 환경과 관련된 여러 가지 중요한 정보를 수집한다. 예를 들면, 가족의 일상 스케줄, 아동에 관한 관심의 정도 그리고 말더듬에 대한 가족 구성원들의 태도 등에 대한 정보를 수집한다. 이 정보를 이용하여 어떤 요인들이 아동의 말더듬에 중요한 영향을 미치는가에 대해 목표를 세울 수 있다. 이런 목표를 설정할 때는 신중하게 접근해야 하는데, 첫째, 목표가 틀릴 수 있고, 둘째, 부모를 포함한 가족 구성원이 무엇을 변화시키고 어떻게 변화시켜야 하는지를 선택하는 데 효율적이어야 하기 때문이다. 덧붙여 평가를 통해 아동의 비유창성 형태, 빈도, 심한 정도 등의 결과를 요약하고 제시하여 가족이 아동의 유창성을 촉진시킬 수 있는 방법을 결정해야 한다.

가족 구성원의 태도 변화는 상담을 하는 것에서부터 시작될 수 있는데, 특히 그들이 궁금해하는 "왜 말을 더듬을까요?", 즉 말더듬의 원인(혹은 발생)에 관해 정보를 제공하는 것에서부터 시작될 수 있다. 예를 들면, 가족이 어떤 것을 잘못했기 때문에 그리고 가족이 해야 할 일을 하지 않았기 때문에 말더듬이 발생하는 것은 아니라는 점, 선천적인 소인(predisposition)이 있는 아동은 보통의 가정환경에서의 일반적인 구어 압박에 특히 민감할 수 있기 때문에 말더듬이 나타나거나 극복하는 것을 어렵게 만들 수 있다는 점을 인식시킨다. 이러한 설명을 통해 가족의 생각과 태도를 변화시키는 것이 가능하다. 또한 아동이 유창한 말을 하는 데 도움이 되는 환경을 만들어 개선된 사례를 보여 주는 것도 가족의 변화를 유도하고 직접 참여하도록 하는 데 효과적이다. 가족이 말더듬을 일으킨 것이 아니라 오히려 아동이 말더듬을 극복하도록 도와주는 것을 넘어 주도적인 역할을 해야 한다는 점을 설명할 필요가 있다.

(3) 치료 첫 회기 계획하기

언어치료사는 치료 첫 회기에 가족이 자녀의 환경을 변화시킬 수 있도록 계획하는 것에 초점을 둔다. 가족이 관찰하고 파악한 것을 논의하고 지원해 주는 관계를 유지하고, 그들의 양육 방식이 말더듬을 일으키지 않았다는 점을 설명해 줄 필요가 있다. 또한 죄의식 및 불안을 느끼지 않는 것이 일상에서 변화를 유도하는 데 훨씬 용이하다는 점을 설명해 주는 것이 좋다. 언어치료사가 가족(혹은 부모)에게 효율적인 상호작용의 모델을 제시해 주는 것도 필요하다.

(4) 치료 과정에서 나타나는 변화에 대처하기

언어치료사는 치료 첫 회기 후 가족이 환경을 변화시키려는 노력을 했는지에 대해 파악해야 한다. 그러나 처음부터 직접적으로 질문하는 것은 바람직하지 않으며, 매 회기마다 "어떻게 되어 가요?"라는 일상적인 질문조차 가족에게는 부담이 될 수 있다. 대신, 긍정적이고 부담을 느끼지 않도록 "회기를 진행하시면서, 궁금하거나 생각대로 되지 않으시면 저에게 말씀하세요."라고 말하는 것이 좋다. 가족이 첫 회기 이후 관찰해 온 것과 한 것을 검토하여 변화가 잘 이루어진 부분에 대해서는 강화를, 잘 이루어지지 않은 부분에 대해서는 개선책 혹은 대안을 논의하도록 한다. 앞서 언급한 것처럼, 부모는 자녀의 말더듬으로 인해 항상 비난의 대상이라는 생각을 하고 있다. 그러므로 부모가 잘하고 있는 것에 대해 긍정적인 피드백을 주는 것이 중요하다.

부모가 느린 속도로 말을 하고, 단순하게 말을 함으로써 아동의 비유창성이 개선되는 사례가 많다. 언어치료사는 이런 경우를 통해 가족에게 여러분의 변화가 말더듬 치료의 핵심 요소라는 점을 설명하는 것이 중요하다. 또한 비유창성이 개선되는 과정에서, 좋지 못했던 패턴이 너무 쉽게 다시 나타난다는 점도 설명해야 한다.

아동의 비유창성이 개선되는 과정은 힘들고 난해하며 인내가 필요하다. 진전이 있을 수도 있고 전혀 없을 수도 있다. 아동이 잠시 유창해진 다음 비유창성이 다시 나타날 수도 있다. 이렇게 되면 아동과 가족은 좌절하게 될 것이고, 가족은 아동기에 말더듬이 심각한 핸디캡(handicap)이 되지 않을까 걱정하게 된다. 이는 부모가 다른 사람의 시선을 의식하여 말더듬을 받아들이지 못하는 것일 수 있다.

말더듬 재발에 관한 가족의 염려는 주로 그들의 반응으로 쉽게 알 수 있다. 가족은 무의식적으로 걱정하거나 실망한 표정을 짓거나 행동을 하게 되고, 이를 눈치 채는 아동은 더 심하게 더듬게 된다. 가족이 감정 및 관심에 관하여 언어치료사와 논의하는 것은 단순히 행동만을 변화시키기 위해 노력하는 것보다 비유창성 개선에 훨씬 더 도움이 된다. 언어치료사의 역할은 가족이 솔직하게 자신들의 걱정을 말하도록 유도하는 것이다. 가족은 자신들의 감정이 이해되고 받아들여진다고 느낄 때 솔직하게 말하는 경향이 있다. 이런 과정을 거쳐 가족의 감정은 변화되고 점진적으로 비유창성도 감소될 수 있다.

(5) 변화된 상태 유지하기

간접 치료는 보통 5~6회기 내에 효과가 나타나는데, 이 시기에 언어치료사는 가족에게서 나타난 변화와 자녀의 말이 개선된 것을 증명해 주는 근거를 심층적으로 분석해 볼 필요가 있다. 이를 통해 자녀의 말더듬이 재발하게 촉진하는 스트레스 요인을 가족이 다룰 수 있는 방법을 구안할 수 있다. 가족이 스트레스를 줄일 수 있는 방법을 알게 되면서 자신감을 가질 수 있다. 자녀에게서 말더듬이 다시 나타나더라도 자신들의 말의 속도를 점검한다든가 상호작용을 하는 데 있어 여러 측면들을 점검하게 된다.

효율적인 유지 방법은 첫째, 죄의식이나 두려움 없이 자녀의 말더듬을 객관적으로 관찰하게 하고, 둘째, 자녀의 유창성이 증가하도록 효율적으로 반응할 능력이 있다는 믿음을 구축하게 되면 달성될 수 있다. 그러나 가끔 가족의 노력에도 불구하고, 말더듬이 변화가 없거나 재발되기도 한다. 예를 들면, 어떤 정신적 충격(trauma) 혹은 이사와 같이 일상생활의 일반적인 사건이나 예상하지 못한 이유로 재발될 수도 있다. 원인이 무엇이든 간에, 가족은 편안한 마음으로 언제든지 언어치료사의 도움을 받을 수 있다는 믿음을 가질 필요가 있다.

〈표 6-2〉 **가족이 경계선급 말더듬 자녀를 도와줄 수 있는 방법**

1. 듣는 연습	가족은 말에 있어서 말하는 내용도 중요하다는 것을 깨달아야 한다. 특히 말더듬이 시작되는 자녀에게는 이러한 깨달음이 더욱 중요하다. 매일 일정 시간을 정해 두고 15~20분 자녀와 함께 듣는 시간(listening time)을 갖도록 한다. 이 시간 동안 자녀에게 제안 혹은 지시는 삼가라.
2. 느린 말 속도	가족은 대화에서 자신들의 말 속도를 느리게 해야 하며, 부드러운 방식으로 말하도록 한다. 전체적으로 이완되고 조용하게 그리고 편안한 상태로 말하도록 연습한다.
3. 쉼(휴지)	자녀가 말을 시작하기 전 최소 1~2초 정도 쉼을 가지도록 하는 것도 도움이 된다. 이는 다른 사람이 끼어들거나 방해하지 못하도록 하는 데 특히 도움이 된다.

4. 긍정적 반응	자녀가 말하는 것과 행동하는 것에 대해 긍정적인 반응을 많이 하도록 한다. 되도록 교정 혹은 비평은 삼가라. 보통 사람은 '잘하고 있어'라는 생각이 들 때 더 나은 변화들이 빨리 나타난다. 자신에 대해 긍정적인 느낌을 가지고 있는 아동은 보다 더 유창하게 말을 하기 위해 '듣는 연습' '느린 말 속도' 등을 더욱 잘 수행할 것이다.
5. 질문 줄이기	자녀가 새로운 것을 학습하도록 그리고 학습된 지식을 보여 주도록 유도하기 위해 많은 질문을 하는 것은 자연스러운 현상이다. 그러나 어떤 아동(예, 말더듬 아동)에게는 스트레스로 작용할 수 있다. 따라서 질문과 지시를 줄이는 것이 필요하다. 보통 아동은 자신이 하고 있는 것 그리고 말하는 것에 대해 관심과 긍정적인 반응을 받을 때 학습이 가장 잘 이루어진다.

3) 직접 치료

경계선급 말더듬 아동을 대상으로 수개월간의 간접 치료가 효과가 없을 때는 직접 치료를 시도해야 한다. 물론 간접 치료의 실패의 원인을 분명하게 밝히긴 어렵다. 추정해 볼 수 있는 원인으로 인해 원래 계획했던 대로 아동의 환경을 변화시킬 수 없었거나 수정할 수 없었을 수 있다. 이런 경우 계속해서 간접 치료를 한다면, 말더듬은 더욱 심해질 것이며 초기 단계로 넘어갈 것이다. 직접 치료를 시작하더라도 심한 정도, 대상자의 반응 양상 등에 따라 다소 다른 접근이 필요할 수 있다.

(1) 경도(mild) 경계선급 말더듬 대상자를 위한 직접 치료

대부분의 경계선급 말더듬 아동은 자신이 말을 하려고 할 때 잘 나오지 않는다는 정도까지 알고 있다. 이런 아동은 주로 긴장 없이 반복이 나타나거나 말을 시작할 때 여분의 노력을 하는 것 같은 증후는 없으며, 유창하게 말하는 시간이 상대적으로 많기 때문에 직접 치료에서 초점은 유창한 말을 촉진시키는 것이다.

유창한 말을 촉진시키는 실질적 활동으로 보통 유창한 발화에 대해 긍정적으로 말하면서 치료를 시작하는 것이 좋다. 예를 들면, "○○야. 너는 정말 부드럽게 말을 하는구나!"와 같이 말을 하면서 부드럽게 말을 하는 것을 특히 강조하면서 아동이 말한 것을 반복해 준다. 만약 부드러운 말의 개념을 잘 이해하지 못하면, 부드러움(유창성) 및 울퉁불퉁함(비유창성)에 비유하여 설명해 주는 것도 좋은 방법이다. 단, 부드러운 말의 개념을 이해시키기 위해 유창한 말과 비유창한 말의 예를 들더라도 유창한 말에만 강화를 주어야 한다. 아동은 그러한 강화를 통해 말의 유창성에 대한 좋은 느낌을 가질 수 있게 된다. 이러한 과정에서 언어치료사와 부모는 아동의 말에 대해 너무 많은 반응을 하지 않도록 유의해야 한다.

직접 치료하는 동안 부모에게 일방경(one way mirror)을 통해 혹은 직접 치료실에 함께 들어가도록 하여 치료 활동을 관찰하도록 권고하는 것도 좋다. 언어치료사는 치료가 끝난 뒤 관찰한 것에 대해 토의하고 유창한 말에 대해 어떻게, 언제 강화를 하는지에 대해 설명하도록 한다. 아동이 치료실 내에서 정상적인 수준으로 유창하게 말을 하면(보통 90% 이상), 치료 활동에 부모가 직접 아동의 유창성에 대해 강화를 하도록 한다. 이런 식으로 가정에서도 일반화되도록 유도한다.

(2) 심한(severe) 경계선급 말더듬 대상자를 위한 직접 치료

대개 경도의 경계선급 말더듬 대상자가 비유창성이 점진적으로 악화되면 자신의 비유창성에 대해 부정적인 감정을 느끼기 시작하고, 가벼운 반복도 점차 신체적으로 긴장이 들어간 반복으로 변화되고 스트레스를 받을 때는 막히게 된다. 이 단계에 이르면 스트레스에 쉽게 상처를 받게 되며, 부정적인 정서에 관해서도 개입이 필요하다.

이러한 아동들을 대상으로 주 2회기(회기당 40~45분) 이상 치료를 하는 것이 바람직하다. 언어치료사는 유창한 말을 할 수 있도록 주위 환경을 변화시키기 위해 가족을 격려하는 것은 기본이다. 직접 치료 활동은 비유창성으로부터 정상 범위에 이르도록 단계적인 접근법을 사용할 수 있다. 회기마다 아동이 편안한 감정을 느끼는지에 따라 그리고 목표 행동(예, 부드럽게 말을 시작하기)이 확립되었는가에 따라 빠르게 혹은 느리게, 급하게 혹은 점진적으로 단계를 진행될 수 있다. 다음은 단계별 치료 프로그램을 제시한 것이다.

① 쉬운 말더듬 모델 제시하기

언어치료사는 쉽게 더듬는 모델을 제공하는 것으로 치료를 시작한다. 아동이 빠르고 갑작스럽게 반복한다면 언어치료사는 느리고 천천히 말하는 모델을 지속적으로 제시한다. 아동이 반복하는 횟수가 많거나 연장이 길어진다면 몇 번만 반복하고 짧게 연장해 주는 모델을 지속적으로 보여 주는데, 이런 모델을 상호작용에서 자연스럽게 보여 주는 것이 중요하다.

일단 아동이 놀이에서 더듬는 모델에 점차 익숙해지면, 아동의 말더듬에 대해서도 긍정적으로 말해 줄 필요가 있다. 예를 들면, "이번에는 말을 좀 반복했네. 그렇지만 괜찮아. 전혀 문제없어!"라고 말해 준다. 이때 일부 아동은 부정적으로 반응할 수도 있는데 "그렇게 말하지 마세요. 혹은 아닌 것 같은데요."라고 말한다. 아동이 이렇게 반응하더라도, 언어치료사가 지속적으로 긍정적 태도를 가지고 접근을 한다면 아동의 부정적 반응은 점진적으로 사라질 것이다.

② 타인의 비유창성을 인식하는 훈련을 통해 자신의 말더듬 조절하기

언어치료사는 아동이 쉽게 더듬는 모델을 편안하게 생각하는 것으로 판단되면, 다음 활동으로 아동이 언어치료사의 인위적 말더듬을 찾아내는 활동을 한다. 아동에게 "선생님을 도와줄 수 있겠니? 선생님도 가끔 어떤 단어를 말할 때 계속 반복해. 느리게 힘을 뺀 상태로 말하려고 하지만 잘 안 돼. 가끔은 잊어버려. 만약 선생님이 '그 그 그 그것' 이런 식으로 말을 하면, 네가 '선생님. 한 번만!'이라고 말해 주면 좋겠어. 그러면 선생님이 느리고 힘을 뺀 상태로 말을 하는 데 도움이 될 것 같아."라고 말한다. 아동이 적극적으로 참여한다면 강화를 하도록 한다.

③ 놀이를 통해 활동에 적극적으로 참여하도록 유도하기

언어치료사는 아동의 비유창한 행동(반복 혹은 연장)과 비슷하게 재미있는 방식으로 모방하는 놀이를 통해 주의를 뺏도록 한다. 놀이 자체가 가지고 있는 여러 가지 특성(예, 흥미)으로 인해 아동이 자연스럽게 놀이에 빠질 수 있기 때문에, 이 놀이 활동을 통해 아동은 좌절감에 둔감해질 수 있다.

언어치료사는 아동이 놀이를 재미있어 하면 일상생활에도 적극 활용하도록 한다. 치료사는 말소리를 반복하거나 연장하는 놀이를 하는 것으로부터 대화에서도 말소리를 반복하거나 연장하는 놀이로 확대할 수 있도록 준비가 필요하다.

④ 의도적으로 말더듬 산출하기

아동이 앞의 활동에 편안하게 수행할 수 있게 되면, 언어치료사는 아동이 의도적으로 말을 더듬도록 유도할 필요가 있다. 예를 들면, 아동에게 "선생님은 느리게 이완된 상태로 말을 하지 못할 것 같아. 네가 선생님에게 어떻게 하는지 보여 줄래?"라고 말한다. 이러한 방식으로 간헐적으로 그리고 우연히 요구할 수도 있고, 다른 활동을 하는 상태에서 요구할 수도 있다.

필요하다면 칭찬과 보상을 사용하여 자신감을 갖도록 할 필요가 있다. 아동이 느리고 이완된 상태로 말을 더듬을 수 있을 때, 치료사는 부모에게 아동의 성취 정도를 알려 주어야 한다. 이러한 과정을 통해 아동과 부모는 말더듬에 둔감해진다.

(3) 초기 말더듬 대상자를 위한 직접 치료

초기 단계에 접어든 말더듬 대상자를 위한 치료 접근법 중 보통 유창성 형성법(fluency shaping)을 통한 직접 치료가 이루어진다. 초기 단계 대상자를 위한 치료 목표는 자발적이고 정상적인 유창성 능력을 갖도록 하는 것이다. 유창성 형성법은 대상자의 유창성 개선을 위해 구조화된 상황을 만들고, 그 상황에서 계획적으로 제시된 자극을 통해 목표 행동을 확립하고 확립된 행동을 안정시키고 유지시키기 위해 다양한 강화를 사용하는 것이 주요 내용이다. 이 접근법에서는 대상자 및 가족의 정서와 태도에 초점을 맞추지 않는다. 다만, 말더듬이 악화됨에 따라 대상자를 면밀히 살피면서 직접 다루어야 할지에 관해 항상 주시할 필요가 있다.

유창성 형성법을 바탕으로 한 치료 프로그램은 보통 세 단계, 즉 확립 단계, 전이 단계 그리고 유지 단계로 이루어지는데, 프로그램에 따라 안정 단계 등 부가적 단계가 덧붙여질 수도 있다. 확립 단계는 기본적으로 대상자에게서 유창한 말이 산출될 수 있도록 하는 단계이다. 실제 프로그램에서는 대상자가 쉽게 유창한 말이 산출될 수 있는 상황이 제시되는데, 대상자에게 주어지는 자극 그리고 그 자극에 대한 반응(목표 행동: 유창한 말)도 치료 전 계획되어야 한다. 전이 단계는 확립 단계에서 형성된 목표 행동이 치료실 외의 환경(장소, 사람 등)에서도 계속 나타나도록 유도하는 단계이다. 초기 단계의 말더듬 대상자에게 의외로 어려울 수 있는 단계이다. 왜냐하면 필자의 경험상 치료실 내에서 확립된 목표 행동이 가정, 학교 등의 외부 상황에서도 나타나도록 하는 것이 쉽지 않기 때문이다. 가정, 학교라는 공간에 있는 사람들(특히 또래)이 대상자의 어려움을 이해하고 적절히 대처하는 것이 어려울 수 있다. 언어치료사는 이런 측면을 잘 이해해서 대상자의 일반화 단계가 성공적일 수 있도록 노력해야 한다. 마지막으로, 유지 단계는 일반화 과정을 거쳐 실생활에서 유창하게 나오는 말을 지속적으로 유지하도록 하는 단계이다. 보통 유지 단계를 거치지 않는 경우 재발되는 확률이 매우 높다. 이런 정보는 초기 단계에서 대상자 및 가족에게 충분히 설명이 되어야만 치료가 진행이 되면서 실제로 받아들이는 경향이 있다.

유창성 형성법을 치료 현장에서 사용할 때 한 가지 주의해야 할 점은 앞서 언급된 것처럼 언어치료사가 대상자의 유창한 말 산출을 위해 철저하게 계획되고 조작된 상황을 만드는 것과 대상자의 흥미를 유도하기 위한 활동(예, 놀이)을 혼동해서는 안 된다는 점이다. 다시 말해, 언어치료사가 만드는(조작하는) 상황은 대상자의 연령을 고려하여 흥미를 끌 수 있는 놀이 프로그램을 기본 토대로 할 필요가 있다. 자칫 이를 간과하고 언어치료사 중심으로 프로그램을 구안하면 대상자의 흥미가 떨어질 수 있다.

초기 단계의 말더듬 아동을 대상으로 한 치료 프로그램의 하나로 Lidcombe 프로그램이 있다. 이 치료 프로그램은 조작적 조건화 절차를 토대로 하는데, 언어재활사가 부모를 지도해 주고, 부모가 가정에서 중재를 하는 방식이다. 부모가 먼저 구조화된 게임과 활동을 통해 중재한 후, 대상자의 유창성이 개선됨에 따라 비구조화된 대화 방식으로 진행한다.

4) 기타 치료 기법

인터넷 검색 사이트(예, 리스포유)와 학술지(예,『언어치료연구』등)에서 '말더듬 아동 치료' 혹은 '아동 말더듬 치료'라는 용어를 사용하여 지금까지 국내에서 말더듬 아동을 대상으로 연구된 치료 프로그램을 찾아보았다. 이들에 관한 목록은 〈표 6-3〉과 같으며, 치료 프로그램에 대한 자세한 내용이 필요하다면 해당 원문을 참고해 주기 바란다. 이들 연구에서 사용된 치료 프로그램은 크게 세 가지 접근으로 정리될 수 있는데, 첫째, 언어학적 복잡성을 증가시키는 접근, 둘째, 연장하기를 사용한 접근, 셋째, 구어 산출 메커니즘을 사용한 접근이다.

(1) 언어학적 복잡성을 증가시키는 접근 방법

이 접근 방법은 치료 초기에 대상자로부터 짧은 발화를 유도하여 유창성을 확립해 나가며 점진적으로 발화의 길이를 늘려 나가도록 한다(김시영, 1994; 전진호, 2001). 이를 위해 치료사는 구조화된 치료 프로그램을 계획해야 하는데, 이 프로그램에는 단계별 발화 유도 자극, 대상자 반응, 성취 기준, 강화 스케줄 등이 구체적으로 준비되어야 한다.

(2) 연장하기를 사용한 접근 방법

이 접근 방법은 발화의 첫 시작 부분을 부드럽게 이완된 상태로 소리를 연장하여 말하는 것을 목표로 한다(김하경, 2004; 이근민 외, 2011; 정훈, 2002). 말소리 연장하기 접근은 대상자가 말소리의 길이를 스스로 조절할 수 있도록 하는 것이 주된 초점이다. 이를 위해 자신의 말소리 특성을 인식시키거나 시각적 및/혹은 청각적 피드백 장치를 사용하기도 한다. 다만, 말소리를 연장시키도록 촉진하기 위해 사용했던 장치 혹은 기기는 점진적으로 용암시키는 단계를 거칠 필요가 있다.

(3) 구어 산출 메커니즘을 사용한 접근 방법

이 접근은 구어가 산출되는 메커니즘 혹은 과정에 초점을 두어 유창한 말을 유도하는 것이다(박성빈, 2008; 박진원, 2008; 안종복, 2010; 안종복, 2012; 안종복 외, 2006). 일반적인 구어는 호흡, 발성, 공명 및 조음 과정을 거쳐 만들어진 말소리이기 때문에, 충분한 연습을 통해 이 과정이 대상자에게서 자연스럽게 만들어지도록 유도한다.

〈표 6-3〉 **아동 말더듬 치료 관련 연구 목록**

범주	연구자 (발표년도)	연구명	프로그램 내용
언어학적 복잡성을 증진시키는 기법	김시영 (1994)	점진적 언어 난이도 증가 프로그램을 이용한 말더듬 치료 효과	목표 발화의 길이를 조절해 줌으로써 유창성 개선을 유도함
	전진호 (2001)	스토커 프로브 테크닉을 이용한 말더듬 아동의 유창성 개선	아동의 유창한 발화를 유도하기 위한 질문의 수준을 5단계로 조절함
연장하기를 사용한 접근 방법	정훈 (2002)	연장 기법을 이용한 말더듬 치료 프로그램이 3~6세 말더듬 아동의 비유창성 개선에 미치는 효과	말더듬 행동 인식 단계, 연장 발화 단계, 유지 단계로 구성된 치료 프로그램을 통해 비유창성 개선
	김하경 (2003)	Dr. Fluency를 이용한 연장 기법이 아동 말더듬에 미치는 효과	Dr. Fluency 기기를 사용하여 연장하기를 연습함
	이근민 외 (2011)	호흡조절식 연장 기법을 이용한 말더듬치료 장치 개발 및 적용 사례 연구	시각적 피드백, 발성 상태 유지, 흡기, 한글화, 일상생활 전이 및 유지를 할 수 있는 장치를 개발하여 말더듬 개선에 적용한 사례

	옥정달, 이규식 (2003)	부모 중심 말더듬치료가 아동의 말더듬 개선에 미치는 효과	치료사가 부모에게 중재, 부모가 아동에게 중재하는 방식을 통해 말더듬 개선을 유도함
	안종복 외 (2006)	복식호흡 유도를 이용한 말더듬 개선 훈련기의 적용 사례 연구	복식호흡을 유도할 수 있는 훈련기를 개발하여 말더듬 개선에 적용함
	박진원 (2008)	리드미컬한 구어 훈련이 아동 말더듬의 유창성과 의사소통 태도 개선에 미치는 효과	말더듬 행동 인식 단계, 리드미컬한 구어 훈련 단계, 유창성 유지 단계로 구성된 치료 프로그램을 통해 유창성 및 의사소통 태도 개선
	박성빈 (2008)	운율 훈련 프로그램이 학령기 말더듬 아동의 비유창성 개선에 미치는 효과	고저 훈련, 음역 훈련, 장단 훈련 및 정상 발화 훈련으로 이루어진 치료 프로그램을 적용한 사례
구어 산출 메커니즘을 사용한 접근 방법	안종복 (2010)	구어 산출 메커니즘 협응 프로그램을 통한 말더듬 치료 사례 연구	호흡, 발성 및 조음 훈련 단계로 이루어진 치료 프로그램을 적용한 사례
	전희숙 외 (2011)	FU 프로그램이 학령전 말더듬 아동의 유창성 증진에 미치는 효과	Fleuncy-Up 프로그램(간접 치료와 직접 치료의 통합)을 개발하여 유창성 개선을 살펴봄
	안종복 (2012)	구어 산출 메커니즘 협응을 이용한 소그룹 활동 프로그램이 학령기 말더듬 아동의 유창성 전이에 미치는 효과	호흡, 발성 및 조음의 협응과 소그룹 활동을 동시에 강조한 치료 프로그램을 전이 단계에 적용한 사례
	박진원 (2013)	유창성 모니터링 프로그램을 이용한 학령기 말더듬 아동의 치료 사례	유창성 확인, 모니터링 확립, 구어 속도 조절, 유창성 유지 단계로 구성된 치료 프로그램을 통해 유창성 개선을 살펴봄
	안종복 (2017)	구어 산출 메커니즘 협응을 이용한 말더듬 치료 전후 전두엽 피질 영역의 활성화 향상 비교: fNIR를 이용한 사례 연구	fNIR를 이용하여 구어 산출 메커니즘 협응 치료 프로그램의 효과를 객관적으로 검증함

연습문제

1. 아동 말더듬 치료 계획 수립 시 고려해야 할 사항을 설명하시오.

2. 아동 말더듬 치료와 관련하여 회기 치료 계획서 작성에 관해 설명하시오.

3. 아동 말더듬 치료에 관련하여 부모의 행동 변화를 유도하는 구체적인 방법을 설명하시오.

4. 아동 말더듬의 간접 치료에서, 가족 구성원 간의 상호작용 패턴을 수령화하는 방법을 설명하시오.

5. 가족이 경계선급 말더듬을 겪고 있는 어린 자녀의 유창성을 촉진시킬 수 있는 방법을 설명하시오.

참고문헌

김성태, 권유진, 김명수, 김미배, 김선우, 김수련, 김영무, 변해원, 안종복, 윤지혜, 이선아, 이수정, 이조영, 이지윤, 이현정, 정경희, 정훈, 허명진, 황하정(2019). 언어재활 현장 실무실무. 서울: 학지사.

김시영(1994). 점진적 언어 난이도 증가 프로그램을 이용한 말더듬 치료 효과. 대구대학교 대학원 석사학위논문.

김지아(2015). 아동중심 놀이언어치료 프로그램의 개발 및 효과: 치료사중심 언어치료와의 비교. 명지대학교 대학원 박사학위논문.

김하경(2004). Dr. Fluency를 이용한 연장 기법이 아동 말더듬에 미치는 효과. 대구대학교 대학원 석사학위논문.

박성빈(2008). 운율훈련프로그램이 학령기 말더듬 아동의 비유창성 개선에 미치는 효과. 대구대학교 대학원 석사학위논문.

박진원(2008). 리드믹한 구어훈련이 아동 말더듬의 유창성과 의사소통 태도 개선에 미치는 효과. 대구대학교 대학원 석사학위논문.

박진원(2013). 유창성 모니터링 프로그램을 이용한 학령기 말더듬 아동의 치료 사례. 언어치료연구, 22(2), 1-22.

심재찬(2016). 언어재활사 치료역량척도 개발 및 관련변인 연구: 언어재활사 놀이성 및 치료적 관계를 중심으로. 명지대학교 대학원 박사학위논문.

안종복(2010). 구어 산출메커니즘 협응 프로그램을 통한 말더듬 치료 사례 연구. 언어치료연구, 19(3), 35-52.

안종복(2012). 구어산출 메커니즘 협응을 이용한 소그룹 활동 프로그램이 학령기 말더듬 아동의 유창성 전이에 미치는 효과: 사례 연구. 언어치료연구, 21(2), 173-190.

안종복(2017). 구어산출 메커니즘 협응을 이용한 말더듬 치료 전·후 전두엽 피질 영역의 활성화 양상 비교: fNIR를 이용한 사례 연구. 언어치료연구, 26(2), 21-35.

안종복, 박종명, 송병섭(2006). 복식호흡 유도를 이용한 말더듬 개선 훈련기의 적용 사례 연구. 언어치료연구, 15(4), 63-78.

옥정달, 이규식(2003). 부모중심 말더듬 치료가 아동의 말더듬 개선에 미치는 효과. 특수교육학연구, 38(2), 153-175.

이근민, 권상남, 정효재(2011). 호흡 조절식 연장기법을 이용한 말더듬치료 장치개발 및 적용사례 연구. 재활복지, 15(2), 147-173.

이선화(2004). 놀이를 통한 미술 감상지도 방안 연구. 한국교원대학교 대학원 석사학위논문.

이하나(2009). 종이접기 놀이 활동이 아동의 정서발달에 미치는 영향: 초등학교 1학년을 중심으로. 이화여자대학교 대학원 석사학위논문.

전진호(2001). 스토커 프로브 테크닉을 이용한 말더듬 아동의 유창성 개선. 대구대학교 대학원 석사학위논문.

전희숙, 권태영, 신명선, 김효정, 장현진(2011). FU프로그램이 학령전 말더듬 아동의 유창성증진에 미치는 효과. 언어치료연구, 20(4), 197-216.

정훈(2002). 연장 기법을 이용한 말더듬 치료 프로그램이 3-6세 말더듬 아동의 비유창성 개선에 미치는 효과. 대구대학교 대학원 석사학위논문.

Guitar, B. (2018). 말더듬: 본질 및 치료에 관한 통합적 접근(*Stuttering: an integrated approach to its nature and treatment*). (안종복 외 역) 서울: 학지사. (원저는 2013년에 출판).

제7장

성인 말더듬 치료

김효정

1. 치료 목표 수립 및 치료 계획서 작성
2. 말더듬 치료 접근법
3. 말더듬 치료 효과와 재발

성인 말더듬 치료

발달성 말더듬 성인은 발달기에 시작된 말더듬이 성인기까지 이어져 왔기 때문에 말을 더듬어 온 기간이 상대적으로 길다. 말더듬이 처음 발생한 초기 말더듬과 비교하였을 때 양적 및 질적 변화가 있기 때문에 치료의 방향이나 방법도 아동 말더듬 치료와는 다르다.

말더듬 성인이 아동과 다른 점은 다음과 같다. 첫째, 말더듬 성인은 아동과 달리 겉으로 드러나는 말더듬이 문제의 전부가 아니다. 오히려 겉으로 드러난 말더듬 문제보다 드러나지 않은 내면적인 문제들이 더 크고 중요할 수 있다. Sheehan(1970)은 이것을 '말더듬의 빙산'로 설명을 하였다. 그림에서 보는 것처럼 수면 위에 드러난 말더듬은 빙산의 일부일 뿐이다. 수면 아래쪽은 공포, 수치심, 죄의식, 불안, 절망감, 고립감, 부정 등의 부정적인 정서들이 차지하고 있으며, 그 정도는 수면 위만 보고는 예측할 수 없을 만큼 클 수 있다. 만약 우리가 성인 말더듬 치료에서 겉으로 드러난 말더듬만 다룬다면 빙산의 일각만 다루었을 뿐 문제의 전체를 다루지는 못한 것이 된다.

둘째, 말더듬인들은 부정적인 정서뿐만 아니라 구어나 말더듬에 대한 인지에서도 아동과는 차이가 있다. 말더듬 성인은 말더듬이라는 문제에 대하여 자신이 취할 수 있는 가장 좋은 방법, 그리고 가장 안전한 방법을 선택하였고, 그것이 바로 그 사람이 현재 더듬고 있는 말더듬 형태라고 할 수 있다. 어떤 사람은 말더듬을 회피하는 방법을 선택했을 수도 있고, 어떤 사람은 말더듬에서 빠져나오기 위하여 도피라는 방법을 선택했을 수도 있다. 대부분의 말더듬 성인은 회피와 도피를 모두 사용하는 것 같다. 그렇다면 말더듬 치료는 말더듬인에게 도피나 회피보다 더 효과적으로 말더듬을 피하거나 벗어날 수 있는 새로운 방법을 제시하는 것으로 시작해야 할 것이다. 즉, 말더듬에서 빠져나오려고 도피하거나 말을 더듬을까 봐 두려워서 회피하는 이제까지의 방식과는 다른 방식으로 반응하도록 연습하는 과정이 말더듬 치료라 할 수 있다. 말더듬인이 언어치료사가 제시한 방법을 신뢰하지 않는다면 결국 실제 상황에서 그 방법을 사용하지 않거나, 사용하지 못하게 된다. 성공적인 말더듬 치료를 위해서는 말더듬과 말더듬 대처 방법에 대한 인지적인 변화가 함께 이루어져야만 한다. 말더듬 치료 방법에 대하여 말더듬인이 충분히 이해하고 효과를 신뢰할 수 있어야 안심하고 그 방법을 사용할 수 있을 것이다.

셋째, 말더듬 성인은 아동들에 비해 말을 더듬어 온 기간이 훨씬 길다. 오랜

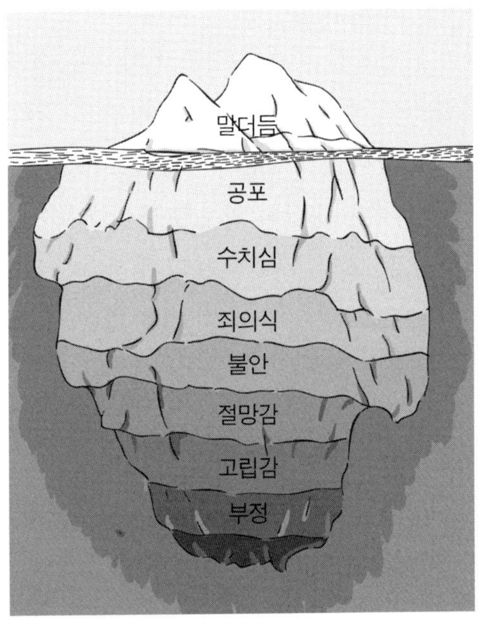

[그림 7-1] **말더듬의 빙산**

기간 말을 더듬어 왔기 때문에 잘못된 구어 운동 패턴과 심리 태도적 반응 패턴이 모두 고착된 경우가 많다. 문제가 지속된 시간이 긴 만큼 변화를 위해서도 오랜 시간과 연습이 필요하다. 구어는 행동적 측면이긴 하나, 반자동적 행위이기 때문에 의식적 수준에서 구어의 조절이나 변화가 반자동적 수준이 될 때까지 많은 시간과 노력이 필요하다.

이와 같이 성인 말더듬은 아동의 말더듬보다는 정서적 · 인지적 · 행동적 측면에서의 문제들이 장기간 지속되었고, 내면화되었으며, 서로 복잡하게 얽혀 있어 치료 접근도 간단하지 않다. 이 장에서는 성인 말더듬의 목표 수립과 치료 계획서 작성, 말더듬 치료 접근법, 치료 후 변화와 재발에 대한 내용을 차례대로 살펴보고자 한다.

1. 치료 목표 수립 및 치료 계획서 작성

성인 말더듬 치료의 목표를 수립하기 위해서는 말더듬 진단평가 결과와 대상자의 태도와 환경적 여건 등이 고려되어야 한다.

1) 치료 목표의 수립

성인 말더듬 치료 계획의 첫 단계는 목표를 설정하는 것으로 시작한다. 앞서 언급한 것처럼 말더듬 성인은 아동과 달리 정서적 · 인지적 · 행동적 문제가 복합적으로 얽혀 있기 때문에 말더듬 성인의 치료 목표는 말을 유창하게 하는 것 이상이 함께 포함되어야 한다. 성인 말더듬 치료는 구어 유창성 측면, 인지태도적 측면, 심리정서적 측면과 함께 자기 관리, 환경적 조정 등의 목표를 세울 수 있다.

(1) 구어 유창성 목표

말더듬 치료의 가장 핵심이 되는 부분은 유창한 구어를 획득하는 것이다. 말더듬 치료에서 유창성의 목표 수준에는 자발 유창성(spontaneous fluency), 조절 유창성(controlled fluency), 수용 말더듬(acceptable stuttering)이 있다. 자발 유창성은 일반적으로 유창한 사람들의 구어 유창성 수준으로, 구어 산출을 위한 신체적 · 정신적 노력 없이 말의 내용에 집중하여 말하는 유창성 수준이다. 조절 유창성은 인지적 · 운동적으로 노력하여 유창성을 유지하는 수준으로 말의 내용뿐만 아니라 방법에 대해 신경을 쓰며 말하는 수준이라고 할 수 있다. 수용 말더듬은 약간의 가벼운 말더듬이 남아 있는 상태, 말을 더듬지만 의사소통에 큰 방해를 주지 않고 수용가능한 수준의 말더듬이 있는 상태의 구어로 성인 말더듬 치료에서 목표 수준으로 삼기도 한다.

오랜 기간 말을 더듬어 온 말더듬 성인의 치료에서 구어 유창성의 목표 수준은 자발 유창성보다는 실제 말하기 상황에서 정상에 가까운 운율과 속도로 조절하여 말하는 조절 유창성이라 할 수 있다. 이때 비유창성이 감소되는 것만이 아니라, 운율과 속도가 자연스럽고 정상적이어야 한다. 치료에서 비유창성은 감소되었으나, 운율과 속도가 정상적이지 않다면 이는 치료가 완료되었다고 보기 어렵다. 특히 유창성 증진 기술들은 대체로 운율이나 속도를 변화시켜 유창성을 획득하는 경우가 많은데 이러한 치료 절차 뒤에는 반드시 적용했던 부자연스러운 말하기 패턴을 서서히 감소시키는 용암(fade out) 단계가 있어야 한다.

말더듬 치료 접근법 중 말더듬 수정법에서는 수용 말더듬 수준을 치료의 목표로 삼는 경우도 있다. 이때 중요한 것은 말더듬 치료의 목표 수준에 대하여 대상자와 충분히 논의하여 치료 후 최종적인 유창성의 수준을 스스로 결정할 수 있도록 도와야 한다.

구어 유창성의 또 다른 목표는 치료 후에도 남아 있는 말더듬을 관리하는 능력을 향상시키는 것이다. 성인 말더듬의 경우 아동과 달리 치료에서 완벽한 수준의 유창성을 보장하기 어렵고 치료 후에도 정상적인 비유창성은 물론 병리적인 비유창성이 발생할 수 있다. 이와 같이 치료 후 발생할 수 있는 병리적인 비유창성을 스스로 관리할 수 있도록 유지 단계나 일반화 단계에서 목표를 설정할 수 있다.

(2) 인지태도 관련 목표

말더듬 성인은 외현적으로 말더듬이 전혀 나타나지 않더라도 말과 말더듬에 대한 비합리적인 사고 및 신념을 갖고 있는 경우가 많고, 말에 대해 부정적인 태도를 보이는 경우가 많다. 이러한 생각과 신념체계는 자신의 구어 능력이나 새로운 말하기 기법을 완전히 신뢰하지 못하고, 실제 상황에서 말더듬이 예기될 때 과거와 같은 방식, 즉 도피나 회피로 대처하기도 한다. 인지적 측면에서 충분히 변화하지 못한다면 새로운 말하기 기법을 일반화하거나 유지하는 데 어려움이 있을 수 있고, 재발에도 영향을 줄 수 있다. 따라서 말더듬 성인의 치료에서 말과 말더듬, 자기 자신에 대한 잘못된 사고 체계를 변경하여 합리적이고 객관적인 사고와 신념을 형성하는 것이 치료 초기의 목표가 될 수 있다.

(3) 심리정서 관련 목표

말더듬 성인은 인지태도적 측면과 함께 심리정서적 측면에서도 부정적 측면을 갖고 있다. 불안과 공포, 공포에 대한 반응을 탐색하기 위하여 말더듬에 대해 공개, 공포에 대한 반응 방법, 회피행동의 감소, 접근행동의 증가 등의 목표를 설정할 수 있다.

치료의 목표는 말더듬에 대한 공포를 감소시키는 것과 자신이 말을 더듬는다는 사실과 말더듬 치료를 받고 있음을 공개하는 것을 목표로 삼을 수 있다. 또한 회피행동을 감소시키는 것, 일반 및 상황 관련 공포와 불안을 관리하도록 하는 것, 부정적인 청자 반응에 대처하는 것, 의사소통 및 사회적 기술을 개선시키는 것 등이 부정적인 정서와 관련된 목표가 될 수 있다.

(4) 자기 관리 목표

성인 말더듬 치료의 시작은 말더듬의 확인에서부터 시작되며, 치료의 끝은 자기 스스로가 치료사의 역할을 하는 것이다. 자기 모니터링 능력이 중요하며, 자신에 대하여 치료사가 하듯이 객관적으로 평가하고, 자신에게 일어난 문제를 분석하고, 치료실에서 배웠던 기법 중 어떤 기법을 얼마나 연습하면 좋을지 결정하고 실제로 연습하여 인지적 · 정서적 · 행동적 문제를 해결하는 기술을 훈련할 필요가 있다. 또한 환경을 조절하는 능력, 꾸준히 연습하고 구어 유창성 훈련을 순서화하는 능력도 필요하다. 치료를 종료한 후 말더듬의 재발이 나타났을 때 이를 인지하고, 스스로 비유창성을 조절하는 능력을 갖게 하는 것이 최종 목표라 할 수 있다.

(5) 환경적 목표

아동 말더듬 치료만큼은 아니지만, 역시 말더듬인이 가장 많은 시간 함께하며 지원을 받을 수 있는 곳이 바로 가정이다. 이러한 환경에 대한 목표로 말더듬의 원인과 발달에 대해 가족의 이해를 증가시키는 것과 치료에 대한 가족의 지원을 이끌어 내는 것 등이 될 수 있다. 또한 전이나 일반화를 위해서 치료실뿐만 아니라 말더듬인의 일상에서 유창성 훈련을 연습할 수 있는 시간이나 장소를 확보하는 등의 환경적 조절이 필요할 수도 있다.

치료의 시작 단계에서 치료 대상자에게 목표 수준에 대한 설명을 제시하고 대상자와 함께 실현 가능한 목표를 설정하는 것이 매우 중요하다. 또한 이 단계에서 여러 목표를 어떤 순서로 실시할지 결정한다.

2) 치료 계획서 작성

말더듬 성인 치료의 목표에 따라 장단기 치료 계획 및 회기 치료 계획을 수립할 수 있다. 다음은 성인 말더듬인을 대상으로 한 장단기 치료 계획서의 예시이다.

장단기 치료 계획서

담 당		팀 장	

대상자명		생년월일	
진 단 명		치료일자	
치료사명			

장기 목표

- 선택한 주제에 대하여 5분 동안 속도를 조절하며 말할 수 있다.

단기 목표

- 선택한 주제에 대하여 1분 동안 느린 속도로 말할 수 있다.
- 선택한 주제에 대하여 3분 동안 조금 느린 속도로 말할 수 있다.
- 선택한 주제에 대하여 5분 동안 유연한 속도로 말할 수 있다.

다음은 장단기 목표에 따른 회기 치료 계획서의 예시이다.

회기 치료 계획서

담 당		팀 장	

대상자명		생년월일	
진단명		치료일자	
치료사명			

* 목표 및 활동: 선택한 주제에 대하여 1분 동안 느린 속도(180SPM)로 말할 수 있다.
• 말하기 주제 10가지 중 하나를 선택한다(말하기 주제: 직장, 경제, 휴가, 스포츠, 영화, 학창시절, 미래, 가정, 친구, 건강).
• 느린 말하기 속도를 설명한다.
• 말더듬인의 평상시 말 속도를 측정한 후, 평상시 말 속도보다 50SPM 느린 속도를 알려준다(예, 230SPM − 50SPM = 180SPM).
  - 180SPM은 문단에서 180음절을 1분 동안 읽는 속도를 말한다.
  - 90음절을 30초 동안, 30음절을 10초 동안, 15음절을 5초 동안 읽도록 읽기 자료에 표시를 하고 180SPM 속도로 읽는 연습을 한다.
  - 읽기를 통해 180SPM의 속도를 충분히 연습하였다면 이 수준의 속도로 말하기를 연습한다.
• 선택한 주제에 대하여 180SPM의 속도로 이야기를 하도록 한다.
• 이 활동을 5회 성공하면 다음 단계로 넘어간다.

2. 말더듬 치료 접근법

말더듬 성인의 구어적 · 인지적 · 정서적 특성이 개개인마다 다르므로, 모든 말더듬인에게 효과적인 치료법이란 있을 수 없다. 따라서 우리는 말더듬 성인을 치료법에 맞추는 것이 아니라 말더듬 성인의 특성에 맞게 치료 기법을 재구성할 수 있어야 한다.

전통적으로 성인 말더듬 치료의 접근법은 치료의 초점을 어디에 두느냐에 따라 크게 유창성 형성법(fluency shaping therapy)과 말더듬 수정법(stuttering modification therapy)으로 구분되어 왔다. 각각의 치료 접근법은 장단점을 가지며 서로 배타적인 치료 기법이 아니다. 이 두 치료 기법의 차이점은 말더듬 치료에서 구어 유창성의 측면만 다루는가, 불안과 회피와 같은 내면적 측면도 함께 다루는가 하는 점이다. 최근에는 이러한 두 접근뿐 아니라 말더듬 성인의 내면적 측면, 특히 인지적 측면에서의 왜곡이나 오류의 변화에 초점을 둔 인지적 접근법과 이상의 기법들을 통합하여 사용하는 통합적 접근법이 있다.

유창성 형성법은 치료의 초점을 말더듬 행동 그 자체에 두고 말더듬이 감소되고 구어 유창성이 향상되면 말더듬과 함께 나타났던 부수적인 문제들도 함께 개선될 것이라는 입장이고, 말더듬 수정법은 말더듬인의 행동 특징들을 변화시킬 뿐만 아니라 그 증후의 인지적 및 태도적 특징들도 모니터링하고 관리를 한다는 측면에서 보다 총체적인 접근이라 할 수 있다. 다음에서 각 접근법의 특성과 치료 절차를 제시하고자 한다.

1) 유창성 형성법

유창성 형성법은 말더듬의 표면적 특징에 초점을 두는 경향이 있어 호흡, 발성, 조음 등 구어 산출 메커니즘의 비정상적 사용을 변경하는 데 그 목적이 있다. 이 접근법은 말더듬과 관련된 공포나 불안, 태도 등과 같은 말더듬 성인의 내면적 특성을 직접적으로 다루지는 않는다. 유창성 형성법에서는 유창한 구어를 산출하는 방법을 새롭게 학습하여 말더듬이 발생되지 않는다면 말더듬으로 인해 부수적으로 발생되는 인지적 혹은 정서적 측면의 문제는 자연적으로 감소될 것으로 기대한다.

유창성을 유도하는 말하기 방식으로는 느리게 말하기 혹은 이완하여 말하기, 다른 사람들과 함께 말하기, 동물이나 유아에게 말하기, 리듬감 있게 말하기, 노래하기, 사투리로 말하기, 쓰면서 동시에 말하기, 지연 청각 피드백 하에서 말하기, 차폐 상태에서 말하기, 타인을 따라서 말하기(음영구어, shadowing speech) 등이 있다. 이러한 말하기 활동의 대부분은 발성 방식을 변경하거나 리듬을 강조한 기법들이 포함되어 있다. 말하기 방식을 보다 쉽고 이완된 방식으로 변경하면 유창성은 향상된다.

유창성 유도 상황에서 일시적으로 나타나는 유창성의 향상이라는 결과를 지속시키기 위한 절차로 행동 수정 절차를 사용한다. 이때 목표 유창성 수준은 자연스러우며 높은 수준의 유창성, 즉 자발 유창성 혹은 조절 유창성을 성취하는 것이다. 유창성 증진 기법(fluency-enhancing procedures)과 조작적 조건화, 프로그래밍 원리가 추가되어 보다 체계적인 접근법으로 조직화되었다. 유창성 증진을 위한 절차는 다음과 같다.

- 유연한 구어 속도(flexible rate): 유연한 구어 속도는 단어의 첫 음절(대체로 첫 자음과 모음)을 느리게 산출하는 것이다. 느리게 말하기는 언어를 계획하고 운동 실행을 하는 데 더 많은 시간을 허락하기 때문에 말더듬을 효과적으로 감소시킨다. 느린 속도(slow rate) 기법과 유사한데 느린 속도는 단어와 단어 사이의 쉼을 길게 하는 방법과 말의 모든 소리들을 길게 발음하는 방법을 포함한다. 여기서 유연한 속도라고 하는 것은 느린 속도와 달리 단어의 모든 음절을 느리게 하는 것이 아니라 말더듬의 예기에 따라 어떤 음절은 느리게, 또 어떤 음절은 느리지 않게 다양한 속도로 말하는 것을 의미한다.
- 부드러운 발성 시작(easy onset): 유성음으로 시작하는 발화에서 발성의 부드러운 시작을 의미한다. 말을 더듬을 때 많은 경우 발성을 갑작스럽게 시작(심한 성대 접촉)한다. 갑작스러운 시작은 후두 근육에 긴장을 유발하여 막힘으로 이어질 수 있다. 그러나 처음에 발성을 부드럽게 시작한다면 발성이 갑작스럽게 멈추지 않고 지속되어 막히지 않게 된다. 특히 자음으로 시작하는 단어보다 모음으로 시작하는 단어에 유용한 기법으로 흡기를 한 후 말을 시작할 때 천천히 그리고 가능한 후두 근육들이 이완된 상태에서 발성하는 기법이다.

- 가벼운 조음 접촉(light contacts): 심한 성대 접촉(hard glottal attacks)과 마찬가지로 심한 조음 접촉도 말더듬을 유발하는 것 같다. 가벼운 조음 접촉으로 자음을 산출하는 것은 기류나 발성이 중단되지 않게 하여 막힘이 나타나지 않게 한다. 가벼운 조음 접촉은 조음기관을 이완시키고, 기류나 발성을 지속하며 자음을 산출하는 방식을 의미한다. 특히 파열음이나 파찰음을 산출할 때 조음 접촉을 가볍게 하고 기류나 발성을 지속하여 산출하면 유성의 마찰음과 유사하게 조음될 수도 있다. 이렇게 하였을 때 막힘이 적게 발생한다.
- 고유수용감각(proprioception): 고유수용감각은 입술, 턱, 혀 등의 근육수용기로부터 오는 감각 피드백을 의미한다. 이 피드백은 구어 운동을 조절하는 데 매우 중요하다. 차폐 잡음이나 지연 청각 피드백을 이용하여 자신의 구어를 스스로 청취하지 못하도록 함으로써 고유수용감각을 자각시킬 수 있다. 이때 말더듬인은 자신의 조음기관 움직임을 매우 의식적으로 자각하면서 말할 수 있게 된다. 손으로 귀를 막거나 눈을 가리는 것도 고유수용감각을 증대시키는 방법이 될 수 있다. 말더듬인이 조음기관의 움직임을 느끼려고 노력할 때 움직임이 약간 과장되거나 느려지는 효과도 있다.

말더듬인이 고유수용감각 기술을 획득하면 유연한 속도, 부드러운 발성 시작, 가벼운 조음 접촉 등의 기법과 결합하도록 하는데 이것이 '조절 유창성'이라고 할 수 있다.

유창성 형성법의 예로, Ryan(2001)의 말더듬 치료 프로그램을 살펴보면 Ryan은 말더듬 치료 효과를 측정하기 위해 객관적인 평가를 강조하였고, 차트를 이용하여 쉽게 계수하고 도표화 하도록 제안하고 있다. 프로그램을 시작하기 전에 기초선 검사를 통해 기초선을 설정하도록 하여 치료의 효과나 진전을 수량화하도록 하였다.

Ryan(2001)은 말더듬 치료 프로그램의 단계를 반응평가단계, 반응유도단계, 확립단계, 전이단계, 유지단계로 구성하였다. 반응평가단계에서는 더듬은 단어와 유창한 단어를 판별하는 단계이다. 반응유도단계는 말더듬인으로부터 첫 반응을 일으키는 단계로 가장 간단한 반응을 하는 활동단계이다. 확립단계에서는 말더듬인이 새로운 반응을 습득하는 단계를 말하며, 말더듬인의 유창한 발화를 중심으로 유창성을 증가시켜 나아간다. 이 확립단계에서는 치료실에서 치료사와 유창하게 대화하는 것을 연습하는 단계이다. 전이단계는 새롭게 증가된 유창성을 치료실 외의 다른 상황에서 말하도록 하는 일반화 단계이다. 이 단계의 목표는 여러 상황에서 유창하게 대화하는 것이다. 유지단계는 새롭게 형성되고 전이된 유창성을 계속 유지시키는 단계이다.

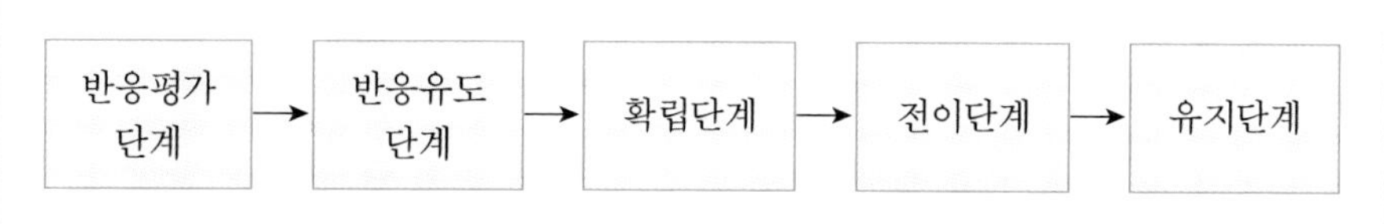

[그림 7-2] Ryan 유창성 형성법의 치료 절차

2) 말더듬 수정법

말더듬 수정법은 외현적으로 드러난 구어 유창성의 문제만 다루는 것이 아니라, 내면적인 불안과 공포를 다루고 공포로 인한 회피행동 등을 상담과 둔감화를 통해 해결하고자 하는 접근법이다. 불안이나 공포가 확인되고 둔감화되고 불안과 공포에 대한 반응이 변화되면 그 다음 말더듬 순간에 대한 수정 기법들을 적용하고 안정화까지 이어지게 된다. 말더듬 수정법에서는 유창성 형성법과 달리 객관적인 자료 수집이나 체계적인 절차를 강조하지는 않는다. 말더듬과 관련된 불안이나 공포와 같은 내면적 특성을 다루기 위하여 상담과 같은 비구조화된 방법, 유연한 절차를 주로 활용하게 된다. 또한 치료의 목표 수준은 조절 유창성뿐만 아니라 편안하게 더듬을 수 있는 수용가능 말더듬이 되기도 한다.

여기에서는 Van Riper의 MIDVAS 치료법을 소개하고자 한다.

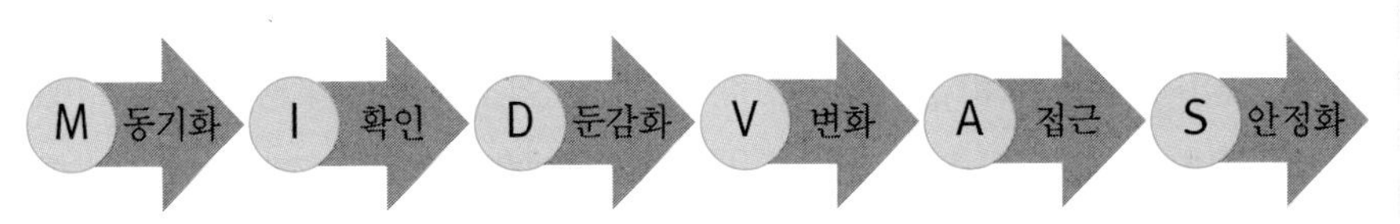

[그림 7-3] Van Riper의 MIDVAS 치료의 도식

(1) 동기화(motivation) 단계

말더듬 성인의 치료에 대한 동기를 유발하는 단계로, 언어치료사와 친밀감과 신뢰감을 형성하고 치료에 대한 참여 의지를 고취시키는 단계이다. 특히 성인 말더듬 치료에 있어서 언어치료사와 말더듬인 간의 신뢰 형성은 치료의 성패를 결정짓는 주요한 요인이다. 또한 이 단계에서 조절 유창성이나 수용가능 말더듬 수준과 같은 치료의 목표와 과정에 대한 설명을 충분히 제공하고 말더듬인과 합의점에 이르도록 한다.

(2) 확인(identification) 단계

말더듬 성인이 자기 말더듬의 외적 및 내적 특징을 모두 확인하는 단계이다. 말더듬인이 자신의 말더듬 방식을 확인하고 분석하고 직면하게 한다. 말더듬 행동을 외부로 노출시킴으로써 객관적인 입장에서 말더듬 행동들을 발견하고 분석하게 한다. 외적인 말더듬 행동뿐만 아니라 내면적 측면에서 불안, 공포, 스트레스에 대한 반응, 의사소통 태도 등을 확인한다.

(3) 둔감화(desensitization) 단계

확인 과정을 통해 겉으로 드러난 말더듬 특징과 내면화된 특징 모두에 대해 둔감화될 수 있도록 한다. 말더듬 성인이 통제력을 완전히 상실하지 않고 말을 더듬는 것이 가능하다는 것을 알게 되면 말더듬에 대한 반응을 선택할 수 있게 된다. 두려움을 감소시키면 말더듬 순간에 자신의 행동을 정확하게 확인하고 분석할 수 있게 되며, 변화를 위한 시도를 할 수 있게 된다. 이 과정에서 의도적 말더듬(intentional stuttering)을 활용할 수 있다. 의도적 말더듬은 불수의적인 말더듬과 달리 수의적으로 준비된 말더듬이므로 말더듬 순간의 통제력을 경험할 수 있게 된다. 말더듬을 스스로 통제할 수 있다고 생각하게 되면, 말더듬에 대한 불안이나 공포는 점차 감소하게 된다.

(4) 변화(variation) 단계

말더듬 행동과 태도를 확인하고 말더듬으로 인한 불안과 공포에 대한 둔감화가 이루어지면 이전의 자동적인 긴장 반응이 줄어들고 말더듬의 특징을 변화시킬 수 있게 된다. 이 단계에서는 자주 발생하는 부수행동들을 사전에 계획적으로 변화시키거나 이전에 통제 불가능했던 행동들을 변형시킴으로써 말더듬을 보다 정상적인 방식에 가깝게 변형시키도록 한다. 특히 의사소통 스트레스 하에서, 단어 공포나 상황 공포에 대한 도피나 회피 반응이 변화될 수 있음을 인식시키고 또 기존과는 다른 방식으로 반응하도록 연습한다.

(5) 접근(approximation) 단계

말더듬의 표면적 행동, 특히 구어 산출 측면에서 말더듬을 통제하고 보다 부드러운 발화로 수정하는 단계라고 할 수 있다. 접근 단계에 사용되는 말더듬 수정법에는 취소(cancellation)와 빠져나오기(pullout), 예비세트(preparatory set) 세 가지가 있다. 말더듬 수정법에서는 유창한 발화를 다루기보다는 더듬은 단어를 수정하여 정상적인 수준의 유창성이 되도록 한다. 말더듬 순간을 수정하는 앞의 세 가지 방법은 말하기 방식을 교정하는 시점에 따라 말더듬 후 교정, 말더듬 중 교정, 말더듬 전 교정이라고 부르기도 한다. '취소'는 말을 더듬은 후, 더듬은 말을 취소하고 그 단어를 처음부터 다시 하되 천천히 부드럽게 더듬지 않고 발화를 시작하는 기법이다. '빠져나오기'는 말을 더듬을 때, 더듬은 부분에서 멈추고 말의 나머지 부분을 천천히 부드럽게 이어서 말하는 기법이다. '예비세트'는 말더듬이 예기될 때 예기된 단어를 처음부터 천천히 부드럽고 조절된 방식으로 시작하는 기법이다. 실제 상황에서 말더듬 수정법을 사용할 때에는 정상에 가장 가까운 '예비세트' → '빠져나오기' → '취소' 순으로 적용하도록 한다.

(6) 안정화(stabilization) 단계

새롭게 습득한 말더듬 조절 기술들을 치료실 밖 상황으로 전이하는 단계이다. 말더듬 순간에 대한 새로운 접근법이 익숙해지기 위해서는 반복적 연습이 필요하다. 특히 말더듬 성인의 경우 재발의 비율이 높기 때문에 안정화 과정이 중요하고, 이 과정은 공식적 치료가 끝난 이후에도 오랫동안 계속되어야 한다.

말더듬 수정법은 말더듬의 순간에 화자의 투쟁과 회피가 말더듬 문제의 큰 부분이라고 보고 있으며 화자가 공포를 느낀 음, 단어, 상황들을 피하기 시작할 때, 말더듬이라는 문제는 더 커지게 된다고 본다. 따라서 말더듬 수정법은 전형적으로 둔감화 및 주장 훈련을 통해 공포와 회피를 감소시키고 관리하는 것을 강조한다.

성인 말더듬 치료 접근법의 두 주류인 유창성 형성법과 말더듬 수정법의 특성을 〈표 7-1〉에서 정리하였다.

〈표 7-1〉 **유창성 형성법과 말더듬 수정법의 비교**

유창성 형성법	말더듬 수정법
• 치료의 목표를 구어 유창성에 한정한다.	• 치료의 목표에 불안, 태도, 회피 등을 포함한다.
• 객관적인 자료 수집을 강조한다.	• 주관적인 관찰을 강조한다.
• 체계적인 절차에 따라 치료가 진행된다.	• 유연한 절차에 따라 상담과 치료가 진행된다.
• 내면적인 특성은 다루지 않는다.	• 내면적인 특성을 중요하게 다룬다.
• 새로운 말하기 방식을 학습하여 모든 발화에 적용한다.	• 말더듬이 나타나거나 예기될 때 말더듬을 조절한다.
• '유창하게 말하기'에 초점을 둔다.	• '보다 쉽게 더듬기'에 초점을 둔다.
• 자발 유창성, 조절 유창성을 목표로 한다.	• 자발 유창성, 조절 유창성, 수용 말더듬 모두 목표가 될 수 있다.

3) 인지적 접근법

성인 말더듬 치료에서 인지적 접근법은 말더듬과 의사소통자로서 자신에 대한 새로운 사고방식을 갖도록 함으로써 문제를 해결하고자 한다. 특히 성인 말더듬인의 경우, 구어와 행동의 문제뿐만 아니라 말더듬에 대한 잘못된 신념에서부터 부적절한 형태의 대처행동인 긴장, 도피, 회피 등이 일어난다. 성인 말더듬 치료의 가장 기본은 신체적 긴장을 이완시켜 막힘이나 방해가 없는 부드러운 구어를 산출하도록 하는 것이다. 이러한 방법들을 연습 하더라도 실제 상황에서 불안이나 공포로 인하여 심리적으로 긴장하게 되면 신체적 긴장으로 이어지게 되고 이러한 신체적 긴장을 이완시키지 못하면 치료실 내에서의 연습과 노력이 수포로 돌아가게 된다.

인지적 접근법은 교육을 통해서 언어치료사와 대상자가 함께 인지적 접근의 필요성을 인식하는 것이다. 또 자신의 의사소통 전후의 생각과 느낌을 관찰하고 긍정적인지 부정적인지 분석할 수 있어야 한다. 이를 위하여 부정적인 생각을 긍정적인 언어로 바꾸는 연습 등을 할 수 있다. 인지적 재구성법으로는 인지정서행동치료(REBT), 개인구성이론(PCT), 게슈탈트 치료(고영옥, 2007), 수용-전념치료(허도련, 2015) 등이 있다.

인지적 접근법은 단독으로 사용되기도 하나 인지적 접근으로 사고방식이 변경되었다면 이제야말로 말하기나 도피나 회피 반응을 변화시키기 위한 준비가 된 것이기 때문에 말더듬 수정법이나 유창성 형성법과 함께 사용되기도 한다.

4) 통합적 접근법

이상의 세 가지 접근법은 각각의 접근법이 강조하는 점이 분명히 다르나 임상에서는 두 가지 이상의 접근법을 통합하여 사용할 수 있다. 대상자의 특성에 따라 특정 단계를 강조하거나 제외하고 치료를 실시할 수도 있다. 따라서 통합적 접근법에는 다양한 치료 모형이 나올 수 있으나 보편적인 말더듬 치료의 절차를 순서대로 소개하고자 한다. 치료를 시작하기 전 치료의 목표와 치료의 과정에 대하여 대상자와 언어치료사의 공통적인 동의가 필요하다.

〈치료 전〉

- 치료 목표에 대한 동의하기
- 치료 과정에 대하여 설명하기

(1) 확인 단계

치료의 첫 단계 목적은 말더듬에 대하여 보다 객관적이 되도록 하는 것이고 말더듬에 대한 두려움을 걷어 내는 것이다. 말더듬 이해하기, 말더듬에 접근하기, 말더듬 분석하기, 청자의 반응에 대한 두려움 감소시키기, 말더듬 경험에 대한 두려움 감소시키기 등이 될 수 있다.

'말더듬 이해하기'에서는 말더듬의 핵심행동과 부수행동에 대한 설명을 제공하고, 자신의 말더듬을 탐색한다. 자신이 말을 더듬을 때 무엇을 하는지를 배운다면 자신의 말더듬에 대해서 보다 객관적이고 낙관적으로 느끼게 될 것이다. 그리고 말더듬인이 하는 것을 보다 유창해지도록 변화시킬 수 있을 것이다. 이 과정에서 말더듬에 대한 탐색을 통해 말더듬에 대해 알게 되고 말더듬을 회피하거나 도피하려는 경향성이 감소될 것이다.

'말더듬에 접근하기'에서는 말더듬을 회피하기보다는 접근하게 한다. 대상자는 자신의 말더듬에서 핵심행동, 도피행동과 회피행동이 무엇이며, 얼마나 자주 나타나는지, 그리고 왜 나타나는지에 대하여 배워야 한다.

'말더듬 분석하기'에서는 말더듬인이 더듬을 때와 말더듬을 회피할 때 하는 것을 더욱 정확하게 분석한다.

'청자의 반응에 대한 두려움 감소시키기'에서는 말더듬 공개하기와 같은 '접근' 활동을 통해 말더듬에 대한 회피, 두려움, 수치심 등을 지속적으로 감소시킨다. 이러한 활동을 통해서 말더듬의 심한 정도는 감소할 수도 있고 이전에 회피하던 상황에서 말을 하게 되고, 말더듬에도 불구하고 말하기가 더 편하다고 보고하게 된다. 이 단계의 주요 활동은 말더듬인이 다른 사람들에게 자신의 말더듬에 대해서 말하는 것이다.

'말더듬 경험에 대한 두려움 감소시키기'에서는 말더듬 순간에 멈추고 시간을 지속하거나 필요하다면 말더듬을 지속하는 동안 거울을 보며 긴장을 확인할 수도 있다. 말더듬인들은 수 년간 말더듬에서 벗어날 수 있는 확실한 방법이 거의 없는 상태에서 말더듬에 대한 고착, 무력감, 투쟁 등 덫에 걸린 느낌을 가져왔기 때문에 두려움을 감소시키는 과정이 필요하다.

〈확인 단계〉

- 말더듬 이해하기
- 말더듬에 접근하기
- 말더듬 분석하기
- 청자의 반응에 대한 두려움 감소시키기
- 말더듬 경험에 대한 두려움 감소시키기

(2) 확립 단계

조절 유창성을 배우는 단계에서는 말더듬을 대체할 유창성 방법을 배우는 것이다. 경우에 따라 의도적 말더듬 기법을 통해 부정적인 정서가 감소된 후 이 단계에 들어가기도 한다.

앞서 설명한 유창성 증진 기법, 유연한 구어 속도, 부드러운 발성 시작, 가벼운 조음 접촉, 고유수용감각 활용 등의 방법을 활용하여 조절 유창성을 확립한다.

이러한 기법들을 일률적으로 적용하기보다 말더듬 성인이 선호하는 방법, 말더듬이 많이 개선되는 방법을 중점적으로 사용하여 조절 유창성을 확득할 수 있다. 읽기, 혼자 말하기, 대화에서 이러한 기법을 점진적이고 체계적으로 적용하도록 한다. 경우에 따라 과도한 조절 유창성은 일상생활에서 그대로 적용하기에는 매우 부자연스러울 수 있다. 과도한 조절 유창성은 보다 자연스러운 형태의 구어로 변화시키는 것이 필요하며 사회적으로 용인되고, 말더듬 성인 스스로 받아들일 수 있는 수준의 조절 유창성 수준을 확립하는 것이 필요하다.

〈확립 단계: 조절 유창성 배우기〉

- 유연한 속도
- 부드러운 시작
- 가벼운 접촉
- 고유수용감각

(3) 전이 단계

조절 유창성으로 유창한 구어, 말더듬, 예기된 말더듬을 대체하는 단계이다. 먼저, 말더듬인에게 유창한 발화에서 조절 유창성을 사용하도록 한다. 이것은 말더듬이 발생하는 것을 막아 주고, 말더듬이 예기될 때 조절 유창성을 사용할 수 있게 해 준다. 조절 유창성이 잘 학습되고 반자동적으로 사용할 수 있는 행동이 되어야 스트레스 상황에서도 조절 유창성을 사용할 수 있게 된다. 그러기 위해서는 반복적인 연습이 필요하고 이러한 발화 습관이 자신의 일부가 되어야 한다. 조절 유창성을 연습할 때 매번 문장 전체에 조절 유창성을 사용해야 하는 것은 아니다. 문장의 첫 단어나 문장 내 하나의 단어에 적용할 수도 있다. 문장의 시작에서 한 음절만 조절 유창성을 사용하는 것부터 문장의 다른 위치에서 여러 다양한 음절에 조절 유창성을 사용하는 것까지 진행할 수 있다.

또한 이 단계에서 말하기 상황을 위계화할 필요가 있다. 먼저, 말더듬 성인이 쉽다고 여기는 상황에서 조절 유창성을 사용하는 연습을 한다. 다음 단계에서 말더듬인은 오랫동안 말을 더듬어 온 상황에 대해 조절 유창성을 적용한다. 즉, 말더듬을 예측하였을 때, 말더듬에 고착되기 전에 조절 유창성을 사용하는 방법을 연습하는 것이다. 많은 상황에서 조절 유창성을 연습하고 성공하면 말더듬인은 말더듬 대신 조절 유창성으로 말하는 것에 대해 확신을 가지게 될 것이다. 이때 정상적인 유창성과 구별하기 어려운 조절 유창성을 획득하게 된다.

일반적으로 치료실 내에서 치료사와 말하기, 치료실 밖에서 치료사와 말하기, 일상 말하기 상황, 그리고 전화하기의 순서로 전이 활동을 진행할 수 있다.

전이 단계에서 조절 유창성의 측면과 함께 태도적 측면에서 접근행동을 증가시키는 절차를 추가로 실시할 수 있다. 접근행동을 증가시키기 위하여 의도적 말더듬 기법을 사용할 수 있다. 의도적 말더듬은 긴장과 회피를 감소시키기 위하여 매우 중요한 절차이고 말더듬 대신 조절 유창성을 사용하도록 촉진하기도 한다. 의도적 말더듬을 사용함으로써, 말더듬인은 말하기 상황에 '접근'하게 되고, 그것이 공포와 긴장을 감소시킨다. 이것은 말더듬인이 조절 유창성을 보다 성공적으로 사용할 수 있게 돕는다. 많은 말더듬 성인들은 의도적 말더듬 기법에 대한 거부를 나타내기 때문에 의도적 말더듬을 사용하는 이유와 치료 후 결과를 충분히 설명해야 한다.

전이 단계에서 공포 단어를 사용하거나 공포 상황에 들어가는 것은 매우 중요한 '접근'행동이다. 말더듬인의 회피 사용을 제거하거나 줄이기 위하여 일상생활에서 일반적으로 사용하는 회피 단어와 상황을 위계화하여 진행할 수도 있다.

〈전이 단계〉

- 조절 유창성의 상황 전이
- 접근행동의 증가

(4) 유지 단계

유지 단계의 목표는 치료실 내에서 도달한 행동적 및 인지적 변화를 지속시키는 것으로, 스스로 치료사 되기와 장기적인 유창성 목표 설정하기가 될 수 있다. 성인 말더듬 치료에서는 특히 유지 단계가 중요하다. 확립과 전이 단계에서 말더듬이 거의 없는 유창한 수준에 도달한 경우, 유지 단계를 불필요한 과정으로 생각할 수 있다. 언어치료사는 유지의 중요성을 반드시 설명하여 치료가 완료될 수 있도록 돕고, 재발이 일어나 치료가 실패로 끝나지 않도록 하는 것이 중요하다. 말더듬 성인들은 치료에 대한 경제적 · 시간적 부담으로 치료의 종결을 희망하는 경우가 많다. 많은 연구자들은 충분한 유지 기간을 2년 정도로 제안하고 있으며, 이 기간 동안 점진적으로 치료 횟수를 줄여 나가고 치료의 간격은 늘여 나가도록 제안하고 있다. 만약 치료실에 와서 유지 과정을 마무리 하는 것이 어렵다면 전화 통화나 이메일을 통하여 유지 과정을 점검하는 방법을 활용할 수도 있다.

5) 기타 치료 기법

국내에서 소개된 말더듬 성인을 위한 치료 연구들을 소개하고자 한다. 여러 가지 기준으로 연구들을 구분할 수 있겠지만 필자는 치료 기법의 유형별로 구분하여 정리하였다. 첫 번째, 구어 운동 조절 기법을 사용한 연구로는 이일수(2004), 권태영(2007), 이순희(2008), 최현혜(2011), 박진원(2016)이었다. 이 연구에서는 아동 말더듬에서와 같이 연장 기법과 천천히 말하기, 아드로니언식 발성(복식호흡, 부드러운 성대 접촉, 유성음화 등), 억양-리듬 조절 등의 방법으로 치료를 실시하였다. 박진원(2016)에서는 유창성 증진 기법의 네 가지 하위 기법을 비교하는 연구를 실시하였다.

피드백 기기를 이용하여 말더듬 치료를 실시한 연구는 조교훈, 권도하(2006)와 장현진(2009)이었다. 장현진(2009)은 피드백 기기를 착용하였을 때 일시적으로 나타나는 구어 유창성의 변화를 살펴본 연구이고, 피드백 기기의 장기적인 치료 효과를 보고한 조교훈, 권도하(2006)의 연구에서는 유창성과 의사소통 태도의 개선을 보고하였다. 말더듬 치료에서 사용하는 청각 교정 피드백의 종류에는 DAF(delayed auditory feedback, 지연 청각 피드백), FAF(frequency altered feedback, 주파수 변조 피드백), Speecheash(DAF, FAF 기능 포함)가 있다. 지연 청각 피드백의 경우 청각 피드백의 속도를 50~200ms 지연시킴으로써 주의 산만 효과와 구어 속도를 느리게 하는 효과가 있다. 주파수 변조 피드백은 주파수를 높이거나 내려서 피드백하는 것으로 자신의 목소리가 다른 사람의 목소리처럼 들려 합독(choral reading)의 효과와 함께 주의 산만 효과가 있다. 어떤 효과로 유창성이 개선되는지 명확하게 밝혀지지 않았으나 결과적으로 개선 효과가 있으므로 말더듬 아동과 성인의 치료에 활용되고 있으며, 특히 Speecheasy 기기가 보청기의 형태로 제작되어 휴대와 착용이 쉬워졌고, 피드백 변조 프로그램 무료 스마트폰 어플리케이션이 많아 쉽게 사용할 수 있다.

국내 말더듬 성인에 대한 중재 연구 중 인지적 재구성법에 대한 연구로는 고영옥(2007, 2009)과 허도련(2015)이 있는데, 심리태도적 접근을 위주로 하여 말더듬 치료를 실시한 결과를 보고하고 있다. 통합적 기법을 치료 방법으로 사용하여 결과를 보고한 연구에는 김효정(2003, 2004), 전희숙(2005), 장현진(2005) 등이 있다. 통합적 접근법은 대부분 심리태도적 측면과 구어 유창성의 측면을 함께 치료하는 모형들을 소개하고 있다. 이러한 통합적 접근법에서 두 영역을 통합시키는 방법으로는 치료의 모든 단계에서 구어 유창성 측면과 심리태도적 측면을 동시에 다루는 병렬적인 모형이 있고, 심리태도적 측면을 먼저 다루고 심리적·인지적 준비도가 형성되면 구어 유창성 측면의 치료가 이루어지는 순차적 모형이 있다. 발살바(Valsalva) 말더듬 치료와 같이 단계에 따라 두 가지 측면을 함께 다루거나 하나의 측면만을 다루는 등의 혼합적인 형태의 모형도 있다.

김효정(2003)은 그룹치료를 통한 말더듬 성인 치료의 효과를 보고하였는데, 치료의 1단계는 개별치료를 먼저 실시하였고, 개별치료의 단계를 모두 마무리한 후 치료의 2단계로 그룹치료를 실시하였다. 연구에서 그룹치료의 장점은 자기 외의 또 다른 말더듬인들을 만남으로써 심리적인 위안을 받았고, 유창성이 개선된 사람과의 경험을 공유할 수 있어서 좋았고, 특히 치료의 전이 단계에서 자연스럽게 치료사 이외의 사람과 대화를 하는 경험, 다수의 사람들 앞에서 발표를 하는 경험 등을 실제와 유사하게 연습할 수 있는 점 등이 장점이었다. 단점으로는 치료의 진전 수준이 개인차가 있을 수 있어 다른 사람과 비교해서 상대적으로 치료의 진전이 늦을 때, 비교 심리에 의한 심리적 압박감이 치료의 전전을 더 어렵게 하는 경우도 있었다.

이상과 같은 말더듬 치료 기법이 국내에 연구되고 발표되어 왔으며 임상 현장에서 대상자의 상황과 여건에 따라 참고하여 활용할 수 있다.

〈표 7-2〉 **성인 말더듬 치료 관련 연구 목록**

범주	연구자 (발표년도)	연구명	연구 대상	프로그램 내용
구어 운동 기법	이일수 (2004)	천천히 말하기법이 성인 말더듬인의 유창성 개선에 미치는 효과	말더듬 성인 3명 (남 3명, 23~32세)	행동인지 말더듬 치료 프로그램을 통하여 말더듬의 빈도, 비유창성의 유형, 부수행동 개선
	권태영 (2007)	연장 발성기법과 아드로니언식 발성기법 간에 말더듬 성인의 유창성에 미치는 영향 비교	말더듬 성인 20명 (남 19명, 여 1명, 20~51세)	연장 기법과 아드로니언식 발성기법 유창성 행동 개선
	이순희 (2008)	억양-리듬 치료 프로그램이 성인 말더듬인의 말더듬 심한 정도에 미치는 효과	말더듬 성인 3명 (26~32세)	MIT 치료, 과장된 억양-감소된 억양-정상적인 억양의 3단계마다 제공하는 멜로디의 양을 점차적으로 감소, 발화의 길이나 난이도를 점진적으로 증가
	최현혜 (2011)	아드로니언식 발성기법이 말더듬 성인의 비유창성 개선에 미치는 효과	말더듬 성인 3명 (21~34세)	구어 산출 메커니즘을 이완해서 발성하도록 하여 유창성 향상
	박진원 (2016)	말더듬인의 유창성을 향상시키기 위한 여러 시도치료법들의 효과 비교 연구	말더듬 성인 10명 (18~54세)	느린 구어, 속삭이는 구어, 리드미컬한 구어, 합독, 차폐 치료 기법 비교
피드백 기기 이용 기법	조교훈, 권도하 (2006)	SpeechEasy기를 통한 말더듬 치료가 말더듬 성인의 유창성 개선에 미치는 효과	말더듬 성인 6명 (24~32명)	SpeechEasy 치료 프로그램 적용 시 유창성 향상
	장현진 (2009)	주파수 청각 피드백에 따른 말더듬 특성 연구	말더듬 성인 10명	FAF와 DAF 조건하에서 유창성 빈도 비교

인지적 재구성 기법	고영옥 (2007)	게슈탈트 치료가 유창성 장애성인의 말더듬 행동 및 자각에 미치는 효과	말더듬 성인 4명 (남 3명, 여 1명, 22~35세)	게슈탈트 치료 프로그램(이해단계, 자각단계, 변화단계, 적응단계 및 종결단계)의 효과
	고영옥, 권도하 (2009)	말더듬 재발 성인을 위한 이야기 치료가 상태불안 및 말더듬 개선에 미치는 영향에 대한 사례연구	말더듬 성인 1명 (58세, 여)	유년시절부터 자신의 이야기를 통한 자신 조망과 정체성 확립의 말더듬 빈도 및 내면 특성에 변화
	허도련 (2015)	수용 · 전념 치료를 활용한 의사소통중재 프로그램이 말더듬 성인의 내면적 특성과 말더듬 행동에 미치는 영향	말더듬 성인 4명 (22~46세)	수용전념치료(ACT)의 효과
통합적 치료 기법	김효정 (2003)	그룹치료가 말더듬 성인의 유창성과 말더듬에 대한 태도 개선에 미치는 영향	말더듬 성인 6명 (남 5명, 여 1명, 22~27세)	개별치료(확립 단계)와 그룹치료(전이 단계) 실시 효과
	김효정, 권도하 (2004)	Valsalva-말더듬 치료법이 말더듬 성인의 말더듬 개선에 미치는 영향에 관한 사례연구	말더듬 성인 1명	행동, 인지, 정서 종합적 중재법을 활용한 말더듬 개선
	전희숙 (2005)	자아증진이 말더듬 성인의 말더듬 인지 및 행동에 미치는 효과	말더듬 성인 9명 (22~46세)	자아탐색, 자아이해, 자아수용, 자아존중 치료 적용을 통해 말더듬 인지 및 행동 변화
	장현진 (2005)	행동인지 말더듬 치료 프로그램이 성인 말더듬인의 유창성 및 자아개념에 미치는 효과	말더듬 성인 3명 (20~42세)	구어 유창성 형성 기법과 상담 방법을 통한 유창성 증진 및 자아개념 증진

3. 말더듬 치료 효과와 재발

말더듬 치료가 성공적이었다면 치료 전과 비교하여 구어적 · 행동적 · 인지적 · 정서적 측면에서의 긍정적 변화를 확인할 수 있을 것이다.

먼저, 구어적 측면에서는 비유창성의 빈도가 감소하고, 남아 있는 비유창성의 형태가 보다 정상적이고 가벼운 형태의 비유창성으로 변경되며, 비유창성의 지속시간이나 단위 반복 수가 감소하며 구어의 운율은 자연스러워질 것이다. 이러한 결과로, 말더듬을 포함한 비유창성으로 인한 시간 지연 감소로 인하여 구어 속도는 빨라질 것이다. 단, 성인 말더듬 치료의 단계에 따라 내면적인 말더듬을 공개하도록 하고, 심리적인 둔감화가 일어났을 때 접근행동이 증가하면서 말더듬의 빈도가 일시적으로 증가할 수 있다. 이러한 경우에 말더듬의 빈도가 증가한 것도 말더듬이 개선되고 있는 것으로 볼 수 있을 것이다.

또한 행동적 측면에서 부수적으로 나타나던 신체적 부수행동이 감소되거나 없어지고, 신체적 긴장도 감소되어 보다 이완된 상태에서 발화를 하게 된다. 이러한 신체적인 변화는 결과적으로 구어의 운율적 측면에서의 개선으로 나타날 수 있다.

인지적 측면에서는 말과 말더듬 그리고 자기 자신에 대하여 비합리적인 사고들이 변화되어 합리적인 사고와 태도를 보일 수 있을 것이다. 또한 긍정적인 의사소통 태도와 구어 유창성이나 상황에 대한 접근효능감이 증가할 것이다. 말에 대한 통제력을 갖게 되어 일시적으로 비유창성이 나타나더라도 쉽게 조절할 수 있게 된다.

정서적 측면에서도 의사소통이나 대인관계에서 발생하는 불안의 정도가 낮아질 것이다. 구어적 측면과 더불어 인지적 · 정서적 측면에서의 개선은 보다 적극적인 자기주장이나 접근행동 등을 증가시키고, 더 나아가 대상자의 전반적인 삶의 질을 개선시킬 수 있다.

성인 말더듬 치료가 종결된 후 말더듬이 재발되는 경우가 종종 있다. 이는 환경적 스트레스의 증가 때문일 수도 있고, 말더듬인이 불안이나 스트레스 상황에서 과거의 습관대로 반응을 하기 때문일 수도 있다. 환경적 스트레스를 줄일 수 있으면 좋으나 실제로 직업이나 사회적 환경을 변화시키는 것이 쉽지 않을 수 있다. 이에 대해 대상자가 인지하는 스트레스 정도를 낮추고 스트레스 대처 능력을 키울 수 있도록 할 필요가 있다. 그중 말더듬과 관련하여 신체의 이완을 유지하고, 구어를 쉽고 편안하고 연속적으로 산출할 수 있도록 이미 배운 구어 패턴을 다시 연습하는 과정이 필요하다. 재발에 대한 치료 과정으로 단기간의 치료를 실시하거나 온-오프라인 치료를 병행하는 방법 등으로 재발의 위기를 넘어갈 수 있을 것이다. 그러기 위해서 치료의 종결 단계에서 재발 가능성에 대한 설명과 재발이 일어났을 때 대처할 수 방법에 대해 알려 줄 필요가 있으며, 가장 좋은 것은 언어치료사와 지속적이고 정기적으로 연락을 유지하는 것이다.

성인 말더듬은 오랜 기간 고착되어 온 증상이라는 점, 내면화된 문제로 겉으로 드러난 것이 전부가 아니라는 점, 대상자의 고착된 비합리적 신념체계를 변화시키는 것이 쉽지 않다는 점, 사회적 스트레스에 따라 재발이 일어날 수 있다는 점 등으로 치료가 쉽지 않다. 그럼에도 불구하고 성인 말더듬은 언어치료사와 대상자 간의 신뢰관계의 형성과 소통을 통해 충분히 함께 해결할 수 있는 문제이다.

연습문제

1. 성인 말더듬 치료의 특성을 아동 말더듬 치료와 비교하시오.

2. 성인 말더듬 치료의 목표를 쓰시오.

3. 성인 말더듬 치료의 일반적인 치료 절차를 쓰시오.

4. 성인 말더듬 치료에 있어서 세 가지 치료 접근법의 특성을 간략히 쓰시오.

5. 특정 치료 기법을 적용하여 성인 말더듬의 치료 계획을 가상으로 작성하시오.

6. 말더듬 치료의 효과를 확인할 수 있는 변화를 쓰시오.

참고문헌

고영옥(2007). 게슈탈트치료가 유창성 장애성인의 말더듬 행동 및 자각에 미치는 효과. 대구대학교 대학원 석사학위 논문.

고영옥, 권도하(2009). 말더듬 재발 성인을 위한 이야기치료가 상태불안 및 말더듬개선에 미치는 영향에 대한 사례연구. 정서·행동장애연구, 25(1), 165-184.

권태영(2007). 연장 발성기법과 아드로니언식 발성기법 간에 말더듬 성인의 유창성에 미치는 영향 비교. 대구대학교 재활과학대학원 석사학위 논문.

김효정(2003). 그룹치료가 말더듬 성인의 유창성과 말더듬에 대한 태도 개선에 미치는 영향. 대구대학교 대학원 석사학위 논문.

김효정, 권도하(2004). Valsalvs-말더듬 치료법이 말더듬 성인의 말더듬 개선에 미치는 영향에 관한 사례연구. 언어치료연구, 13(2), 129-142.

박진원(2016). 말더듬인의 유창성을 향상시키기 위한 여러 시도치료법들의 효과 비교 연구. 특수·영재교육저널, 3(1), 109-133.

이순희(2008). 억양-리듬 치료 프로그램이 성인 말더듬인의 말더듬 심한 정도에 미치는 효과. 대구대학교 재활과학대학원 석사학위 논문.

이일수(2004). 천천히 말하기법이 성인 말더듬인의 유창성 개선에 미치는 효과. 대구대학교 재활과학대학원 석사학위 논문.

장현진(2005). 행동인지 말더듬 치료프로그램이 성인 말더듬인의 유창성 및 자아개념에 미치는 효과. 대구대학교 대학원 석사학위 논문.

장현진(2009). 주파수 청각 피드백(FAF)에 따른 말더듬 특성 연구. 한국콘텐츠학회논문지, 9(12), 940-947.

전희숙(2005). 자아중진이 말더듬 성인의 말더듬 인지 및 행동에 미치는 영향. 대구대학교 대학원 박사학위 논문.

전희숙(2005). 자아중진이 말더듬 성인의 의사소통 태도 및 말더듬 지각에 미치는 효과. 재활심리연구, 13(1), 22-41.

조교훈, 권도하(2006). SpeechEasy기를 통한 말더듬 치료가 말더듬 성인의 유창성 개선에 미치는 효과. 재활과학연구, 24(2), 93-109.

최현혜(2011). 아드로니언식 발성기법이 말더듬 성인의 비유창성 개선에 미치는 효과. 대구대학교 대학원 석사학위 논문.

허도련(2015). 수용·전념 치료를 활용한 의사소통중재 프로그램이 말더듬 성인의 내면적 특성과 말더듬 행동에 미치는 영향. 대구대학교 대학원 석사학위 논문.

Bennett, E. M. (2006). *Working with people who stutter: A lifespan approach*. New Jersey: Pearson Prentice Hall.

Guitar, B. (2006). *Stuttering: an integrated approach to its nature and treatment* (3rd ed.). Baltimore: Lippincott Williams & Wilkins.

Manning, W. H. (2001). *Clinical decision making in fluency disorders*. Clifton Park: Delmar, Cengage Learning.

Parry, W. D. (2000). *Understanding & controlling stuttering*. Califonia: Anaheim Hill.

Ryan, B. (2001). *Programmed therapy for stuttering in children and adults*. Illinois: Charles C. Thomas.

Sheehan, J. (1970). *Stuttering: research and therapy*. New York: Harper & Row.

제8장

후발성 말더듬과 유창성 관련 장애

신명선

1. 후발성 말더듬
2. 유창성 관련 장애

제 8 장
후발성 말더듬과 유창성 관련 장애

유창성 장애로 임상 현장을 찾는 대상자들은 일반적으로 2~6세 사이에 발생하는 발달성 말더듬(developmental stuttering)이 대부분이지만, 이러한 전형적인 말더듬과는 발생 시기와 증상이 다른 대상자들도 있다. 아동기에 발생하는 발달성 말더듬과 달리 청소년기나 성인기에 발생하는 말더듬을 후발성 말더듬(late-onset stuttering), 후천성 말더듬(acquired stuttering) 또는 성인기 발생 말더듬(adult onset stuttering)이라고 한다(Bloodstein, 1995). 이러한 용어는 발생 시기를 강조한 것으로 이 책에서는 후발성 말더듬이라는 용어를 사용하였다. 후발성 말더듬은 발생 원인에 따라 신경인성 말더듬(neurogenic stuttering)과 심인성 말더듬(psychogenic stuttering)이 있다. 이 외에도 다른 주요 장애에 유창성 문제가 동반되는 유창성 관련 장애에는 지적장애(intellectual disabilities), 위장 말더듬(malingering stuttering), 연축성 발성장애(spasmodic dysphonia), 주의력 결핍-과잉행동장애(attention deficit-hyperactivity disorder), 투렛증후군(tourette syndrome), 약물 부작용으로 인한 말더듬 등이 있다.

1. 후발성 말더듬

1) 신경인성 말더듬

신경인성 말더듬은 다양한 신경계 기능장애를 야기하는 뇌졸중, 뇌종양, 뇌외상 등과 같은 신경학적 질병이나 손상 이후 말더듬이 나타나는 장애로 후발성 말더듬 중에서는 가장 일반적이다. 다양한 신경계 기능장애를 초래하는 대뇌혈관장애는 다양한 원인으로 점점 증가하고 발병 연령 또한 점차 낮아지고 있다. 대뇌 병변의 위치가 좌반구 또는 우반구, 양측성 또는 편측성, 국소적 또는 확산적, 피질 또는 피질하 영역 등으로 다양하게 보고되었지만, 신경인성 말더듬이 마비성 구어장애, 구어 실행증 및 실어증과 동반되어 나타나므로 좌반구 손상이 더 일반적이라고 볼 수 있다(Borsel, 1997; Borsel & Taillieu, 2001). 신경인성 말더듬은 어떤 면에서는 발달성 말더듬과 유사하지만 발생 원인, 주요 증상, 치료 방법에서 명백하게 차이가 있다.

(1) 신경인성 말더듬의 원인

신경인성 말더듬은 신경계 비기능을 가져오는 대뇌동맥경화(cerebral arteriosclerosis), 색전증(embolism), 혈전증(thrombosis), 동맥류(aneurysm), 뇌출혈(cerebral hemorrhage) 등과 같은 원인에 의한 대뇌혈관장애(cerebro vascular accident)(Mazzuchi et al., 1981), 뇌종양(tumor) 및 뇌관통상(penetrating wounds), 폐쇄성 뇌손상(closed-head injury), 외상성 뇌손상(traumatic brain injury), 추체외로(extrapyramidal tract)의 질병(Koller, 1983), 알츠하이머병(Lebrun et al., 1987), 뇌전증, 기타 다양한 병리와 관련되어 말더듬이 발생될 수 있다(Vogel & Cannito, 2001).

(2) 신경인성 말더듬의 특성

신경인성 말더듬은 비유창성의 발생 빈도와 유형이 발달성 말더듬과는 다르다. 물론 개인마다 말의 특성, 말더듬 발생 원인, 심리적, 생리적 영향의 정도가 다르고 다른 장애가 동반될 수 있기 때문에 신경인성 말더듬의 특성에 대하여 명백하게 답을 제공하기는 어려울 수 있다. 그러나 신경인성 말더듬은 비유창성이 말하는 상황이나 시간적 압박, 문법적 복잡성과 같은 요소에 관계없이 나타나며, 부수행동이 거의 없다. 또한 말더듬 핵심행동이 어중이나 어말에서도 나타나며, 기능어에서도 말더듬 행동이 나타난다. 동일한 내용을 연속적으로 읽거나 말을 하더라도 비유창성이 감소하는 적응 효과가 나타나지 않는다. 또한 자신의 비유창성에 대하여 부정적으로 인식하지 않고, 긴장과 공포를 보이지 않는 경향이 있다. 합독하기, 노래하기, 연장하여 말하기, 속삭이기와 같은 유창성 유발 조건에서도 비유창성을 보인다(Andrews et al., 1983). 신경학적 병변 원인에 따라 뇌졸중으로 인한 신경인성 말더듬보다는 뇌외상으로 인한 신경인성 말더듬이 점진적으로 비유창성이 발생하는 경향이 있다(Bijleveld, Lebrun, & Dongen, 1994). 대부분의 신경인성 말더듬이 다른 신경병리적 문제와 동반되어 나타나므로(Canter, 1971), 신경의사소통장애에 따라 신경인성 말더듬의 특성을 살펴보았다.

① 마비성 구어장애의 비유창성

마비성 구어장애(dysarthria)는 파킨슨병, 뇌졸중, 동맥경화증, 근무력증 등으로 중추 또는 말초신경계가 손상되어 말 산출에 관여하는 구강 근육의 마비, 약화, 또는 불협응에 의해 발생된다(Darley et al., 1975). 발화 산출에 필요한 호흡 문제, 음도와 강도가 부적절하고 목쉰 소리와 거친 음성이 날 수 있는 발성 문제, 말소리의 대치, 생략 및 왜곡과 관련된 조음 문제, 말 속도가 비정상적으로 너무 느리거나 빠르고, 특정 음소에 강세가 들어가는 운율 문제 등이 구어 산출 과정 전반에 영향을 미치게 된다(신명선, 안종복, 2008).

마비성 구어장애 환자들은 공통적인 구어 증상도 있지만 신경학적 병소에 따라 구어 증상이 다양하다. 하위운동신경원에 병소가 있는 이완형 마비성 구어장애는 과대비성이 주문제가 되며, 상위운동신경원에 병소가 있는 경직형 마비성 구어장애는 느리고 부정확한 조음이 특징이다. 또한 추체외계에 병소를 갖고 있는 과소운동형 마비성 구어장애는 신체 움직임이 감소되며 구어에서 강도 조절이 부족하고, 과대운동형 마비성 구어장애는 부정확한 조음을 포함한 다양한 구어 문제를 나타낸다(Darley et al., 1975).

Canter(1971)는 과소운동형과 실조형 마비성 구어장애가 비유창성을 가장 많이 수반한다고 보고하였다. 과소운동형 마비성 구어장애의 비유창성은 반복, 연장, 막힘을 나타낸다. 소뇌의 병변으로 인한 실조형 마비성 구어장애는 마비성 구어장애 중에서 가장 심한 말더듬 증상을 나타내는 유형으로 조음 접촉을 유도하는 운동의 속도나 힘을 적절하게 조절하는 데의 어려움으로 심한 연장과 성도와 관련된 근육의 과긴장과 경련으로 빠른 반복과 소리 없는 막힘을 나타낸다.

② 구어 실행증의 비유창성

구어 실행증(apraxia of speech)은 구어 산출을 실행하는 피질 프로그램의 장애로 구어와 관련된 근육의 탄력이나 협응은 정상이지만 수의적인 움직임을 수행하는 능력이 상실되는 운동 구어장애이다(Davis et al., 1998). 구어 실행증은 구어에 필요한 음소를 선택해서 연결시키는 문제와 관련이 있다. 즉, 운동을 계획하고 실행하는 것에 문제를 보이므로 의도적인 발화 시에는 머뭇거림이나 조음의 오류를 많이 나타내는 반면에 자동적이고 반사적인 구어는 정확하고 유창하게 발화한다(Johns & Darley, 1970).

구어 실행증 환자에게 가장 어려운 과업 중 하나는 음절, 단어 또는 문장을 따라 말하는 것이다. 발화 시에 음소를 선택하고 연결시키는 데 장애를 나타내기 때문에 발화할 구어의 언어적인 단위가 길고 복잡할수록 비유창성도 증가하고 조음 오류도 증가한다. 때때로 구어 실행증 환자는 복잡한 단어를 쉽게 말하고, 쉽고 간단한 단어에서 많은 머뭇거림과 오류를 보임으로써 초보 치료사를 당황하게 만들지만, 그들의 주된 문제는 연속적인 조음을 위한 프로그래밍의 장애라는 것을 기억해야 한다. 구어 실행증 환자들은 자신의 오류를 인지할 수 있으므로 이를 수정하기 위하여 음이나 음절 또는 단어를 여러 번 반복하게 된다. 이러한 반복 과정에서 다양한 오류를 나타낸다. 구어 실행증은 리듬과 억양에서도 문제를 나타내는데, 주로 구어의 흐름이 끊어지거나, 유창하지 못하고, 반복적인 구어가 많기 때문에 말더듬을 수반할 수 있다(신명선, 안종복, 2008).

구어 실행증으로 인한 비유창성은 구어 운동 메커니즘의 자발적인 조절 손상에서 기인된다(Canter, 1971). 정확한 음 산출을 위한 노력으로 단어의 어두음을 탐색하면서 반복하는 경향이 있고, 연장과 소리 없는 막힘을 나타낸다.

③ 건망성 실어증의 비유창성

건망성 실어증(anomia)은 사물, 사건, 사람의 이름을 기억하는 데 어려움이 있는 것으로 명칭 실어증이라고도 하며, 거의 모든 실어증 환자에게서 나타난다. 무엇을 말하고자 할 때 적절한 단어를 생각해 내기 위하여 많은 노력을 한다. 생각하고 있는 단어를 말하기 위해 머뭇거림을 나타내거나 말하고자 하는 단어와 관련된 정보들을 에둘러서 말할 수 있다(Goodglass & Kaplan, 1983). 건망성 실어증의 비유창성은 단어 찾기 장애와 회상능력의 문제로 쉼, 삽입, 음과 음절의 머뭇거림이 더욱 두드러지고, 이전에 정상적으로 발화한 단어나 구를 반복하기도 한다.

(3) 신경인성 말더듬의 평가

대다수의 임상가들은 신경계 병변으로 인한 신경인성 말더듬인들이 비유창성 외에도 다양한 신경의사소통문제를 가지기 때문에 이들의 비유창성 문제를 간과할 수 있다. 신경인성 말더듬은 발생 시기와 발병 원인이 발달성 말더듬과 달라서 주로 의료적인 진단 후 이루어지지만 비유창성의 증상 면에서 다른 양상을 보인다.

많은 연구에서 신경인성 말더듬과 발달성 말더듬을 감별하는 특성을 제시하고 있지만, 모든 신경인성 말더듬인에게 이러한 증상이 뚜렷한 것은 아니다. Canter(1971)는 발달성 말더듬과 신경인성 말더듬의 차이점을 7가지, Helm-Estabrooks 등(1999)은 Canter의 지침을 일부 수정하여 신경인성 말더듬의 구어 특성을 6가지로 제시하였고, Market 등(1990)과 신명선(2006)도 발달성 말더듬과 다른 신경인성 말더듬의 특성을 비교하는 연구를 하였다. 이러한 선행연구들에서 밝혀진 신경인성 말더듬의 특성은 다음와 같다. 그러나 이러한 지침들이 발달성 말더듬과 신경인성 말더듬을 감별진단 할 때 유용하지만 항상 예외가 있을 수 있다는 것을 고려해야 한다(Helm-Estabrooks et al., 1999).

〈신경인성 말더듬은 발달성 말더듬과 이런 점이 달라요.〉

- 비유창성이 내용어 뿐만 아니라 기능어(grammatical word)에서도 발생한다.
- 자신의 비유창성에 대해 괴로워하지만 긴장과 공포, 불안 등을 보이지 않는다.
- 반복, 연장, 막힘이 단어의 어두에서뿐만 아니라 어중이나 어말에서도 발생한다.
- 안면 찡그림, 눈 깜빡임, 주먹 쥐기와 같은 부수행동을 보이지 않는다.
- 문단을 반복적으로 읽을수록 유창성이 증가하는 적응 효과가 나타나지 않는다.
- 비유창성이 말하는 대상, 상황, 시간적 압박, 문법적 복잡성과 관계없이 일어난다.

후발성 말더듬에 해당하는 신경인성 말더듬은 대상자의 병인에 따라 비유창성뿐만 아니라 다양한 문제를 수반할 수 있으므로 평가에 있어서도 개별적으로 필요한 검사항목들을 고려할 필요가 있다. 신경인성 말더듬을 발달성 말더듬과 감별하는 것으로 시작하여 심도와 특성을 파악하는 평가를 실시하여야 한다. 다양한 평가 결과는 개별적인 중재 목표와 방법을 결정하는 데 도움이 된다.

〈신경인성 말더듬은 이런 항목들을 평가해요.〉

- 사례력
  - 뇌의 구조 및 기능과 관련된 검사를 포함한 병력
  - 사회력 및 직업력
  - 대상자 및 가족의 언어장애 유무 및 현재 상태
  - 비유창성의 발생 및 진행 과정과 현재 상태
  - 말더듬 심도와 부수행동에 대한 자기인식

- 일반적 기능 검사
  - 언어 검사(K-WAB, K-BNT, REVT 등)
  - 구어: 구강구조 및 기능검사, 구어 운동 검사
  - 인지: MMSE(Mini-Mental State Examination)

- 구어 유창성 평가
  - 읽기: 단어, 짧은 문장, 문단
  - 자발적인 구어: 독백, 대화(200음절 이상)
  - 자동적인 구어: 수세기, 요일 말하기, 노래하기
  - 유창성 증진 조건: 느린 구어, 부드러운 발성, 가벼운 조음 접촉
  - 말하기 상황 목록
  - 말더듬 심한 정도(SSI-4, P-FA-Ⅱ)

- 의사소통태도평가

(4) 신경인성 말더듬의 치료

모든 신경인성 말더듬인에게 치료가 필요한 것은 아니다. 어떤 신경인성 말더듬인은 비유창성이 일시적으로 나타났다가 몇 주나 몇 개월 내에 점진적으로 호전되기도 한다. 신경인성 말더듬은 신경계 손상으로 신체적인 문제나 다양한 구어 및 언어 문제가 수반되기 때문에 비유창성 문제가 간과되기도 한다. 신경인성 말더듬인이 말더듬으로 의사소통의 어려움이 있다면 중재를 시작해야 한다. 발달성 말더듬에 비해 치료 방법이 매우 부족한 실정이지만 중재가 필요하

다. 신경인성 말더듬인에게 특히 더 효과적이라고 검증된 치료 프로그램이 있는 것은 아니지만 선행연구의 고찰을 통하여 유창성 증진 기법, 약물치료, 신경외과술, 보완 기기 등 다양한 치료 방법이 사용되어 왔다. 신경인성 말더듬은 개인마다 말더듬의 원인과 특성이 다르고 신체적 · 심리적 · 사회적 영향의 정도가 다르고, 다양한 문제가 동반될 수 있기 때문에 충분한 상담과 진단 과정을 통한 임상적 결정 후 중재가 이루어져야 한다.

① 유창성 증진 기법

Market 등(1990), Stewart와 Rowley(1996)는 발달성 말더듬 치료에 사용하는 비유창성의 증상을 직접 수정하는 치료 전략을 신경인성 말더듬 치료에 그대로 적용하여도 매우 효과적이라고 보고하였다. 부드러운 발성(MeyersHall & Aram, 1998), 느린 구어(Market, Montague, Buffalo, & Drummond, 1990), 가벼운 조음 접촉(Rousey, Ariuan, & Rousey, 1986), 연장 기법(Mowrer & Younts, 2001), 점진적인 발화 길이와 복잡성의 증가(Rubow, Rosenbek, & Schumacher, 1986) 등과 같은 유창성 증진 기법들이 효과적이다.

② 약물치료

Maguire와 Riley(2002)는 좌측대뇌 반구의 기능 저하는 도파민(dopamine)과 세로토닌(serotonin)의 비정상적인 활성화와 관련이 있다는 신경학적 배경에서 도파민 길항약(dopamine antagonist)과 세로토닌-도파민 길항약(serotonin-dopamine antagonist)이 신경인성 말더듬 치료에 효과적이라고 한다. Turgut 등(2002)은 좌측 두정엽 경색 후에 말더듬이 나타난 61세의 환자에게 파록세틴(paroxetine) 치료를 실시한 결과, 비유창성이 매우 감소하였고, Schreiber와 Pick(1997)은 신경인성 말더듬 환자에게 항우울제를 사용하였을 때 효과적이었다고 한다. Nowack와 Stone(1987)은 양측 대뇌병변과 뇌전증과 관련한 신경인성 말더듬 환자에게 약물치료와 이완 기법 및 호흡 훈련을 병행한 치료가 매우 효과적이라고 한다.

③ 신경외과술

Donnan(1979)은 신경인성 말더듬 환자에게 좌경동맥내막절제술(endarterectomy)을 처음으로 시도하였다. 57세 여성이 갑자기 오른쪽 팔에 일시적인 감각장애를 호소한 2개월 후에, 근육의 약증과 마비가 나타나면서 병리적인 비유창성이 시작되었다고 한다. 단어를 말할 때마다 첫 음절의 어두음을 빠르게 반복하였으며, 얼굴 찡그림과 같은 부수행동은 나타나지 않았으나 건망성 실어증과 단어 재현력 장애가 동반되었다고 한다. 경동맥 혈관촬영(carotid angiography) 결과, 좌경동맥에 좁은 협착과 우경동맥에 경미한 아테로마성 궤양(atheromatous ulceration)에 의한 협착이 있었고, 협착을 줄이기 위한 좌경동맥내막절제술 후, 환자는 무감각증에서 회복되면서 말더듬 행동도 완전히 없어졌다고 한다. 또한 갑자기 오른쪽 팔과 다리의 근약증과 표현 실어증(expressive aphasia)이 발생하면서 단어의 어두음을 심하게 더듬게 된 60세 여성에게 좌경동맥내막절제술을 실시한 결과, 대뇌혈류의 흐름이 회복되면서 표현언어 능력의 향상과 말더듬이 감소하였다고 한다. Andy와 Bhatnagar(1992)는 신경인성 말더듬과 만성적인 고통을 호소하는 2명의 환자들에게 시상핵에 융모막 전기자극(chorionic stimulation electrode)을 통한 외과적인 이식수술을 실시한 결과, 통증이 경감되었고 각 환자의 비유창성이 개선되었다고 한다.

④ 보완 기기

Helm과 Butler(1977)는 신경인성 말더듬 환자에게 지연 청각 피드백(delayed auditory feedback: DAF)과 박자를 맞추는 가기를 사용하여 발화를 유도하였을 때 임상적으로 매우 효과가 있었다고 한다. Hanson과 Metter(1980)는 혈관사고 후에 어두 및 어중에서 막힘과 연장을 나타내는 환자에게 읽기와 대화 동안에 왼쪽 손바닥을 전기후두기로 진동시키는 외적인 자극법을 사용한 결과, 읽는데 소요되는 시간이 50% 감소하였고, 막힘의 빈도가 38회에서 8회로 낮아졌다고 한다. 과소운동형 마비성 구어장애 환자에게 DAF로 구어 속도와 강도를 조절하였을 때 비유창성이 감소하였다고 한다. Marshallr과 Neuburger(1987)는 뇌

외상으로 인한 신경인성 말더듬인 3명에게 DAF를 실시한 결과, 모든 대상자에게 말더듬이 감소하였으나 치료실 밖으로의 전이에 어려움이 있었다고 한다. Downie, Low와 Lindsay(1981)는 11명의 파킨슨병 환자에게 DAF를 실시한 결과, 2명을 제외한 9명은 비유창성이 매우 감소하였고, 특히 머뭇거림과 막힘이 줄어들었다고 한다.

신경인성 말더듬은 비유창성 외에도 다른 의사소통장애, 인지장애, 신체장애, 기억력 결함 등을 보일 수 있다. 이러한 동반 장애에 대한 치료를 하면서 동시에 비유창성에 대한 중재가 이루어져야 한다. 말더듬을 위한 다양한 치료 방법을 그대로 적용하더라도 진전을 기대할 수 있는지, 어떤 기법들이 효과적인지에 대한 연구가 지속적으로 이루어져야 한다. 그러나 신경인성 말더듬은 단일장애가 아니기 때문에 중재 방법이나 중재 결과가 발달성 말더듬보다 개인차가 더 클 수 있다.

2) 심인성 말더듬

(1) 심인성 말더듬의 원인

심인성 말더듬은 심리적인 외상이나 충격적인 사건 후에 갑자기 발생한다(Roth et al., 1989). 심리적인 외상의 원인이 개인에 따라 다르므로 심인성 말더듬의 원인 또한 매우 다양할 수 있다. 전환 반응 장애, 공포, 우울증, 혹은 다른 심리적 장애와 관련한 원인과 복합적일 수 있다(Baumgartner, 1997). 예를 들면, 제2차 세계대전 시 강한 피로 및 직접적 미사일 공격(Dempsey & Granich, 1978), 불안 발작(Culatta & Goldberg, 1995), 자살 시도(Deal, 1982), 정신적 충격(Weiner, 1981), 폭행이나 강간(Mahr & Leith, 1992), 결혼 생활의 실패(Attanasio, 1987) 그리고 교통사고 후의 충격(이혜란, 2009) 등으로 심인성 말더듬이 발생하였다. 이러한 비유창성에 대해 히스테리성 말더듬(Deal & Doro, 1987), 후천적 심인성 말더듬(Silverman, 1996), 신경증적 말더듬(Haynes et al., 1992)이라는 용어를 사용하였다. 많은 심리적 요인이 말더듬 발생과 관련이 있지만 다양한 스트레스나 대인관계의 갈등이 가장 큰 원인을 차지한다. 발생 연령은 다양하게 보고되지만 대부분 60세 이전에 나타나며, 성별에 따라 차이가 없다(Baumgartner & Duffy, 1997). 신경인성 말더듬에 비해 심인성 말더듬은 마비성 구어장애, 구어실행증이나 실어증이 동반되는 경우가 거의 없다.

(2) 심인성 말더듬의 특성

심인성 말더듬은 처음부터 연장, 막힘, 긴장이 수반된 반복 등의 심한 말더듬 행동을 보인다. 그러므로 비유창성 유형과 빈도로 발달성 말더듬과 감별할 수는 없지만, 심인성 말더듬은 초기부터 긴장을 동반한 투쟁행동이 주된 유형이므로 반복이 주된 유형인 신경인성 말더듬과는 감별이 가능하다. 심인성 말더듬은 비유창성 외에도 두통, 감각의 둔함, 따끔함, 근육 약증, 가슴 통증, 진전 및 발작 등과 같은 신체적 증상이 동반되기도 한다.

핵심행동은 발달성 말더듬과 유사하지만 부수행동이 말더듬과 관계없이 나타나기도 한다. 신경인성 말더듬보다는 대화를 하는 상황이나 주제에 영향을 받지만, 발달성 말더듬과 비교하였을 때는 대상과 환경에 영향을 받지 않는다고 볼 수 있다(Baumgartner & Duffy, 1997; Silverman, 1996). 비유창한 증상을 초기부터 인식하므로 자신의 말에 대해 당황하고 불안 및 좌절할 수 있으나 부정적 정서의 정도와 변화에 대한 동기가 개인에 따라 차이가 크다. 신경인성 말더듬과 마찬가지로 적응 효과가 나타나지 않으며, 합독하기, 차폐 기법, DAF 기기, 노래하기 및 자동적 구어 등과 같은 유창성 증진 조건에도 거의 영향을 받지 않는다(Deal, 1982; Guitar, 2006).

〈심인성 말더듬은 발달성 말더듬과 이런 점이 달라요.〉

- 갑자기 발생한다.
- 과도한 심리적 스트레스가 있는 사건과 관련해서 발생한다.
- 비유창성 빈도는 유창성 증진 조건에 거의 영향을 받지 않는다.
- 유창한 상황이 거의 없다.
- 말더듬에 대해서 무관심한 태도를 보인다.
- 단어 및 상황에 대한 회피행동을 보이지 않는다.
- 반복해서 읽더라도 비유창성이 감소하는 적응 효과가 나타나지 않는다.

〈심인성 말더듬은 신경인성 말더듬과 이런 점이 달라요.〉

- 한 두 회기의 행동 치료로도 빠른 호전 반응이 나타난다.
- 심한 긴장이 동반된 투쟁행동과 불안한 행동을 보인다.
- 말더듬이 간헐적이며, 특정 상황에 일시적으로 더 나타난다.
- 발화 시 문법적인 오류를 나타낸다.
- 머리 움직임, 안면 찡그림, 신체부위의 진전과 같은 행동이 나타난다.

(3) 심인성 말더듬 평가

심인성 말더듬은 말더듬과 관련된 신경학적 병변이 없이 심리적 스트레스나 충격적인 사건 이후에 발생하며 심한 투쟁 행동을 보이지만 극적인 진전을 보이기도 한다. 따라서 초기 상담과 지속적인 상담을 통해서 말더듬 발생과 관련된 환경, 상황에 따른 말더듬의 가변성, 말더듬이 생활에 미치는 영향 등과 같은 정보를 수집해야 한다. 그리고 신경학적 원인이 없는 지를 검사해야 하며 (Baumgartner, 1999), 얼어붙기, 빠져나오기, 의도적 말더듬 등과 같은 시도치료를 통하여 극적으로 유창하게 되고 있는 지를 확인한다. 또한 SSI-4와 같은 검사도구를 통하여 말더듬의 심한 정도를 평가한다.

〈심인성 말더듬은 이런 항목들을 평가해요.〉

- 사례력
  - 말더듬 발생 시 특성이나 유형
  - 말더듬 발생과 관련된 환경
  - 상황에 따른 가변성
  - 비유창성의 발생 및 진행 과정과 현재 상태
  - 말더듬이 생활에 미치는 영향
  - 말더듬 심도와 부수행동에 대한 자기인식

- 일반적 기능 검사
  - 언어 검사(K-WAB, K-BNT, REVT 등)
  - 운동구어장애 검사: 구강구조 및 기능검사, 구어 운동 검사
  - 인지: MMSE(Mini-Mental State Examination)

- 구어 유창성 평가
  - 읽기: 단어, 짧은 문장, 문단
  - 자발적인 구어: 독백, 대화(200음절 이상)
  - 자동적인 구어: 수세기, 요일말하기, 노래하기
  - 시도치료 평가: 얼어붙기, 빠져나오기, 연장 발성
  - 말하기 상황 목록
  - 말더듬 심한 정도(SSI-4, P-FA-Ⅱ)

- 의사소통태도 평가, 말하기효능감 평가

(4) 심인성 말더듬 치료

후발성 말더듬 중 심인성 말더듬은 발달성 말더듬에 비해 중재 방법과 종단적인 임상 연구가 매우 적다. 신경인성 말더듬과 달리 심인성 말더듬은 유창성 회복이 빠르게 나타날 수 있다. Baumgartner와 Duffy(1997)는 심인성 말더듬인의 50% 이상이 한두 회기의 치료 후에 정상 혹은 정상에 가깝게 진전되었다고 보고하였다. 그러므로 모든 심인성 말더듬인에게 심리치료가 필요한 것은 아니

다. 무엇보다 따뜻한 공감과 수용적인 태도로 대상자가 말더듬이 발생하게 된 원인을 인식해 나가도록 돕고, 이러한 말더듬이 대상자 자신과 주변 환경에 미치는 영향에 대해서 받아들일 수 있도록 상호작용이 이루어져야 한다. 이러한 과정은 대상자가 자신의 문제를 회피하지 않고 긍정적으로 유창성을 회복하는 데 결정적인 역할을 하게 된다.

대상자뿐 아니라 누구라도 원치 않는 스트레스 상황에 놓이면 심리적인 충격과 음성 및 유창성에 문제가 생길 수 있고, 그 스트레스가 어떤 식으로든 후두 메커니즘에 긴장을 주게 되면 발성 시의 성대 긴장 조절능력을 잃게 되어 정상적인 구어 산출이 어려울 수 있다는 것을 편안하게 받아들이게 한다. 대상자가 말에 대한 과도한 긴장과 노력을 줄이거나 발화 환경을 변화시켜야 한다는 중재 목표를 수용한 다음, 유창성 증진 기법으로 접근하였을 때 효과적인 결과를 가져오게 된다.

① 상담치료

심인성 말더듬의 치료는 주로 상담을 통하여 이루어지며, 말더듬이 심각한 기질적 혹은 신경학적 질병 때문이 아니라는 것과 말하는 방법을 바꿀 수 있다는 것을 대상자가 받아들이게 한다. 상담은 대상자가 긴장을 풀고 치료사에 대한 신뢰감을 형성하는 데 매우 도움이 되며, 한두 번의 상담과 언어 및 심리 치료로도 빠른 호전을 보인다(Roth et al., 1989). 치료사는 대상자가 스트레스를 받는 사건과 상황에 주의를 기울이면서 대상자의 말더듬에 편안하게 반응하는 것뿐만 아니라, 대상자가 자신의 상황이나 감정을 표현할 수 있도록 돕는다. 개방적이고 수용적이며 신뢰감을 나누는 분위기를 통하여 자신의 감정과 공포, 말더듬에 어떻게 접근하고 대처할 것인지를 알게 한다.

② 유창성 유도

대상자가 스스로 유창하게 말할 수 있다는 자신감을 줄 수 있도록 자동 구어나 자동차 종류, 전화번호, 이름 등과 같이 매우 익숙한 질문을 통하여 유창성을 유도한다. 구어 과제를 쉬운 단계인 자동 구어에서 매우 숙달된 구어, 단단어를 요구하는 질문, 한 문장 읽기 또는 말하기, 여러 문장 읽기 또는 말하기, 대화하기 등과 같이 점진적으로 진행함으로써 천천히 유창성을 지속시키는 것이 효과적이다. 대상자가 자신의 상황과 감정에 대한 정보를 표현함으로써 자신감이 형성되면 대부분 말더듬이 긍정적인 변화를 보이거나 사라질 수 있다(Baumgartner, 1999).

③ 증상 치료

상담이나 유창성 유도 상황에서도 유창성이 자연스럽게 호전되지 않으면 증상 치료(symptomatic treatment)를 실시한다. 증상 치료를 위해서는 대상자가 치료에 적극적으로 참여하겠다는 의지가 바탕이 되어야 하므로 충분한 동기 유발이 필요하다. 치료사는 대상자에게 말더듬 행동에서 극단적인 긴장이나 노력이 나타나는 신체 부위에 집중하게 한다. 근육 붕괴나 긴장이 나타나는 후두 부분을 만져 보게 하고, 허밍을 하도록 요구한다. 허밍을 하면서 자연스럽게 모음으로 이어지게 하고, 단어나 문장으로 진행한다. 대상자가 스스로 잘하고 있다는 것과 계속적으로 호전되고 있다는 것을 인지하게 한다.

말을 하는데 사용되는 근육운동과 관련된 신체적 긴장을 줄이고 연장해서 말하기가 매우 효과적이며(Baumgartner, 1999; Guitar, 2014), 쉬운 시작, 가벼운 접촉과 같은 유창성 증진 기법 또한 효과적일 수 있다고 한다(Roth et al., 1989). 대상자가 작은 변화라도 인식하게 되면 다음 단계로의 변화는 더 순조롭게 진행되며 시간 또한 단축된다. 말더듬 증상이 감소함에 따라 심리적 스트레스 요인이 줄어들고 있는지를 살펴보아야 한다. 상담에서 심리적 스트레스 요인으로 언급했던 상황을 재확인하고, 그 요인이 줄어들고 있는지, 어떤 영향을 미치고 있는지를 알아야 한다. 대상자의 말더듬 증상이 완화되면 스트레스 요인이 줄어들게 된다. 그러나 대상자가 원인이 되는 상황에 압박을 계속 받는 중이거나, 몇 회기가 지나도 유창성에 변화가 없거나, 대상자의 요청이 있다면 정신과 전문의나 심리전문가에게 의뢰할 수 있어야 한다. 전문적 상담과 언어치료를 병행하는 것이 효과적이지만 심리치료가 반드시 필요한 것은 아니며, 대상자의 긍정적인 사고와 자아효능감 증진이 중요하다.

2. 유창성 관련 장애

1) 지적장애

지적장애인들은 자신의 감정과 생각을 상대방과 주고받을 수 있는 의사소통 능력뿐 아니라 고차원의 상징인 언어를 사용하는 능력, 그리고 음성을 통해 의미를 전달할 수 있는 구어에도 상당한 결함을 가질 수 있다. 또한 저긴장성 근육이나 기질적인 문제로 인하여 입술, 혀, 턱 등을 완전히 조절하지 못할 수도 있고 구강 내부구조에 비하여 혀가 큰 경우도 있다. 일부 지적장애인들은 난청으로 외부의 소리를 정확히 듣지 못하는 경우가 있다. 그뿐 아니라 시력상의 문제로 낱말과 실제의 사물을 일치시키지 못하며, 인지적 결함으로 언어 발달이 지체되는 경우가 많다. 청 · 시각상의 문제 이외에도 촉각 발달이 늦어서 구두 촉지각 능력이 떨어지고 혀 움직임 자체도 어둔하여 조음과 유창성에 결함을 나타낼 수 있다. 지적장애 중에서도 특히 다운증후군은 비유창성이 두드러진다. 제2장에서 진술된 바와 같이 전반적 언어 발달 지체나 언어의 특정 영역별 발달에 결함이 있는 경우에도 비유창성을 초래하게 된다. 새로운 단어 습득이 어려워 어휘 사용이 다양하지 못하고, 문장의 구조가 자연스럽지 못하고, 주제 유지하기와 대화하는 동안에 새로운 정보를 추가하거나 발화 내용에 대하여 자연스러운 수정 전략을 사용하는 데 문제가 있다. 이러한 언어 기능의 문제로 반복, 머뭇거림 및 쉼과 같은 비유창성을 자주 보이지만, 자신의 비유창성을 인식하지 못하기 때문에 공포나 회피가 없다.

이 외에도 지적장애인들은 두뇌의 처리 속도가 늦어 상대방의 말을 이해하고 표현하는 데 시간이 많이 걸리면서 비유창성이 증가한다. 점차 자신의 생각을 표현하고자 하는 의도나 기회가 줄어들게 되어 말에 대한 효능감이 낮아지게 된다. 물론 모든 지적장애인이 이러한 문제점들을 가지는 것은 아니다. 대상자들마다 문제를 가지는 정도가 다르고 양상이 다를 수 있으므로 개별적으로 정확한 언어 및 구어 특성을 파악하고 적절한 중재가 이루어져야 한다.

2) 위장 말더듬

위장 말더듬(malingering)은 말을 더듬음으로써 얻는 혜택으로 의도적으로 말을 더듬는 증상이다. Lew(1995)는 베이징의 자금성 광장에서 반정부 활동을 하다가 감금된 정치범이 공안의 취조에 심한 말더듬인 것으로 대처한 사례를 보고하였다. 심한 말더듬이 공안에게 반혁명기관의 대변인이 아닐 것이라는 확신을 주게 되어 석방될 수 있었다. 이러한 심한 말더듬 경험 이후에 "나의 말더듬은 나를 도울 뿐 아니라 나의 생명을 구했다"고 생각하게 되고 위장 말더듬이 발생하였다. 징병을 유예하거나 면제받기 위하여 의도적으로 말을 더듬은 20세 남성이 "전쟁이 끝나거나 나이가 많아서 징병을 할 수 없을 때까지 이러한 말더듬을 유지할 것"이라고 하였다(Culatta & Goldberg, 1995). Bloodstein과 Shirkey(1987)는 위장 말더듬으로 추측되는 대상자를 감별하는 것이 어렵지만, 위장 말더듬의 가장 큰 특성은 급하거나 압박을 주는 상황에서 오히려 말더듬 없이 더 유창하게 발화한다는 것이다.

3) 연축성 발성장애

성대 운동 조절장애인 연축성 발성장애(spasmodic dysphonia)는 음성을 산출하는 데 필요한 기류를 거의 내보낼 수 없을 만큼 지나친 성대 접촉과 과긴장으로 기인되는 음성장애로 다른 사람과 대화를 할 때 가장 심하게 나타난다. Nicolosi 등(1996)은 후두내근의 경직으로 음성이 간헐적으로 긴장되거나 억압되는 연축성 발성장애를 성대 말더듬(stammering of the vocal cords) 또는 후두 말더듬(laryngeal stuttering)이라고 하였다. 많은 학자들은 연축성 발성장애는 유창성 장애는 아니지만 말더듬과 유사한 증상을 보인다고 하였다(Silverman & Hummer, 1989). 후두내근이 간헐적으로 붕괴되면서 막힘을 보이는데, 의사소통 상황, 화자가 청자를 의식하는 정도, 의사소통의 중요도 등에 따라 이러한 증상이 가변적으로 나타난다.

내전형 연축성 발성장애는 성대의 내전과 외전 근육의 접촉 순간 과도한 경련의 발생으로 꽉 조여지는 발성과 힘이 많이 들어가는 경직된 음성이 산출된다. 하지만 이러한 증상의 원인이 심리적인 기제에 의한 것인지, 신경학적 문제로 인한 것인지는 명확하게 밝혀지지 않았다. 외전형 연축성 발성장애는 성대의 과도한 외전으로 다량의 기류가 폭발적으로 산출되며, 주로 무성 자음을 산출하는 동안에 발생한다. 연축성 발성장애는 발달성 말더듬과 같이 합독하기, 노래하기, 암송하기, 아동이나 동물과 말하기, 혼자 말하기 등과 같은 유창성 유발 조건에서는 비교적 유창하고, 적응 효과가 나타난다. 그러나 발달성 말더듬은 대부분 아동기에 발생되고 여성보다 남성에게 발생률이 높지만, 연축성 발성장애는 중년기(40~60세)에 발생하고 성별의 차이가 없다(Silverman, 1996). 또한 단어부분반복이 음절이나 단어의 마지막 위치에서도 나타나며, 단어 내에서도 연장이 나타난다(Salamy & Sessions, 1990). 연축성 발성장애는 불완전한 성대 협응으로 정상적인 의사소통이 어렵게 되며, 이러한 의사소통의 문제는 심리적인 위축감을 가중시켜 악순환이 반복된다.

따라서 연축성 발성장애, 즉 후두 말더듬 치료는 심리적인 치료와 음성치료를 병행한다. 내전형 연축성 발성장애의 경우 많이 알려진 외과적 수술 가운데 하나인 편측 회귀성 후두신경(RLN)을 마비시키는 방법을 주로 사용하지만 이비인후과 의사와 충분한 상담 후에 수술 여부를 결정해야 한다. 또한 국소적 근긴장이 연축성 발성장애를 유발한다는 측면에서 성대를 이완시키기 위해 보툴리늄(botulinum) 독소를 주입하기도 한다. 소량의 보톡스를 편측 혹은 양측 갑상피열근에 주입하여 일시적으로 근육을 이완시킴으로써 성대 긴장을 줄여서 유창성을 증가시키게 한다. 이러한 보톡스가 유창성 측면에서 일시적인 효과는 있지만(Ludlow, 1990), 만성적인 환자에게는 효과가 적거나 일시적일 수 있다(Stager & Ludlow, 1994).

4) 주의력결핍-과잉행동장애(ADHD)

주의력결핍-과잉행동장애(attention deficit-hyperactivity disorder; 이하 ADHD)는 학령전기 및 학령기 아동에게 발병하는 신경행동 발달장애로 주의력결핍, 충동성 및 과잉행동이 주 증상이다(American Psychiatric Association, 2013). 우리나라 학령기 아동의 2~9%가 ADHD 아동으로 추정되고 있으며(오원옥, 박은숙, 2007), 정서장애, 학습장애, 말 및 언어장애와 같은 동반 장애를 보이기도 한다(Conture, 2001; Cuffe, Moore, & Mckewon, 2005). ADHD 아동은 언어를 적절히 기능적으로 사용하는 화용능력의 어려움이 있다(Owens, 1998).

예를 들면, ADHD 아동은 말이 비유창하고, 대화 시 요점에서 벗어난 이야기를 하고, 구어 지시를 기억하지 못하고, 이야기를 유창하게 다시 말하는 데 어려움이 있다(Baker & Cantwell, 1992; Lee et al., 2017). 메시지를 구성하고 말을 계획하여 산출하는 능력의 어려움으로 maze(언어적 비유창성), 말실수, 자기수정 혹은 의사소통 붕괴, 간투사와 반복 등과 같은 비유창성을 보인다(임종아, 황민아, 2009). Lee 등(2017)은 ADHD 아동이 다양한 말하기 과제에서 일반 아동에 비해 더 많은 비유창성을 산출하였고, 특히 이야기 다시 말하기 과제에서 더 많은 정상적 비유창성을 산출하였다. 이러한 결과는 ADHD 아동들이 주의력을 더 기울여야 하는 말하기 과제에 취약하다는 것을 나타낸다. 이현경(2018)은 ADHD 아동들이 정상적 비유창성 유형은 수정/미완성과 간투사를, 병리적 비유창성 유형은 단어부분반복과 비운율적 발성을 나타냈으며, 총 비유창성에서 수정/미완성 발화가 차지하는 비율이 가장 높았다.

임상 현장에서 말·언어장애를 동시에 보이는 ADHD 아동을 대면하게 되었을 때 진단과 치료 방향을 설정하는 데 어려움이 있다(Healey & Reid, 2003). 이러한 경우 언어장애 문제에만 치료 방향을 맞추게 된다면 유창성 발달을 저해할 수 있으므로(Bernstein Ratner, 1995), ADHD 아동이 보이는 언어적 특성뿐만 아니라 비유창성 특성 또한 정확하게 파악하고 두 증상 모두를 고려한 치료가 이루어져야 한다(Arndt & Healey, 2001; Blood et al., 2003).

5) 투렛증후군

투렛증후군(tourette syndrome)은 1885년 프랑스의 신경학자인 질 드 라 투렛(Gilles de la Tourette)에 의해 공식적으로 처음 보고된 신경학적 장애로 운동 틱과 음성 틱의 증상을 나타낸다. 이러한 음성 틱과 운동 틱은 다시 단순형과 복합형으로 구분할 수 있다(홍강의, 2016). 단순 운동 틱은 단일군의 근육이 관여하는 의미 없이 빠르고 급격한 동작으로, 눈 깜빡임, 눈 찡그림, 발로 차기, 손가락 움직이기, 코 찡그림, 빠른 경련, 팔이나 머리 또는 신체의 다른 부분의 긴장 등이 있다. 복합 운동 틱은 여러 근육이 관여하는 더 느리고 의미 있는 동작으로, 뛰기, 두드리기, 치기, 머리 매만지기, 빙빙 돌기, 굽히기, 자신이나 다른 사람을 다치게 하거나 멍들게 하기, 과도한 표현하기, 같은 단어나 문자를 반복해서 쓰는 것 같은 고착행동, 종이나 책 찢기 등이 있다. 단순 음성 틱은 의미 없이 빠르게 휘파람 소리, 기침 소리, 씹는 소리, 쫓는 소리, 개 짖는 소리, 킁킁 소리, 그렁거리는 소리, 쉿 소리, 빠는 소리 등을 내며, 복합 음성 틱은 단어, 구, 문장으로 '닥쳐!', '그만 해!', '바로!'와 같은 명령어, 숫자 세기와 같은 자동 구어, 추언, 비의도적인 외설이나 욕설적인 단어와 문장, 특정 단어나 구를 반복하기, 반향어나 다른 사람의 말을 반복하기 등이 있다.

투렛증후군은 가족력을 보이지만 유전자는 발견되지 않았으며, 세로토닌, 도파민, 아세틸콜린, GABA 등 뇌신경전달물질의 불균형이 원인으로 알려져 있다. 스트레스나 불안에 의해 악화되는 만큼 심리적인 요인도 중요하게 작용한다. 틱은 보통 불수의적이고 급작스럽고 빠르게 반복되며 매우 다양한 형태로 나타난다. 또한 틱은 불안, 흥분, 분노, 피로 등으로 악화된다. 투렛증후군은 남성이 여성에 비해 3배 정도 발생률이 높고, 3명 중 1명은 말더듬을 수반하고 있다(조수철, 신민섭, 2006).

투렛증후군은 주의력결핍-과잉행동장애(ADHD), 정서장애, 강박신경증 환자(종종 복합 운동 틱과 감별하기 어려움), 품행장애(갑자기 화내기, 사소한 일에 분노하기, 반항하기, 거짓말하기, 훔치기, 방화하기) 등의 다양한 장애와 관련이 있다. 또한 학습장애, 실독증, 우울증, 조증, 수면장애, 말더듬 등이 동반 장애로 나타날 수 있다(조수철, 2005).

투렛증후군의 치료는 여러 가지 치료법을 절충적으로 사용한다. 치료 목표는 틱을 억제하고 관련된 문제를 해결하거나 최소화하는 것이다. 치료가 어렵지만 신경약물학적 중재와 행동치료가 가장 효과적이며, 언어치료, 심리치료, 가족치료, 인지치료, 학습치료 등을 병행해야 한다. 행동치료와 약물치료는 단독으로 시행할 수도 있고 병행할 수도 있다. 행동치료는 나타나는 틱과 상반되는 근육을 사용하도록 하는 습관전환 훈련(habit reversal training), 정적 강화법(positive reinforcement), 이완 훈련(relaxation training), 자기점검(self-monitoring) 등이 있다. 약물치료만으로 틱을 완전히 제거하기는 어렵기 때문에 일상생활에 최대한 불편을 줄이도록 관리하며 행동치료를 병행하는 것이 좋다. 클로디닌(clonidine, 상품명: 카타프레스), 클로나제팜(clonazepam, 상품명: 클로노핀)과 같은 부작용이 적은 약물을 일차적으로 복용하며, 효과가 없을 때는 할로페리돌(haloperidol, 상품명: 할돌), 리스페리돈(risperidon, 상품명: 리스페달), 올라자핀(olanzapine, 상품명: 자이프렉사) 등과 같은 항정신약제로 분류되는 이차 약물을 처방받지만, 이러한 약물치료는 부작용을 고려해야 한다(Bruun & Bruun, 1994). 체중 증가, 입마름 및 근육경직 등의 부작용이 있을 수 있으며, 환자마다 반응이 다를 수 있기 때문에 개인에게 가장 효과적이고 부작용이 적은 약물을 복용해야 한다. 또한 주의력결핍-과잉행동장애, 강박증, 학습장애, 대인공포증, 편두통, 우울증, 불안, 말더듬 등과 같은 증상이 동반될 경우 이러한 중재도 병행해야 한다.

〈투렛증후군의 증상은 이렇게 나타나요.〉

틱은 보통 불수의적이고 급작스러우며 반복적이며 개인별로 매우 다양한 증상을 나타낸다. 남성이 여성에 비해 발생률이 3배 정도 높으며, 투렛증후군의 3명 중 1명은 말더듬을 수반한다. 복합 음성 틱이 가장 말더듬 행동이 두드러진다.

• 운동 틱
 – 단순 운동 틱: 눈깜박임, 머리 끄덕임, 손가락 움직이기 등
 – 복합 운동 틱: 뛰기, 두드리기, 치기, 과도한 표현하기, 고착행동, 종이나 책 찢기 등

• 음성 틱
 – 단순 음성 틱: 휘파람 소리, 기침 소리, 씹는 소리, 끓는 소리, 개 짖는 소리, 킁킁 소리, 그렁거리는 소리, 쉿 소리, 빠는 소리 등
 – 복합 음성 틱: 단어, 구, 문장으로 '닥쳐!', '그만 해!', '바로!'와 같은 명령어, 숫자세기와 같은 자동 구어, 추언, 비의도적인 외설이나 욕설적인 단어와 문장, 특정 단어나 구를 반복하기, 반향어나 다른 사람의 말을 반복하기 등

6) 약물 부작용

Nurnberg와 Greenwald(1981)는 페노티아진(phenothiazine)계 약물이 말더듬과 관련이 있다고 하였으며, Thomas 등(1994)은 클로자핀(clozapine)에 의한 근긴장이상증과 동반된 말더듬을 보고하였으며, Menkes와 Ungvari(1993)는 삼환계 항우울제가 말더듬을 유발하거나 악화시키는 경향이 있다고 제안하였다. 최주연 등(2004)은 66세의 대상포진 신경통 환자에게 성상신경절 차단과 항경련제인 가바펜틴(gabapentin)을 투여한 후 말더듬이 발생한 사례를 보고하였다. Nissani와 Sanchez(1997)는 가바펜틴을 복용하는 뇌전증 환자에게 말더듬이 나타났으나 가바펜틴을 중단한 지 4일 후 말더듬 증상이 사라졌다고 보고하였다. 가바펜틴 외에도 데시프라민(desipramine), 테오필린(theophylline), 메틸페니데이트(methylphenidate), 클로자핀, 알프라졸람(alprazolam), 설트랄린

(sertraline) 등의 약물도 말더듬이 유발될 수 있다고 하였다. 우울증 치료를 위한 리튬(Lithium) 복용 후에 말을 더듬게 된 환자는 내용어뿐 아니라 기능어를 포함한 모든 단어에서 막힘을 보이고, 적응 효과가 없고, 자신의 비유창한 구어에 대하여 불안을 나타내며, 볼 부풀기, 안면 찡그림, 머리 움직임과 같은 부수행동을 보였다(Rentschler, 1984). 그러나 이러한 약물 부작용에 의한 말더듬은 일시적이며, 약물을 중단하였을 때 대부분이 유창하게 말을 하게 된다.

이 장에서는 전형적인 말더듬과는 다른 후발성 말더듬과 유창성 관련 장애를 다루었다. 신경인성 말더듬, 심인성 말더듬, 지적장애로 인한 말더듬, 위장 말더듬, 연축성 발성장애, 주의력결핍-과잉행동장애, 투렛증후군, 약물 부작용으로 인한 말더듬의 원인과 비유창성 특성을 살펴보았다. 임상 현장에서 발달성 말더듬과 다른 후발성 말더듬, 유창성 관련 장애를 감별하고 대상자의 증상과 특성을 고려한 효과적인 중재가 이루어지기를 기대한다.

연습문제

1. 후발성 말더듬과 유창성 관련 장애는 어떤 것이 있는지 설명하시오.

2. 신경인성 말더듬의 발생 시기와 발생 원인에 대하여 설명하시오.

3. 발달성 말더듬과 신경인성 말더듬을 감별 진단하는 특성을 설명하시오.

4. 신경인성 말더듬의 치료 방법을 설명하시오.

5. 심인성 말더듬의 원인에 대하여 설명하시오.

6. 심인성 말더듬과 신경인성 말더듬을 감별 진단하는 특성을 설명하시오.

7. 위장 말더듬이란 무엇이며, 발달성 말더듬과 가장 다른 특성은 무엇인지 설명하시오.

8. 연축성 발성장애와 발달성 말더듬의 유사점과 차이점을 설명하시오.

9. 주의력결핍-과잉행동장애(ADHD) 아동들의 비유창성 특성을 설명하시오.

10. 투렛증후군의 운동 틱과 음성 틱을 단순행동과 복합행동으로 분류하고, 비유창성이 가장 두드러지는 유형을 설명하시오.

참고문헌

권용철, 박종한(1989). 노인용 한국판 Mini-mental state examination(MMSE-K)의 표준화 연구-제1편: MMSE-K의 개발. 신경정신의학, 28, 125-135.

신명선(2006). 신경인성과 발달성 말더듬의 비유창성 특성 비교. 대구대학교 대학원 박사학위논문.

신명선, 안종복(2008). 신경언어장애. 대구: 한국언어치료학회.

이헌정, 곽동일(1999). Risperidone에 의해 유발된 말더듬. 대한정신약물학회지, 10(2), 196-198.

오원옥, 박은숙(2007). 주의력결핍 과잉행동장애(ADHD)아동 부모의 양육 경험: 정상에 다가가기. 한국간호과학회, 37(1), 91-104.

이현경(2018). 말더듬아동과 주의력결핍 과잉행동장애(ADHD)아동의 비유창성 특성과 실행기능. 이화여자대학교 대학원 박사학위논문.

이혜란(2009). 교통사고 이후 발증한 후천적 말더듬 치료 사례 보고. 재활심리연구, 16(2), 25-36.

임종아, 황민아(2009). 이야기다시말하기에서 나타난 ADHD아동의 mazes 특성. 언어청각장애연구, 14, 95-107.

조수철(2006). 틱장애. 서울대학교출판부.

조수철, 신민섭(2006). 소아정신병리의 진단과 평가. 학지사.

최주연, 김윤진, 백희정, 김종학(2004). 대상포진 후 신경통 치료과정 중 발생한 말더듬. 대한통증학회지, 17(2), 275-278.

홍강의(2016). 소아정신의학. 서울: 학지사.

American Psychiatric Association. (2013). *Diagnostic and statistical manual of mental disorders* (5th ed.). Washington, DC: Author.

Andrews, G., Quinn, P. T., & Sroby, W. A. (1983). Stuttering: An investigation into cerebral dominance for speech. *Journal of Neurology Neurosurgery, and Psychiatry*, *35*, 414-418.

Andy, O. J., & Bhatnagar, S. C. (1992). Stuttering acquired from subcortical pathologies and its alleviation from thalamic perturbation. Brain and Language, 42, 385-401.

Arndt, J., & Healey, E. C. (2001). Concomitant disorders in school-age children who stutter. *Language, Speech, Hearing Services in School*, *32*, 68-78.

Aronson, A. E. (1992). *Clininical voice disorders: An interdisciplinary approach* (3rd ed.). New York: Thieme.

Attanasio, J. S. (1987). A case of late-onset or acquired stuttering in adult life. *Journal of Fluency Disorders*, *12*, 287-290.

Attanasio, J. S. (1987). A case of late-onset or acquired stuttering in adult life. *Journal of fluency Disorders*, *12*, 287-290.

Baker, L., & Cantwell, D. P. (1992). Attention deficit disorder and speech language disorders. *Comprehensive Mental Health Care*, *2*(1), 3-16.

Baumgartner, J. M. (1997). Acquired psychogenic stuttering. In R. F. Curlee (Ed.), *Stuttering and Related Disorders of Fluency* (2nd ed.). New York: Thieme Medical publishers.

Baumgartner, J. M., & Duffy, G. J. (1997). *Stuttering and Related Disorders of Fluency*. New York: Thieme, 269-288.

Bernstein Ratner, N. (1995). Treating the child who stutter with concomitant language or phonological impairment. *Language, Speech, Hearing Services in School*, *26*, 180-186.

Bijleveld, H., Lebrun, Y., & Van Dongen, H. (1994). A case of acquired stuttering. *Folia Phoniatrica Logopedica*, *46*, 250-253.

Blood, G. W., Ridenour, V. J., Qualls, C. D., & Hammer, C. S. (2003). Co-occurring disorders in children who stutter. *Journal of Fluency Disorders*, *36*, 427-448.

Bloodstein, O. (1995). *A handbook on stuttering*. San Diego: Singular Publishing Group.

Bloodstein, O., & Shirkey, E. A. (1987). Verification of stuttering in a suspected malingerer. *Journal of Fluency Disorders*, *13*, 83-88.

Borsel, J. (1997). Neurogenic stuttering: A review. *Journal of Clinical Speech and Language Studies*, *7*, 16–33.

Borsel, J., & Taillieu, C. (2001). Neurogenic stuttering versus developmental stuttering. *Journal of Communication Disorders*, *34*(5), 385–395.

Cannito, M. P., Deal, J., & DiLollo, A. (2001). *Nature and management of acquired neurogenic dysfluency*. Austin: Pro-Ed Inc.

Canter, G. J. (1971). Observation neurogenic stuttering: A contribution to differential diagnosis. *British Journal of Disorders of Communication*, *6*, 139–143.

Chistensen, R. C., Byerly M. J., & McElroy, R. A. (1996). A case of sertraline-induced stuttering 〔letter〕. *Journal of Clinical Psychopharmacology*, *16*, 92–93.

Conture, E. G. (2001). *Stuttering: Its nature, diagnosis, and treatment* (3rd ed.). Boston: Allyn and Bacon.

Cordes, A. K., & Ingham, R. (1998). *Treatment efficacy for stuttering: A search for empirical bases*. San Diego, CA: Singular Publishing.

Cuffe, S. P., Moore, C. G., & Mckewon, R. E. (2005). Prevalence and correlates of ADHD symptoms in the national health interview survey. *Journal of Attention Disorders*, *9*(2), 392–401.

Culatta, R., & Goldberg, L. (1995). Dysfluency isn't always stuttering. *Journal of Speech and Hearing Disorders*, *53*, 486–487.

Culatta, R., & Goldberg, S. (1995). Stuttering therapy: an integrated approach to theory and practice. Boston: Allyn & Bacon.

Darley, F. L., Aronson, A., & Brown, J. R. (1975). *Motor speech disorders*. Philadelphia: W. B. Saunders.

Davis, B. L., Jakielski, K., & Marquardt, T. P. (1998). Developmental apraxia of speech: Determiners of differential diagnosis. *Clinical Linguistics & Phonetics*, *12*, 25–45.

Deal, J. L. (1982). Sudden onset of stuttering: A case report. *Journal of Speech and Hearing Disorders*. *47*, 301–304.

Deal, J. L., & Doro, J. M. (1987). Episodic hysterical stuttering. *Journal of Speech and Hearing Disorders*. *52*, 299–300.

Dempsey, G. L., & Granich, M. (1978). Hypno-behavioral therapy in the case of a traumatic stutter: A case report. *International Journal of Clinical and Experimental Hypnosis*, *26*, 125–133.

Donnan, G. A. (1979). Stuttering as a manifestation of stroke. *The Medical Journal of Australia*, *1*, 44-45.

Downie, A. W., Low J. M., & Linsay, D. D. (1981). Speech disorders in Parkinsonism: Use of delayed auditory feedback in selected cases. *Journal of Neurology Neurosurgery and Psychiatry*, *44*, 852-853.

Duffy, J. R. (1994). *Motor speech disorders: Substrates, differential diagnosis, and management*. St. Louis, MO: Mosby.

Goodglass, H., & Kaplan, E. (1983). *Boston Diagnostic Examination for Aphasia*. Philadelphia: Lea & Febiger.

Guitar, B. (1998). *Stuttering: An integrated approach to its nature and treatment*. Baltimore: Williams and Wilkins.

Guitar, B. (2006). *Stuttering* (3rd ed.). Baltimore: Williams & Wilkins.

Guthrie, S., & Grunhaus L. (1990). Fluoxetine-induced stuttering. *Journal of Clinical Psychiatry*, *51*, 85-87.

Hanson, W., & Metter, J. (1980). DAF as instrumental treatment for dysarthria in progressive supranuclear palsy: A case report. *Journal of Speech and Hearing Disorder*, *45*, 268-276.

Haynes, W. O., Hood, S. B., & Gilbert, H. R. (1992). Neurogenic acquired stuttering. *Journal of Fluency Disorders*, *17*, 287-290.

Healey, E. C., & Reid, R. (2003). ADHD and stuttering: A tutorial. *Journal of Fluency Disorders*, *2*, 79-94.

Helm, N. A., & Butler, R. B. (1980). Neurogenic acquired stuttering. *Journal of Fluency Disorders*, *5*, 269-279.

Helm-Estabrooks, N., Geschwind, N., Freeman, M., & Weinstein, C. (1999). Stuttering: Disappearance and reappearance with acquired brain lesions. *Neurology*, *36*, 1109-1112.

Johns, P. K., & Darley, F. L. (1970). Observations on stammering after localized cerebral injury. *Journal of Neurology, Neurosurgery, and Psychiatry*, *29*, 192-195.

Koller, R. M. (1983). Locus of control and client performance variables as predictors of stuttering treatment outcome. *Journal of Fluency Disorders*, *19*, 186-187.

LaPointe, L. L. (1990). *Aphasia and rerelated neurogenic language disorders*. New York: Thieme Medical Publishers Inc.

Lebrun, Y., Bijleveld, H., & Rousseau, J. J. (1990). A case of persistent neurogenic stuttering following a missile wound. *Journal of Fluency Disorders*, *15*, 251-258.

Lebrun, Y., Leleux, C. Van Borsel, J. (1987). Acquired stuttering. *Journal of Fluency Disorders*, *12*, 186-187.

Lee, H., Sim, H., Lee, E., & Choi, D. (2017). Disfluency characteristics in children with attention-deficit/hyperactivity disorder symptoms. *Journal of communication Disorder*, *65*, 54-64.

Lew, M. (1995). Self-conscious emotions: Embarrassment, Pride, Shame and guilt. New York: Guilford Press.

Ludlow, C. L. (1990). Treatment of speech and voice disorders with botulinum toxin. *The Journal of the American Medical Association*, *264*, 2671-2675.

Ludlow, C. L., Rosenberg, J., Dillon, D., & Buck, D. (1982). Persistent speech dysprosody following penetrating head injury. *Journal of Fluency Disorders*, *7*, 313-320.

Maguire, G. A., & Riley, G. D. (2002). A neurological basis of stuttering? *Neurology*, *1*, 407.

Mahr, G., & Leith, W. (1992). Psychogenic stuttering of adult onset. *Journal of Speech and Hearing Disorders*. *35*, 283-286.

Market, K. E., Montague, J. C., Buffalo, M. D., & Drummond, S. (1990). Acquired stuttering: Descriptive data and treatment outcome. *Journal of Fluency Disorders*, *15*, 21-33.

Marshallr, R. C., & Neuburger, S. A. (1987). Behavioral treatment of acquired stuttering. *Australian Journal of Human Communication Disorders*, *12*, 87-92.

Mazzuchi, A., Moretti G., Carpeggiani P., Parma M., & Paini P. (1981). Clinical observation on acquired stuttering. *British Journal of Disorders of Communication*, *16*, 19-30.

McCall, W. V. (1994). Sertraline-induced stuttering [letter] . *Journal of Clinical Psychopharmacology*, *55*, 316.

Menkes, D. B., & Ungvari, G. S. (1993). Adult oneset stuttering as a presenting feature of schizophrenia: Restoration of fluency with trifluoperazine. *Journal of Neurology, Neurosurgery, and Psychiatry*, *181*, 64-65.

MeyersHall, S. C., & Aram, N. H. (1998). Qualitative and quantitative difference and patterns of variability in disfluency emitted by preschool stutterers and nonstutterers during dyadic conversation, *Journal of Fluency Disorders*, *24*, 186-

187.

Moore, B. J., & Younts, J. K. (2007). Making a difference for America's children: Speech pathologist in public schools (2nd ed.). Greenville, SC: Super Duper Publications.

Nicolosi , H. B., Herbrich, K. E., Hoyt, B. D. (1996). A neuroscience model of stuttering. *Journal of Fluency Disorders*, *21*, 339-427.

Nissani, M., & Sanchez, E. A. (1997). Stuttering caused by gabapentin. *Journal of Clinical Psychopharmacology*, *18*, 405-410.

Nowack, W. J., & Stone, R. E. (1987). Acquired stuttering and bilateral cerebral disease. *Journal Fluency Disorder*, *12*, 141-146.

Nurnberg, H. G., & Greenwald, B. (1981). Stuttering: An unusual side effect of phenothiazines. *Journal of Psychiatry*, *44*, 69-72.

Owens, R. E. (1998). *Language development: An introduction*. Columbus, OH: Merrill.

Quinn, P. T., & Andrews, G. (1997). Neurological stuttering: A clinical entity. *Journal of Neurology, Neurosurgery, and Psychiatry*, *40*, 699-701.

Rentschler, G. I. (1984). The onset of stuttering following drug overdose. *Journal of Fluency disorders*, *9*, 265-284.

Roth, C. R., Aronson, A. E., & Davis, L. J. (1989). Clinical studies in psychogenic stuttering of adult onset. *Journal of Speech and Hearing Disorders*, *54*, 634-646.

Rousey, C. G., Ariuan, K. N., & Rousey, C. L. (1986). Successful treatment of stuttering following closed head injury. *Journal of Fluency Disorders*, *11*, 257-261.

Rubow, R. T., Rosenbek, J., & Schumacher, J. G. (1986). Stress management in the treatment of neurogenic stuttering. *Biofeedback and Self Regulation*, *11*, 77-78.

Ryan, B. (2001). *Programmed therapy for stuttering in children and adults*. Illinos: Charles C. Thomas.

Schreiber, S., & Pick, C. G. (1997). Paroxetine for secondary stuttering: Further interaction of serotonin and dopamine. *Journal of Nervous and Mental Disease*, *185*, 465-466.

Silverman, F. H. (1996). Stuttering and other fluency disorder. Englewood Cliffs, NJ: Prentice Hall.

Silverman, F. H., & Hummer, K. (1989). Spastic dysphonia: A fluency disorder? *Journal of Fluency Disorders*, *14*, 285-291.

Stager, S. V., & Ludlow, C. (1994). *Responses of stutters and vocal tremor patients to treatment with botulinum toxin*. New York: Marcel Dekker, Inc.

Stewart, J. L., Rowley, C. R. (1996). Stuttering Indians: A reply to Zimmermann et al. *Journal of Speech and Hearing Research*, *28*, 313-315.

Stewart, T., & Rowley, D. (1996). Acquired stammering in Great Britain. European *Journal of Disorders of Communication*, *31*, 1-9.

Thomas, P., Lalaux N., Vaiva G., & Goudemand, M. (1994). Dosedependent stuttering and dystonia in a patient taking clozapine [letter]. *Journal of Psychiatry*, *151*, 1096.

Turgut, N., Utku, U., & Balci, K. (2002). A case of acquired stuttering resulting from left parietal infarction. *Acta Neurologica Scandinavia*, *105*, 408-410.

Van Riper, C., & Erickson, R. L. (1996). *Speech correction principle and methods* (9th ed.). Englewood Cliffs: Prentice Hall.

Vogel, D., & Cannito, M. P. (2001). *Treating disordered speech motor control*. Austin: An International Publisher.

Weiner, A. E. (1981). A case of adult onset of stuttering. *Journal of Fluency Disorders*, *6*, 181-186.

제9장

속화

박진원

1. 속화 개관
2. 속화 진단과 평가
3. 속화 치료

속화

속화는 유창성 장애의 한 유형으로 말더듬에 비해 발생률이 낮지만 의사소통에 상당히 부정적인 영향을 끼친다. 속화는 연구자마다 속화의 정의와 진단기준이 다르기 때문에 속화의 발생률이나 특성에 대한 연구 결과에도 차이가 있다. 그러나 이러한 속화의 공통적인 증상은 대부분 조음이 불명료하고, 구어 속도가 지나치게 빠르며, 종종 자신의 비유창함을 자각하지 못한다는 것이다. 따라서 속화인은 의사소통 상황에서 유능한 화자로서의 역할을 못할 뿐 아니라 학습, 사회적 관계 형성 및 직업 선택 등 개인의 삶 전반에 상당한 어려움을 겪는다. 속화는 다른 장애와 공존하는 경우가 많고, 속화 증상만을 보이는 경우는 드물어서 독립된 장애로 명확히 구분하기 어렵다. 이 장에서는 여러 해에 걸쳐 연구한 결과를 토대로 속화의 구체적인 특성을 제시하고 임상에서 속화 진단 및 치료를 할 때 적용할 수 있는 유용한 방법을 제시하였다.

1. 속화 개관

1) 속화 정의

속화(cluttering)는 구어 속도가 빠른 것이 주 증상이며, 속어증(tachylalia)이라고 한다. 따라서 속화란 비정상적이고 불규칙적인 구어 속도가 특징인 유창성 장애다.

흔히 속화는 '도망가는 말(run-away speech)'이라 하고, 말더듬은 '도망자의 더듬거림(running stutterings)'이라고 표현한다. 속화와 말더듬을 구별할 수 있는 특징으로 속화인은 말더듬인과 달리 구조화된 상황에서 구어 모델에 따라 느리게 구어 속도를 조절할 수 있다. 또한 속화인이 실제 구어 속도에 대해 자기관찰을 할 수 있는 경우에는 교호 운동의 속도와 명료도가 일반 화자와 유사하다(Myers et al., 2008). 따라서 속화의 급하고, 반복적이며, 머뭇거리는 구어 패턴은 말더듬과 유사하지만 다른 형태의 비유창성이다. 또한 속화인은 공통적으로 언어적 처리 과정에 문제가 있다(Van Zaalen et al., 2009). 우선, 단어 찾기와 구문 계획 등에 어려움을 보인다. 짧은 구를 사용하거나 종종 갑작스럽게 발화를 시작(bursts)하기도 한다. 속화인은 완전한 구로 조합하지 못하고 단순히 2~3개 단어를 나열하는 경향이 있다. 따라서 이때 음, 음절, 단어와 구를 반복하는데 이는 운동장애(motor block)라기보다 완전한 문장을 형성하기 위한 단어 찾기 문제의 결과로 볼 수 있다. 속화인은 구어 어순이 부정확할 뿐 아니라 동사의 활용도 불완전하다(Ward, 2006).

가끔 사람들이 조증(manic disorder)을 나타낼 때 말을 빠르게 하므로 기분장애(mood disorder)를 속화로 진단하기도 한다. 그러나 비교적 빠른 속도로 말하는 것이 특징인 다른 장애 집단과 속화를 구분하는 것이 필요하다.

속화에 대한 성공적인 평가와 치료를 위해 속화와 동시에 발생할 수 있는 말

속화의 개념에 포함되는 내용

1. 많은 유창성 장애인들의 대부분이 전형적인 말더듬이 아니다.
2. 종종 구와 운율 패턴이 문법적 · 의미적으로 부적절하다.
3. 동시조음이 부정확하며 특히 다음절 단어에서 두드러진다.

(출처: St. Louis et al., 2007)

더듬, 다운증후군, 학습장애, 자폐스펙트럼 주의력결핍-과잉행동장애 등의 장애 특성을 이해하고 속화와 감별할 수 있어야 한다.

2) 속화 특성

속화는 주의집중과 기억 및 언어 기능에 영향을 받는다. Weiss(1964)는 구어 산출의 문제는 '중추 언어의 불균형(central language imbalance)'에서 기인한다고 보았다. 아직까지 속화의 원인은 불분명하지만, 말더듬과 마찬가지로 운동 구어 조절의 결함으로 설명할 수 있다. 이러한 속화는 음들이 운동적으로 방해를 받아 산출되며, 빠른 구어 속도, 짧은 쉼, 과도한 동시조음 등의 특성으로 나타난다(Daly & Cantrell, 2006). 또한 속화는 운동 구어 조절의 붕괴를 포함하여 언어 계획, 프로그래밍, 실행에 걸쳐 전반적인 수준에 이르기까지 보다 광범위한 영역의 문제를 포함한다. 그러므로 속화는 언어적 특성으로 화용 · 문법 · 어휘 · 음운 수준 등에도 오류를 보이고(Van Zaalen et al., 2009; Ward, 2010), 운동조절 프로그래밍과 실행에도 어려움을 보인다. 따라서 속화의 증상을 잘 이해하기 위해서는 속화인의 구어 산출 특성과 의사소통 특성을 살펴보아야 한다.

(1) 구어 산출 특성

속화 증상은 운동성에 문제가 있다고 알려진 다른 많은 장애들과 유사하다. 과도한 동시조음과 빠른 구어 속도, 불명료한 조음은 파킨슨 환자와 속화인의 공통된 증상이다. 또한 음과 음절의 반복적인 오류는 구어 실행증 구어와 유사하다.

속화와 말더듬은 동시에 발생하기도 하며(St. Louis et al., 2007; Ward, 2006), 말더듬은 운동적으로 방해받은 음을 산출하는 동안 발생하므로 '운동 구어 조절 장애(disorder of motor speech control)'에 해당된다. 속화는 운동 조절 프로그래밍과 실행에 어려움을 보이므로 운동 구어 조절 능력에 문제가 있다. 많은 연구자들이 속화에 대하여 구어 속도, 리듬, 조음이라는 용어를 사용하여 운동적으로 방해받은 구어로 특징짓는다. 속화는 언어적 측면의 화용적 · 문법적 · 어휘적 · 음운적 수준에서 오류를 나타내기 때문이다(Van Zaalen et al., 2009; Ward, 2010). 속화인의 구어에 대해 운동학적 분석을 한 Hartinger와 Moosehammer(2008)는 3명의 속화인을 대상으로 구어에서 혀와 입술, 턱 사이의 공간과 시간적 협응을 살펴보았다. 그 결과, 조음에 있어서 변이가 다양하게 산출되었으며 다음절 긴 단어를 산출할 때 발화 시간과 조음 공간의 범위에 유의한 차이가 있었다. 이러한 차이는 조음운동능력의 결함이라기보다 언어적 복잡성의 증가에 따른 문제라고 설명할 수 있다. 이와 같이 속화인은 근본적으로 언어학적인 관점에서 문제를 지니고 있으며, 부가적으로 운동제어시스템에도 문제를 지닌다.

속화의 구어 산출 특성을 살펴보기 위해 다양한 청각적 연구들도 진행되었지만 정상과 비교하여 유의한 차이는 나타나지 않았다. Hartinger와 Pape(2003)는 각 3명의 속화인과 일반 성인을 대상으로 VOT와 VDT를 비교하였다. 대상자들에게 10초 동안 자음 /p/, /t/, /k/와 모음 /a/를 합한 '파타카'를 가능한 빨리 발화하도록 지시하였다. 3명의 성인 속화인 가운데 두 명의 VOT가 일반 성인보다 빠르게 산출되었다. 그러나 성인 속화인의 자음과 모음(CV)의 반복율은 일반 성인과 유사하며 기대한 만큼 구어 속도가 유의하게 빠르지 않았다. Ward와 Scott(2011)의 유사 연구에서도 속화 성인 5명과 일반 성인 5명을 대상으로 VOT와 VDT를 비교한 결과, 속화 성인들은 일반 성인보다 VOT 시간이 짧게 나타났지만, VDT 시간에는 차이가 없었다. 비록 대상자의 수는 적지만 이러한 결과들은 속화가 발성 수준과 언어학적 측면에 근거하여 운동 구어 조절의 문제를 발생시킬 수 있음을 알 수 있다. 그럼에도 불구하고 활발한 말더듬 연구들과 비교하여 속화에 관한 연구는 부족하다.

마비성 구어장애와 실행증과 같은 운동 구어장애는 일반적으로 구어 산출시스템의 손상에서 비롯된다. 그러나 속화는 운동 계획에서 실행에 이르기까지 여러 가지 처리 과정이 손상을 입은 것으로 설명할 수 있다. 아직까지 속화의 원인은 불분명하지만, 말더듬과 마찬가지로 운동 구어 조절의 결함으로 설명할 수도 있다. 그러나 속화는 운동 구어 조절의 문제뿐 만아니라 운동구어 계획, 프로그래밍, 실행에 이르기까지 보다 더 광범위한 영역을 포함한다.

(2) 의사소통 특성

속화는 의사소통 전반에 영향을 미친다. Van Zaalen과 Winkelman(2009)의 의사소통 구성요소에 따른 속화인의 특성을 살펴보면 〈표 9-1〉과 같다.

〈표 9-1〉 **의사소통 구성요소에 따른 속화의 특성**

의사소통 구성요소	속화의 특성
1. 평균 조음 속도	빠르고 불규칙적인 조음 속도
2. 비유창성 형태	대부분 다른 비유창성(Other Disfluencies: OD)
3. SSI-3의 심한 정도	정상, 또는 경도 말더듬
4. 단어 구조에서 오류	가능성 있음
5. 문장 구조에서 오류	구와 단어의 반복과 수정
6. 과도한 비언어적 쉼	너무 짧고 횟수가 적은 쉼
7. 주의집중과 구어 모니터링	주의집중 시간이 짧고, 편안한 상황에서 모니터링은 좋지 못함
8. 의사소통, 구어, 음, 혹은 단어 공포	의사소통과 구어에 대한 공포 가능성 있음. 단어 공포는 다음절 단어에서 가능성 있음. 음 공포 없음
9. 구어장애에 대한 인식	종종 있음

출처: Van Zaalen & Winkelman (2009).

Hall, Amir와 Yairi(1999)는 평균 조음 속도(mean articulatory rate)란 유창한 구어에서 얼마나 빨리 분절음을 산출하는지 측정하는 것이라고 하였다. 평균 조음 속도를 살펴보면, 실제로 속화인은 항상 구어 속도가 빠른 것이 아니라, 언어장애가 동반된 경우에 빠른 구어를 산출한다. 청자는 부적절한 압축(telescoping: 구어를 부적절하게 축약해서 발화함), 동시조음, 잦은 정상적인 비유창성 등으로 구어 속도가 빠르다고 지각하지만, 실제 속화인의 조음 속도는 정상 범주일 수 있다. 따라서 임상가는 속화인을 평가할 때, 속화 외에 다른 의사소통 장애가 있는지 살펴보아야 한다.

Ward(2006)가 속화인과 말더듬인을 대상으로 독백과 이야기 다시 말하기 과업을 실시하였을 때 속화인은 언어 수준이 높은 다시 말하기 과업에서 비유창한 비율이 높게 나타났다. 또한 속화는 정상적인 비유창성 가운데 수정, 구반복, 미완성 구 등의 산출이 높았다.

실제 순수한 속화인은 드물기 때문에 속화인을 대상으로 말더듬 정도 측정검사(Stuttering Severity Instrument-3rd: SSI-3)를 실시하였을 때, 어떤 대상자는 긴장과 1초 이상의 긴 지속시간을 가진 SLDs를 산출하여 높은 점수를 받기도 한다. 대부분의 속화인은 SSI-3의 점수가 낮고, 심한 정도도 정상 범주이거나 매우 약함에 속한다. 그러나 속화와 말더듬이 공존하는 경우에는 말더듬의 심한 정도가 매우 경함에서 심함까지 다양하다(Craig, 1996).

화자가 구어 산출 계획을 위한 시간이 부족할 때, 단어 구조의 오류는 부정확한 순서 혹은 부적절한 압축 때문에 오류가 발생한다(예, 'Many people think so' → 'Many thinkle peep so'). 속화에서 단어 구조의 오류는 구어 속도가 빠르거나 복잡한 다음절 단어를 산출하는 경우에 주로 발생한다. 단어 구조를 평가할 때 자발적인 구어 혹은 읽기 과업을 사용하는 것은 쉽지 않다. 왜냐하면 자발적인 구어는 대상자 간의 비교가 어렵고, 읽기는 단어 구조가 이미 정해져 있기 때문이다. 속화인은 불규칙적인 리듬과 억양, 부적절한 압축, 부적절한 음절 순서 등의 오류를 나타낸다(Ward, 2006).

일반적으로 속화인들은 언어 계획에 어려움이 있는데, Myers와 Bradley(1992)는 속화인들이 의사소통 상황에서 청자의 관점이나, 지식을 고려하지 않기 때문에 언어 문제가 발생한다고 보았다. 또한 속화인들이 의사소통에 실패하는 것은 문장 발화 계획에서 완전한 산출에 이르기까지 시간이 부족하기 때문에 문장 산출에 방해를 받는 것으로 보았다. 따라서 속화인들은 통제된 상황이나 쓰기 과업에서도 주어진 시간이 충분할 때 과업에 성공할 가능성이 높다. 문장 구조 산출의 평가는 주로 치료실 내 통제된 상황에서 실시한다(Van Zaalen &

Bochane, 2007).

속화인들은 언어적 쉼(pause)이 부적절하다(Daly & Cantrell, 2006). 쉼은 숨 쉬기, 화자가 언어 형성하기, 청자가 언어 이해하기 등에 필수적이다. 속화인은 빠른 구어 속도 때문에 쉼이 너무 짧고, 쉼의 횟수가 적으며, 쉼의 지속시간도 불규칙적이다.

속화는 편안한 구어 상황에서 보다 분명히 드러난다. 속화인의 부모와 배우자는 치료실에서 속화인의 구어가 친구와 이야기할 때보다 훨씬 유창하다고 보고하였다(Daly, 1996). 속화인은 익숙하지 않은 자료를 소리 내어 읽거나, 외국어를 말할 때처럼 높은 집중이 요구될 때 구어의 오류 빈도가 낮다. 반대로, 반복해서 동일한 글을 읽게 되면 구어에 대한 부담감이 줄어들면서 더 많은 오류를 범하게 된다. 따라서 말더듬은 반복 읽기를 할 때 비유창성 빈도가 감소하지만 속화는 비유창성 빈도가 증가하는 경향이 있다.

속화인들도 의사소통에 대한 공포를 가질 수 있다. 일부 속화인들은 의사소통 공포에 반응하여 불확실한 상황에 대해 말하는 것을 회피할지도 모른다. 그러나 특정 음에 대한 공포는 속화인보다 속화와 말더듬이 공존하는 경우에 더 자주 볼 수 있다.

속화인들은 대부분 자신의 구어 문제에 대해 인식하고 있지만, 종종 속화 증상이 발생하는 순간에는 인식하지 못한다. 가장 일반적인 속화의 특성은 빠른 구어 속도, 비유창성, 낮은 명료도와 불규칙적인 쉼 등인데 이러한 문제를 인식하지 못하는 것은 속화인의 빠른 구어 속도 때문에 자신이 말한 것을 듣고 생각할 만한 시간적 여유가 충분하지 않기 때문에 비롯된다. 따라서 피드백을 통해 속화인이 자신의 비유창한 구어를 스스로 평가하도록 훈련하는 것이 중요하다. 평가에 대한 이러한 속화인과 임상가의 비교는 치료사가 환자의 증상에 대해 스스로 자각할 수 있도록 돕는다.

3) 속화 원인

(1) 신경학적 요인

속화와 관련한 뇌가설은 다양하다. 좌반구의 내측전두피질(medial frontal cortex)은 자발적인 구어를 산출하는 데 중심적인 역할을 하고, 내측측두피질(medial temporal cortex)은 음운, 단어 및 문법 요소들을 계획하고, 구어 산출을 위한 운동 과정을 모니터링하며, 구어 산출을 위한 동기를 불러일으킨다(Meck, 2008). 그리고 좌반구의 중앙벽에는 구어 산출의 '실행중추(executive hub)'로 전두대상피질(Anterior Cingulate Cortex: ACC), 전보조운동 영역(pre-Supplementary Motor Area: preSMA), 고유보조운동 영역(proper-Supplementary Motor Area: properSMA) 등이 포함된다(Yucel et al., 2003). Meck 등(Penney & Pouthas, 2008)은 속화가 뇌 영역 가운데 좌측 전두엽, 즉 뇌반구 사이 중앙의 피질부위 손상에 기인한다고 보았다.

Langova와 Moravek(1970)은 57명의 속화인을 대상으로 EEG 검사를 실시한 결과, 속화인의 50% 이상이 비정상이고 11%는 불규칙적인 형태를 보였다고 발표했다. 그리고 이러한 속화인을 대상으로 약물반응 연구를 실시한 결과, 속화인들은 도파민이 과활성화된 상태인 것으로 나타났다. 도파민은 전두피질 영역에서 기저핵을 통과하는 회로에 중요한 역할을 한다. 이 회로는 시간에 대한 자각뿐 아니라 시간 조절과 운동 속도에도 중요한 역할을 한다(Meck et al., 2008). 이 회로에서 도파민이라는 신경전달물질은 전두피질에서 기저핵으로 흥분 신호를 제어하면서 전달한다. 속화인은 유쾌한 기질을 보이며 구어 속도가 빠를 뿐 아니라 주의가 산만하다. 또한 주의집중 시간이 짧고, 속화 치료에 대한 관심과 삶에 대한 신중성 등이 부족하다(Weiss, 1964). 속화인들의 빠른 구어 속도는 전두피질 영역과 기저핵 연결회로에서 도파민이 과활성화된 결과로 볼 수 있다. 이러한 속화인의 도파민 과활성화를 지지하는 속화 관련 연구에서는 EEG의 이상반응, 약물의 효과, 과도한 구어 속도, 짧은 주의집중력, 구어 산출 오류에 대한 낮은 인지능력, 통제력 부족, 충동적이고 부주의한 태도 등을 구체적으로 다루고 있다.

(2) 유전적 요인

말더듬, 실행증 등 많은 구어장애에서와 같이 속화 또한 유전적 요인이 영향을 미치는 것으로 나타났다(MacDermot et al., 2005).

말더듬을 동반하지 않는 속화의 쌍둥이 연구 결과 한쪽 쌍생아의 속화가 다른 한쪽의 쌍생아에게 거의 영향을 끼치지 않는 것으로 나타났다(Viswanath, Lee, & Chakraborty, 2004). 그리고 입양아 가운데 속화인을 대상으로 환경 통제를 한 경우에 속화는 환경보다 유전적 측면의 영향을 받는다고 보았다. 속화인의 가족 연구가 유전 가능성을 추정하는 데 유용하겠지만 아직 입증된 연구가 부족하다.

잠재적으로 모든 인간의 장애는 유전의 가능성을 지니고 있으며, 속화의 경우도 일부분 유전적 성향을 지니고 있다. 따라서 실제 속화의 요인으로 유전적 가능성을 제시하는 연구가 필요하다.

2. 속화 진단과 평가

속화를 평가하기 위하여 연구자들마다 속화의 대표적인 특징을 연구하였다. Daly(1992)는 속화에서는 빠른 구어 속도, 문법적 세부 단위에 대한 부주의, 언어 발달 지체, 읽고 이해하는 능력의 부족, 부적절한 작문능력 등의 특성을 보인다고 한다. Daly와 Burnett(1999)은 속화의 주된 특성을 다섯 가지 영역, 즉 인지, 언어, 화용, 구어, 운동으로 나누어 속화의 심한 정도를 평가하는 검사도구를 개발하였다.

그러나 속화 진단과 평가의 어려움은 속화가 다른 장애를 수반할 수 있다는 것이다. 수반된 장애가 말더듬과 같이 구어장애일 수도 있고, 학습장애와 같은 언어장애일 수도 있다(Ward, 2006). 그러므로 순수 속화와 수반될 수 있는 다른 장애의 특성을 정확하게 파악해야 한다. 예를 들어, 말더듬은 병리적인 비유창성 형태가 많고 자발적인 구어 조절에 실패하는 경우가 많지만, 속화는 다음절 단어와 구반복, 삽입, 수정 등의 정상적인 비유창성의 형태를 주로 보인다. 그러므로 속화는 다른 의사소통장애와의 공존 가능성을 염두에 두고 평가하여야 한다(Weiss, 1964).

속화의 진단과 평가 절차는 다음과 같이 구어 평가, 언어 평가, 속화 특성 평가, 동반 장애 평가 등으로 이루어 진다.

1) 구어 평가

누구든지 항상 유창하게 말할 수는 없다. 심지어 유창한 화자도 종종 구어 실수를 경험한다. 속화인은 더 자주 구어 실수를 하고, 구어 속도, 운율, 명료도에서 불규칙적인 조합을 보인다.

속화 평가와 치료의 어려움은 속화가 다른 장애와 동시에 발생한다는 것이다. 이러한 장애의 일부는 말더듬과 같이 구어(speech), 일부는 학습장애와 같이 언어(language)에 근거한다(Ward, 2006). 속화는 다음절 단어와 구에서 삽입, 수정 혹은 반복 등을 포함한 비유창성으로 말더듬과 달리 정상적인 비유창성을 자주 보인다. 따라서 평가 시 구어는 다양한 상황에서 다양한 과업으로 평가해야 한다. 속화 또한 말더듬과 같이 매우 가변적이어서 치료실 내에서 수집한 구어 표본만으로는 정확한 결과를 평가할 수 없다. 자연스러운 구어 표본을 수집하기 위해 디지털 오디오 혹은 비디오로 15~20분 정도 녹화한다. 구어과업은 대상자가 관심 있는 주제에 대해 말하기, 경험 말하기 등 구어 형식에 집중하지 않는 자연스러운 주제로 이야기한다. Van Zaalen, Wijnen과 Dejonckere(2009)는 복잡한 음운 처리 능력을 평가하기 위하여 쉬운 단어에서 어려운 단어를 산출하도록 요구하고 그 밖에 이야기 다시 말하기를 실시하도록 권고한다.

수집한 표본을 통해 속화 구어 평가는 구어 속도를 분당 음절수로 분석한다. 일반적으로 속화인은 대화나 상황보다 읽기나 독백 상황에서 구어 속도를 느리게 조절할 수 있다. 만약 읽기나 독백 상황에서 구어 속도가 빠르다면 정상 속도로 천천히 말하도록 요구해야 한다. 속화 치료는 구어 속도 조절에 초점을 두고 있으므로 대상자가 자발적으로 구어 속도를 조절하도록 하는 것이 중요하다. 대부분의 속화인들은 정상 속도로 말하다가 갑작스럽게 빠른 속도로 말한다. 따라서 평가 시 구어 폭발(burst)이 얼마나 자주 발생하는지 그리고 그때 구어 속도가 어떠한지를 측정해야 한다.

정상적인 비유창성과 병리적인 비유창성의 빈도를 계수하는데 100단어당 비유창성의 수로 계수한다. 경우에 따라 말더듬과 속화 증상을 모두 나타내는 대상자도 있지만 일반적으로 한쪽이 더 우세하다. 속화 증상을 나타내는 말더듬인은 주로 말더듬 치료를 실시할 때 속화가 거의 드러나지 않는다(Bakker, 2002; St. Louis et al., 2003). 속화 평가 시 대상자가 발화한 구어에서 반복과 삽입어의 비율을 계수해야 한다. 반복된 단어나 음절 혹은 삽입어는 화자의 의사소통 효율성을 방해하는 요소이므로 이러한 측정은 속화인의 치료 진전을 평가하는 데 도움이 된다. 명료도 분석은 대상자와 친숙하지 않은 청자가 평가하여 총 발화한 단어에서 청자가 바르게 이해한 단어와 발화의 비율로 산출한다.

2) 언어 평가

St. Louis 등(2007)은 속화란 화자의 구어 속도가 너무 빠르고 복합적인 특성들이 결합된 유창성 장애라고 정의하였다. 즉, 잦은 정상적인 비유창성, 부적절한 단어와 문장 구조, 부적절한 쉼 등이 있다. 순수한 속화는 드물고, 특정한 속화 증상 혹은 행동들이 보다 자주 발생한다(Van Zaalen, 2009).

언어학적 측면에서 음운적 속화는 음운 부호화를 수행하는 데 결함이 있고, 부적절한 압축, 동시조음의 문제, 일련의 음절 오류 등으로 평가된다. 문법적 속화는 문법적 구조와 언어적 메시지의 정확성과 문장 내의 바른 수정 등이 불충분한 것으로 평가된다.

Wiig(2002)는 속화인의 언어 능력에 대한 임상적 평가(Clinical Evaluation of Language Fundamentals: CELF-3; Semel et al., 1996)를 개발하였다. 의미, 구문, 형태, 화용을 포함하여 수용 및 표현 언어 간의 상호 관련성을 평가할 수 있다.

평가 결과, 속화인은 적절한 주고받기, 청자에게 정확한 정보 제공하기, 의사소통 단절 시 회복하기 등의 화용 능력이 부족하고 반응 시간에 대해 시간적 압박을 주는 상황에서 점수가 더 낮게 산출될 수 있다고 한다.

3) 속화 특성 평가

속화인을 위한 효과적인 치료를 위해서는 정확한 진단이 우선되어야 한다. Daly와 Burnett(1999)은 속화 판별을 위해 36개 각 항목을 4점 척도로 평가하는 체크리스트를 개발하였다. Daly와 Cantrell(2006)은 이를 다시 7점 척도로 수정하여 속화 예측 검사(Predictive Cluttering Inventory: PCI)를 개발하였다(〈표 9-2〉 참조).

〈표 9-2〉 **속화 예측 검사(PCI)**

환자 성명:	날짜:							
		6	5	4	3	2	1	0
	화용							
1	자기 모니터링을 효율적으로 하지 못함							
2	자신의 의사소통 문제에 대한 자각이 부족함							
3	통제 불능의 화자, 말이 장황함, 단어 찾기 문제							
4	사회적 의사소통 기술 부족, 부적절한 언권, 끼어들기							
5	청자의 시각적 반응 및 구두 피드백에 대한 인식 부족							
6	의사소통이 깨져도 수정하지 않음							
7	비유창하게 말하면서도 어떠한 노력도 하지 않음							
8	구어에 대한 불안이 적거나 거의 없음, 무관심							
9	압력을 받을 때 말을 더 잘함(집중력이 단시간에 향상됨)							
10	계획 기술의 부족, 효과적인 시간 사용의 잘못 판단							
	구어 운동							
11	조음 오류							
12	구어 속도가 불규칙적임, 구어를 갑작스럽게 산출							

13	압축(telescopes) 혹은 축약(condeness)된 단어들							
14	빠른 속도(속어증)							
15	구어 속도가 점진적으로 증가함(가속화)							
16	변화무쌍한 운율, 부적절한 멜로디 혹은 강세 패턴							
17	큰 소리로 시작하여 점점 속삭이듯이 작아짐, 중얼거림							
18	단어와 구 사이 쉼의 부족							
19	다음절 단어와 구의 반복							
20	과도한 비유창성과 말더듬의 공존							
언어 인지								
21	언어가 비체계적임, 단어 혼동, 단어 찾기의 문제							
22	언어 형성이 어려움, 이야기하기의 어려움, 순차적 사고 문제							
23	주제가 복잡해질수록 비조직적인 언어의 증가							
24	잦은 수정, 삽입, 단어 채우기							
25	생각을 정리하기 전에 구어를 산출하는 경향							
26	부적당한 주제 개시/유지/종결							
27	부적당한 언어 구조, 문법 및 구문의 오류							
28	산만함, 낮은 집중력, 주의집중 시간의 문제							
운동 협응 및 쓰기								
29	쓰기를 위한 운동 조절력 부족							
30	쓰기에서 철자, 음절 혹은 단어 대치 및 생략을 보임							
31	교호 운동 능력이 정상적인 수준 이하							
32	불규칙적인 호흡, 변덕스러운 호흡 패턴							
33	운동이 어눌하고 불협응하거나, 가속화되거나 충동적인 운동 활동							
6점: 항상, 5점: 매우 자주, 4점: 자주, 3점: 때때로, 2점: 드물게, 1점: 거의 나타나지 않음, 0점: 전혀 나타나지 않음								

출처: Daly & Cantrell (2006).

속화 예측 검사는 화용, 구어 운동, 언어 인지, 운동 협응 및 쓰기 등 네 가지 영역의 총 33개 문항으로 구성되어 있다. 모든 문항에 대하여 7점 척도(0=전혀 나타나지 않음, 6=항상 나타남)로 반응하도록 하였다. 33개 항목의 총점은 198점이며, 120점 이상 획득한 경우는 속화인으로 진단하고, 80~120점은 속화와 말더듬이 공존하는 경우로 진단한다.

속화 예측 검사의 목적은 유창한 화자와 비유창한 화자의 구어 산출 특성을 이해하고, 속화인을 감별하는 데 유용하다.

4) 동반 장애 평가

(1) 말더듬

속화와 말더듬의 관련성에 대하여 상반되는 두 가지 관점이 있다. 하나는 속화가 말더듬으로 진행될 수 있는 관련 장애라고 보는 관점이고, 다른 하나는 속화가 말더듬과는 다른 장애라는 관점이다.

Weiss(1964)는 속화 증상의 대처 반응으로 말더듬이 발생하므로, 말더듬과 속화는 동일인에게 나타난다고 보았다. 속화인은 특정 단어나 음에 대한 공포와 예기 등이 나타나지 않고 자신의 구어 문제를 자각하지 못하므로 일차성 말더듬 수준으로 보았다. 즉, 속화와 말더듬이 하나의 연속선상에 있으며 초기 아동기 속화가 말더듬으로 진행된다고 보았다. 미국정신의학협회(DSM-IV-TR)에서도 속화가 말더듬과 완전히 다르지 않다고 보고 속화를 개별 장애로 분류하지 않았다.

다른 관점은 속화가 말더듬과 다르다고 보는 것이다(Ward, 2006). 속화인들은 말더듬인과 달리 말더듬 정도 측정검사(SSI-3)에서 부수행동이 나타나지 않는다(St. Louis et al., 2007). 속화가 말더듬으로 진행되는 경우는 매우 드물고 오히려 속화가 말더듬보다 발생시기가 늦다는 것이다(Diedrich, 1984). 읽기 과업에서 속화인들이 말더듬인들보다 평균 구어 속도가 빠르게 나타나지만 남녀 성비와 손잡이에 관한 비율은 말더듬인, 일반인, 속화인 모두 차이가 없었다(St. Louis & Hinzman, 1985). 비록 말더듬과 속화를 구별할 수 있는 뚜렷한 특징이 있지만, 두 가지 특징이 동일인에게 함께 나타날 수도 있다.

(2) 다운증후군

1950년대에 다운증후군의 비유창성이 말더듬 뿐 아니라 속화와도 관련이 있는지 관심을 갖기 시작했다. 다운증후군의 구어에 말더듬이 많이 발생한다는 것은 이미 알려져 있다. 실제 다운증후군의 구어에는 불명료함과 함께 말더듬 뿐 아니라 속화의 특성도 공존함을 볼 수 있다(Down, 1866). 그리고 다운증후군 대상자들이 자신의 비유창성을 깨닫지 못하는 경우가 많다(Van Riper, 1992).

Van Borsel와 Vandermeulen(2000)이 다운증후군 가운데 속화의 발생 정도를 연구한 결과, 70명의 대상자 가운데 60명은 속화, 13명은 말더듬과 속화의 특성을 동시에 지닌 것으로 나타났다. 다운증후군의 구어에서 빠른 구어 속도, 낮은 명료도 등은 속화의 특성으로 볼 수 있다. 종합해 볼 때, 다운증후군의 구어는 속화와 말더듬의 특성이 부분적으로 공존한다.

(3) 학습장애

학습장애 아동들은 정상 범주의 지능을 지녔음에도 불구하고 학습에 어려움이 있다(St. Louis et al., 2007). IQ 80 이상이며, 읽기, 쓰기 및 수학 중에서 한 가지 이상의 영역에 문제를 가지는 아동을 말한다(Prior, 1996). 이러한 학습장애 아동들은 속화 아동들과 마찬가지로 충동적이고 부주의하며 학업 성적이 낮고, 구어 산출이나 읽기에 문제가 있다. 속화 아동은 정보 처리 과정, 학업성취도 및 사회성 등의 문제로 학습장애로 진단될 수도 있다.

속화와 학습장애 모두 언어 산출에 방해를 받는다. 그러나 좀 더 엄밀히 살펴보면 속화는 문법적인 구 혹은 음운 부호화 과정을 완성하는 언어 산출 자동화 시스템의 문제로 야기된다고 보는 반면, 학습장애는 신경학적 손상으로 언어 계획과 개념을 형성하는 언어 처리 장애(language processing disorders)의 문제로 야기된다고 본다(Van Zaalen et al., 2009). 속화 아동은 학습장애 아동보다 문장 구조의 정확도가 높고, 구어에서 단어와 구의 반복을 더 많이 산출한다(Van Zaalen et al., 2009). 학습장애 아동들은 단어 찾기와 저장의 문제로 구어에 문제가 있다고 보는 반면, 속화인이 언어 산출에 방해받는 경우는 단지 빠른 구어 속도에 기인한 것으로 보인다. 결론적으로, 속화인은 충분한 시간이 주어지면 정확한 문장을 산출할 수 있지만, 학습장애 아동은 충분한 시간이 주어져도 정확한 문장 산출에 어려움이 있다. 속화와 학습장애의 언어 산출 문제는 유사한 특징이 많지만, 언어 산출 문제의 기저는 다르다고 볼 수 있다.

(4) 자폐스펙트럼 장애

자폐스펙트럼 장애(Autism spectrum disorders)는 사회적 상호작용의 문제와 함께 조음, 강세, 공명, 운율, 유창성 등의 광범위한 구어 영역에 손상을 보인다. 속화와 유사하게 발화의 길이가 길수록 단어의 반복과 수정하는 빈도가 증가하고 청각 피드백을 인식하는 능력이 부족하여 구어 속도가 부적절하며 효과적인 의사소통을 하는 데 어려움이 있다. 빠른 구어 속도와 언어 및 학습의 결함으로 자폐스펙트럼 장애를 속화로 잘못 진단하기도 한다. 속화 아동이 대화 시 주제 유지, 상호작용 등의 화용적 측면에서 문제를 보인다면 자폐스펙트럼 장애의 공존 가능성을 고려해야 한다.

자폐스펙트럼 장애와 속화 치료에서 가장 중요한 요소는 자기조절(self-control) 능력이다. 속화 치료 시 자신의 구어를 모니터하여 속도를 조절할 수 있도록 지도한다. 자폐스펙트럼 장애인 역시 비유창성이 나타날 때 모니터링 능력을 향상시켜 자신의 구어를 조절하도록 한다. 자폐스펙트럼 장애는 적절한 반응을 이끌어 내기 위하여 눈 맞춤(eyes contact) 등의 활동과 같은 비구두적 단서를 활용하는 것이 유용하다.

(5) 주의력결핍-과잉행동장애

주의력결핍-과잉행동장애(Attention-Deficit Hyperactivity Disorder; 이하 ADHD)는 7세 이전에 주의력결핍, 과잉행동 및 충동성 행동이 6개월 이상 지속되는 것이 특징이다. 학령기 아동 중 3~5%가 ADHD로 진단되며 남아가 여아보다 3~4배 정도 많다(National Institutes of Health, 1998). ADHD 아동들에게 속화의 특징이 많이 나타난다는 보고들도 있다.

ADHD와 속화가 공존하는 아동들은 주의력결핍이 속화와 관계 있는 전전두엽과 전두엽피질의 손상으로 인한 것이고, 과잉행동은 기저핵 혹은 소뇌의 손상에서 비롯된다(Solanto, 2002). 속화는 도파민에, ADHD는 도파민과 노르에피네프린에 영향을 받는다(Barkley, 2000). 그러므로 속화와 ADHD 모두 낮은 주의집중력과 과잉행동이 도파민의 과활성화에 기인한다고 볼 수 있으나(Meck et al., 2008), 두 집단의 아동에게 도파민의 분비를 촉진시킨 결과, ADHD 아동들은 주의력결핍과 과잉행동이 감소하였지만, 속화 아동에게는 유의한 차이가 나타나지 않았으므로(Langova & Moravek, 1970) 속화와 ADHD의 주의력결핍 문제는 서로 다른 유형이다. 또한 구어 운동적인 측면에서 속화인은 구어 속도가 빠르고 조음 오류가 있지만 ADHD처럼 과잉행동을 보이지는 않는다.

치료적인 측면에서 ADHD도 속화와 마찬가지로 자기 관리의 한 가지 방법으로 자기 모니터링이 효과적이다. 그러나 ADHD 역시 자신의 말과 행동에 대한 자기 모니터링 능력이 부족하므로 자기평가와 수행을 통하여 지속적인 관리를 하도록 유도한다.

3. 속화 치료

1) 치료 원리

속화 치료에 대해서는 아직 잘 알려지지 않았다. 속화는 중추 언어의 불균형으로 인지, 언어, 화용, 구어와 운동 기술 등에 결함이 있다. 이와 같이 속화는 다양한 영역에 결함이 나타나므로 중재 시 영역별로 치료 목표를 세우고 접근하여야 한다. 속화 치료의 내용은 St. Louis 등(2007)의 연구를 기반으로 〈표 9-3〉에 제시하였다.

〈표 9-3〉 **속화 치료 내용**

<table>
<tr><th colspan="2">영역</th><th>내용</th></tr>
<tr><td colspan="2">인지</td><td>• 청자의 지각과 자기모니터링을 포함한 인식
• 범주화 순서를 포함한 사고의 조직화
• 기억
• 충동성</td></tr>
<tr><td>언어</td><td>표현언어 영역</td><td>• 좋지 못한 이야기 능력
• 언어 형성화의 어려움
• 바꾸어 말하기와 반복의 횟수 증가
• 부적절한 언어 구조
• 음절 혹은 발화의 전이
• 부적절한 대명사 사용
• 단어 찾기의 어려움
• 채운 단어와 빈 단어 수 증가
• 문장의 분절</td></tr>
<tr><td rowspan="2">화용</td><td>대화</td><td>• 적절한 주제 유지와 결말-적절한 대화 주고받기
• 좋지 못한 청취 기술
• 충동적인 반응
• 청자의 관점에 대한 부족한 이해
• 주제를 벗어난 발화와 반응이 잦음</td></tr>
<tr><td>비구두 의사소통</td><td>• 부적절한 눈 맞춤
• 비구두 신호에 대한 부적절한 처리</td></tr>
<tr><td rowspan="3">구어</td><td>구어 비유창성</td><td>• 단어와 구의 지나친 반복
• 호흡에서 쉼과 머뭇거림</td></tr>
<tr><td>구어 속도/운율</td><td>• 빠르거나 불규칙적임
• 불규칙적인 리듬
• 큰 음성과 작아지는 음성
• 음성의 단조로움</td></tr>
<tr><td>불명료한 조음</td><td>• 음의 생략
• 음절의 생략
• 복잡한 음의 조음 산출 어려움(파찰음, 마찰음, 혼합어)
• 음절과 발화의 전위</td></tr>
</table>

운동	• 좋지 못한 구어 운동 조절력 • 불규칙적인 호흡 • 불협응과 서툼 • 좋지 못한 글씨체

출처: St. Louis et al. (2007).

일반적으로 속화 치료는 구어 속도, 운동, 언어, 화용, 인지의 주요 영역을 다룬다. 속화인 각 개인의 증상에 따라 특정 영역을 선택하여 치료 계획을 세워야 할 것이다.

속화 치료를 할 때 속화인들이 자신의 문제를 이해하고 치료에 적극 참여하도록 해야 한다. 속화인들이 무엇을 이해해야 할 것인가? 치료사들은 어떻게 속화인들의 이해를 도울 수 있을까? 속화 치료는 먼저 속화인들이 자신의 속화 특성을 이해하도록 도와야 한다. 속화인들이 속화에 대한 이론적 기초를 이해할 때 자신의 핵심 증상을 잘 파악할 수 있도록 운율, 속화, 동시조음, 비유창성, 불규칙적인 운율, 혼란스러운 행동, 담화, 구, 화용, 구어 속도, 재시작, 바꾸어 말하기, 음과 음절의 생략, 속도와 문장 구조 등의 용어들을 이해시켜야 한다.

먼저, 속화인은 유창한 구어를 이해해야 하고 유창성과 관련된 주요 요소들을 알고 있어야 한다. 유창함이란 구어 속도, 노력과 발화의 연속성 사이의 상호작용이다. 구어 속도는 제한된 시간 내에 전달할 정보의 양이 많아지면, 즉 발화를 길게 할 때 더 빨라지는 경향이 있다. 또한 구어 속도는 단어 길이, 단어의 친숙성, 메시지의 중요성, 상황적 연관성, 조음, 음소의 순서, 강세와 운율 등의 영향을 받는다.

속화 치료는 자기 모니터링 능력에 중점을 둔다. 자기 모니터링 능력은 속화 치료에 필수적이며, 속화인들은 수정(modification)이 필요하다는 것을 인지하는 능력이 특히 부족하다. 속화인들에게 각 치료 과업에 대한 명백한 이론적 근거를 제시하는 것이 중요하다. 속화인 스스로 과업을 실시하는 이유를 이해해야 한다. 속화 성인 가운데 치료 프로그램의 끝에 왜 특정한 전략을 배우는지 분명하게 설명해 달라고 요구하는 경우가 있다(Daly, 1992).

속화의 성공적인 치료를 위해 연습 절차와 순서를 따라야 한다. Ward(2006)는 다양한 정보를 수집하고 통합하여 치료 내용을 다루는 속화 치료 프로토콜을 소개하였다. 속화인의 관심을 확인하고 모니터링을 통한 자기인식의 단계를 거쳐 속화 특성을 확인하고 수정하는 단계로 나아간다. 〈표 9-4〉는 치료 단계별로 다루어질 내용을 나타낸 치료 프로토콜이다(Ward, 2006).

〈표 9-4〉 **속화인을 위한 치료 프로토콜**

치료 수준	치료 프로토콜
확인 단계	• 속화인에게 평가와 치료의 필요성을 확인시키기 • 속화인의 기본 관심사를 확인하기 • 합의에 의한 목표 설정하기 • 속화의 근본적인 요소에 대해 토의하기
모니터링과 자기인식 단계	• 비디오를 통해 분석하기 • 구어를 이해하는 데에서의 어려움에 대해 확인하기 • 치료 과정에서 자기 모니터링의 중요성을 강조하기
수정 단계	• 지나치게 빠른 구어 속도 수정하기 • 구어의 리듬과 억양 수정하기 • 조음 수정하기 • 과도한 조음/중얼거림 수정하기 • 언어적 문제 수정하기 • 담화와 정보의 순서성 수정하기 • 화용적 측면 수정하기 • 이완하기 • 지연 청각 피드백(DAF) 이용하기
유창성 유지 단계	• 재발 현상에 대해 토의하기 • 재발을 일으킬 수도 있는 요인을 확인하기

출처: Ward (2006).

2) 치료 접근

속화는 광범위하고 다양한 구어 운동적, 언어적, 인지적 특성 등을 포함하고 있기 때문에 말더듬과 속화가 동시에 나타날 때 치료는 복잡해질 수 있다. 속화인들을 치료하는 데 본질적인 목표는 구어 산출의 속도를 변화시키는 것과 자신의 구어를 모니터하는 능력을 증진시키는 것이다. Marshall과 Karow(2002)는 속화인의 치료를 위해 여러 가지의 방법을 제시하였으며 이러한 방법은 말더듬인들에게도 효과적이었다(Gregory, 2003). 이러한 중재 전략을 통해서 유창성뿐 아니라 조음과 명료도의 개선도 기대할 수 있다.

치료는 속화인의 특성에 따라 필요한 영역에 초점을 둘 수 있다. 여러 연구자들(Bennett Lanouette, 2011; Myers, 2002, 2011; Myers & St. Louis, 2007)의 오랜 임상 연구를 통해 다음과 같은 속화 치료 접근 방법을 제안하였다(Guitar, 2014).

(1) 구어 운동적 치료 접근법

- 느린 속도, 보통 속도, 빠른 속도로 팔을 움직이거나 걷기를 통해 다양한 구어 속도를 시도하기
- 다양한 속도에 대한 감각적 피드백에 집중하기
- 빠르거나 느린 음악에 맞춰 움직이거나 걷기
- 구어 속도가 너무 빠르면 속도 위반 티켓을 주고받는 활동하기
- 대상자의 말이 너무 빨라 이해할 수 없을 때 청자가 다양한 구어 및 비구어 단서로 반응하기(예, 청자가 얼굴을 찡그리거나 얼굴에 당황하는 표정을 짓거나, 반복해서 다시 말해 달라고 요청하기).
- 읽기 과업에서 구어 속도를 조절할 수 있도록 중요한 부분에 빨간색 또는 노란색으로 쉼표와 마침표를 표시하기
- 대화에서 분절(phrasing) 위치와 쉼 지도하기
- 메트로놈을 사용하여 속도를 조절하면서 말하도록 지도하기
- 시를 낭송할 때 강한 강세 패턴을 사용하여 말하기
- DAF를 사용하여 느리고 유창하게 말하게 하기
- 지연된 상황(예, 250ms)에서 청각 피드백을 무시하고 정상 속도로 말하게 함으로써 고유수용감각을 지도하기

(2) 언어적 치료 접근법

- 담화 또는 이야기 상황을 순서대로 정리하고, 큰 소리로 말하게 하기
- 스크립트 활동을 연습한 후 간단한 연극하기
- 대화 주고받기, 주제 유지하기와 같은 대화 능력 향상을 위해 지도하기
- 종속절을 포함한 복문 사용을 지도하기
- 문법적이고 의미적으로 적절한 이야기 능력 향상시키기
- 부적절한 언어 구조 바르게 수정하기
- 적절한 대명사 사용 및 상황에 맞는 단어 찾기 훈련하기
- 의사소통 상황에 적절한 비구두 신호 사용하기

(3) 인지적 치료 접근법

- 자기 점검 능력 향상시키기
- 속화 체크리스트를 사용하여 대상자가 속화 개념과 속화 행동을 이해하도록 돕기
- 속화인 스스로 자신의 속화 프로파일을 이해하도록 돕기
- 치료 활동 시 각 과업을 위한 분명한 근거를 제시하여 속화인이 이해하도록 돕기
- 대상자가 자신의 구어를 전사하고 분석하게 하기
- 비조직적인 구어로 갑작스럽게 빨리 말을 할 때 자신의 사고 과정을 인식하도록 돕기
- 청자의 지각과 자기 모니터링을 포함한 인식 능력 향상시키기

그 외에도 St. Louis 등(2003)이 제안한 치료 접근은 다음과 같다.

- 컴퓨터 프로그램을 사용하여 구어 속도를 시각적으로 제시하고 대상자가 임상가의 지시에 맞추어 구어 속도를 조절하도록 한다. Visi-Pitch와 Computerized Speech Lab(CSL) 등이 도움이 될 수 있다.

- 대상자가 스스로 적절히 말하는 자신을 마음의 눈과 귀로 상상하고, 시각적 · 청각적 이미지를 강화하여 정상적인 구어를 사용할 수 있는 잠재력을 높여 준다. 임상가는 대상자의 가장 좋은 구어와 가장 나쁜 구어를 녹화하고, 그 발화 표본을 피드백함으로써 자신의 구어를 인식하도록 한다.
- 명료도 및 문장 구조에 대한 중재 활동을 할 때는 짧은 문장부터 유창성, 조음, 속도, 문법 구조를 정확하게 잘 유지하면서 말하는 것으로 시작하여 점진적으로 발화 길이와 복잡성을 증가시킨다.

녹화비디오를 대상자와 임상가가 함께 보는 것은 대상자가 목표로 하는 청각적 · 시각적 이미지를 바르게 확립하는 데 도움을 줄 수 있다. Daly(1986)는 속화 치료 시 동영상 피드백과 음성 표본 분석은 자기인식 능력을 향상시키는 데 매우 효과적이라고 하였다.

결론적으로, 속화는 다면적인 장애로 순수 속화인은 매우 드물고, 다른 장애와 동반되어 나타나므로 그 특성을 설명하는 데 다양한 매개변수가 필요하다. 속화와 말더듬, ADHD, 학습장애, 자폐스펙트럼 장애, 다운증후군 등 다양한 장애의 특성에 따라 구별되는 진단이 요구되므로 초기 평가 시에 인지 및 언어, 화용, 구어 운동, 발달적 측면이 포함된다. 속화의 복잡한 증상으로 인해 치료 또한 공통된 치료법을 제시하는 데 상당한 어려움이 있다.

따라서 성공적인 속화 치료를 위해서는 대상자에 따라 인지, 언어, 화용, 구어와 운동적인 측면에서 가장 필요로 하는 부분부터 체계적이고 개별화된 프로그램을 적용하여 실시하여야 한다. 비록 속화 대상자의 수가 말더듬에 비하여 적지만, 자기 모니터링을 통해 속화 치료에 대한 동기를 불러일으킴으로써 속화인의 삶 전반에 긍정적인 영향을 끼칠 수 있다. 추후 속화인들을 성공적으로 치료하기 위해 속화 진단도구 개발이 우선되어야 할 것이다. 또한 속화인 각 개인의 증상과 능력에 따라 자신의 구어 문제를 스스로 조절하고 수정할 수 있도록 체계적이고 효과적인 치료법들이 개발되어야 할 것이다.

연습문제

1. 속화의 특성을 신경학적 측면과 유전적 측면으로 나누어 설명하시오.

2. 속화와 함께 발생할 수 있는 동반 장애를 소개하고, 속화와 각 장애와 공통점과 차이점을 설명하시오.

3. 속화의 평가에 포함되는 구어평가와 언어평가의 내용을 설명하시오.

4. 속화의 성공적인 치료를 위해 고려해야 할 영역과 치료 내용을 구분하여 서술하시오.

5. 속화 치료 가운데 속화인의 이해를 돕기 위한 치료 원리에 대하여 설명하시오.

6. 속화 치료에 포함되는 영역 가운데 구어 속도 조절을 위한 치료 방법에는 어떤 기법이 있는지 서술하시오.

참고문헌

Alm, P. A. (2004). Stuttering and the basal ganglia circuits: A critical review of possible relations. *Journal of Communication Disorders*, *37*, 325-369.

Baker, K. (2002). *Putting cluttering on the map: Looking back/looking ahead*. Paper presented at the annual meeting of the American Speech-Language-Hearing Association, Athanta, GA.

Barkley, D. B. (2000). The federal role in early intervention: Prospects for the future. *Topics in Early Childhood Special Education*, *20*, 71-78.

Bennett Lanouette, E. (2011). Intervention strategies for cluttering disorders. In D. Ward, & K. S. Scott (Eds.), *Cluttering: A handbook of research. intervention and education* (pp. 175-197). Hove, UK: Psychology Press.

Brutten, G., & Vanryckeghem, M. (2006). *Behavior Assessment Battery for school-age children who stutter*. San Diego, CA: Plural Publishing.

Craig, A. (1996). Long-term effects of intensive treatment for a client with both a cluttering and stuttering disorder. *Journal of Fluency Disorders, 21*, 329-336.

Dalton, P., & Hardcastle, W. (1989). *Disorders of fluency and their effects on communication*. London: Elsevier North Holland.

Daly, D. A. (1992). Helping the clutterer: Therapy considerations. In F. L. Myers & K. O. St. Louis (Eds.), *Cluttering: A clinical perspective* (pp. 107-124). Leicester, UK: FAR Communications.

Daly, D. A. (1996). *The source for stuttering and cluttering*. East Moline, IL: LinguiSystems.

Daly, D. A., & Burnett, M. L. (1999). Cluttering: Traditional view and new perspectives. In R. F. Curlee (Ed.), *Stuttering and related disorders of fluency* (2nd ed.). New York: Thieme.

Daly, D. A., & Cantrell, R. P. (2006). *Cluttering: Characteristics labelled as diagnostically significant by 60 fluency experts*. Paper presented at the 6th IFA World Congress on disorders of fluency, Dublin, Ireland.

Daly, D. A., & Cantrell, R. P. (2006). Cluttering: Characteristics identified as diagnostically significant by 60 fluency experts. Pater presented at the 5th World Congress on Fluency Disorders, International Fluency Association, Dublin.

Diedrich, W. M. (1984). Cluttering: Its diagnosis. In H. Winitz (Ed.), *Treating articulation disorders: For clinicians by clinicians* (pp. 307-323). Baltimore, MD: University Park Press.

Down, J. L. H. (1866). Observation on an ethnic classification of idiots. *Clinical lectures and reports by the medical and surgical staff of the Landon hospital, 3*, 259-262.

Elkins, J. (2007). Learning disabilities: Bringing fields and nations together. *Journal of Learning Disabilities, 40*, 392-399.

Gregory, H. H. (2003). *Stuttering therapy: Rationale and procedures*. Upper Saddle River, NJ: Allyn & Bacon.

Guitar, B. (2014). *Stuttering: An Intergrated Approach to Its Nature and Treatment*, 4th Edition. Lippincott Williams & Wilkins, Baltimore.

Hall, K. D., Amir, O., & Yairi, E. (1999). A longitudinal investigation of speaking rate in preschool children who stutter. *Journal of Speech Language and Hearing Research, 42*, 1367-1377.

Hartinger, M., & Moosehammer, C. (2008). Articulatory variability and cluttering. *Folia Phoniatrica, 60*, 64-72.

Hartinger, M., & Pape, D. (2003). An articulatory and acoustic study of cluttering. *Proceedings of the 15th ICPhS, Barcelona* (pp. 3245–3248). Barcelona: UAB.

Langova, J., & Moravek, M. (1970). Some problems of cluttering. *Folia Phoniatrica et Logopaedica, 22*, 325–336.

Leblois, A., Boraud, T., Meissner, W., Bergman, H., & Hansel, D. (2006). Competition between feedback loops underlies normal and pathological dynamics in the basal ganglia. *Journal of Neuroscience, 26*, 3567–3583.

Levelt, W. J. M. (1989). *Speaking: From intention to articulation*. Cambridge, MA: MIT Press.

MacDermot, K. D., Bonora, E., Sykes, N., Coupe, A. M., Lai, C. S., Vernes, S. C., et al. (2005). Identification of FOXP2 truncation as a novel cause of developmental speech and language deficits. *American Journal of Human Genetics, 76*, 1074–1080.

Manning, W. H. (2009). *Clinical Decision Making in Fluency Disorders* (2nd ed.). NJ: Singular.

Marshall, R. C., & Karow, C. M. (2002). Retrospective examination of failed rate-control intervention. *American Journal of Speech Language Pathology, 11*, 3–16.

Mayer, F. (2002). *Putting cluttering on the map: Looking back/looking ahead*. Paper presented at the Annual Meeting of the American Speech-Language-Hearing Association, Athanta, GA.

Mayer, F. (2011). Treatment of cluttering: A cognitive-be-havioral approach centered on rate control. In D. Ward, & K. S. Scott (Eds.), *Cluttering: A Handbook of Research, Intervention and Education* (pp. 152–174). Hove, UK: Psychology Press.

Meck, W. H., Penney, T. B., & Pouthas, V. (2008). Cortico-striatal representation of time in animals and humans. *Current Opinion in Neurobiology, 18*, 145–152.

Myers, F. L., & Bradley, C. L. (1992). Clinical management of cluttering from a synergistic framework. In F. L. Myers & K. O. St. Louis (Eds.). *Cluttering: A clinical perspective* (pp. 85–105). Kibworth, UK: Far communications. (Reissued in 1996 by Singular, San Diego, CA.)

Myers, F. L., & St. Louis, K. O. (2007). *Cluttering* (Film). Memphis, TN: Stuttering Foundation of America.

Myers, F. L., St. Louis, K. O., & Faragasso, K. A. (2008). Disfluency clusters associated with cluttering. *Bulgarian Journal of Communication Disorders, 2*, 10–19.

National Institutes of Health (1998). Diagnosis and treatment of attention deficit hyperactivity disorder. *NIH Consensus Statement, 16*(2).

Preus, A. (1992). Cluttering or stuttering: Related, different or antagonistic disorders. In F. L. Mysers & K. O. St. Louis (Eds.), *Cluttering: A clinical perspective*. Kibworth, UK: Far Communication.

Prior, M. (1996). *Understanding specific learning difficulties*. Hove, UK: Psychology Press.

Rieber, R. W., Breskin, S., & Jaffe, J. (1972). Pause time and phonation time in stuttering and cluttering. *Journal of Psycholinguistic Research, 1*, 149-154.

Riley, G. D. (1994). *Stuttering Severity Instrument for Children and Adults-Third Edition*. Ausin, TX: PRO-ED. Copyright 1994, PRO-ED.

Scharfenaker, S. K. (1990). The fragile syndrome. *American speech and Hearing Association, September, 1*, 45-47.

Semel, E., Wing, E., & Secord, W. A. (1996). *Clinical evaluation of language fundamentals-3*. San Antonio, TX: Psychological Corporation.

Solanto, M. V. (2002). Dopamine dysfunction in AD/HD: Intergrating clinical and basic neuroscience research. *Behavioural Brain Research, 130*, 65-71.

St. Louis, K. O. (1996). A tabular summary of cluttering subjects in the special edition. *Journal of Fluency Disorders, 21*, 337-343.

St. Louis, K. O., & Hinzman, A. R. (1985). A descriptive study of speech, language, and hearing characteristics in school-aged stutterers. *Journal of Fluency Disorder, 13*, 331-355.

St. Louis, K. O., & Myers, F. L. (1995). Clinical management of cluttering. *Language, Speech, and Hearing Services in the Schools, 26*, 187-194.

St. Louis, K. O., Myers, F. L., Raphael, L. J., & Bakker, K. (2007). Understanding and treating of cluttering. In R. F. Curlee & E. G. Conture (Eds.), *Stuttering and related disorders of fluency* (3rd ed., pp. 296-326). Stuttgart: Thieme.

St. Louis, K. O., Raphael, L. J. Myers, F. L., & Bakker, K. (2003). *Cluttering updated*. The ASHA Leader 8-21, 4-5, 20-23.

Stefani, R. (2004). Neurological and neuropsychological aspects of learning and attention problems. In S. Burkhardt, F. E. Obiakor, & A. F. Rotatori (Eds.), *Current perspectives on learning disabilities* (pp. 65-93). Advances in special education. Oxford, UK: Elsevier.

Van Borsel, J., & Vandermeulen, M. (2000). Dysfluency and phonic tics in Tourette syndrome: A case report. *Journal of communication Disorders, 33*, 227-240.

Van Riper, C. (1992). Foreword. In F. L. Myers & K. O. St. Louis (Eds.), *Cluttering: A clinical perspective* (p. vii). Leicester, UK: Far Communications.

Van Zaalen, Y. (2009). *Cluttering identified*. Utrecht: Van Noordam.

Van Zaalen, Y., & Bochane, M. (2007). *The Wallet story*. 27th World congress of the International Association of Logopedics and Phoniatrics, Proceedings (p. 85).

Van Zaalen, Y., Wijnen, F., & Dejonckere, P. (2009). A test of speech motor control on word level productions: The SPA test. *International Journal of Speech-Language Pathology, 11*, 26-33.

Van Zaalen, Y., & Winkelman, C. (2009). *Broddelen*, een (on) begrepen stoornis. Bussum: Coutinho.

Viswanath, N., Lee, H., & Chakraborty, R. (2004). Evidence for a major gene influence on persistent developmental stuttering. *Human Biology, 76*, 401-412.

Ward, D. (2006). *Stuttering and cluttering: Frameworks for understanding and treatment*. Hove, UK: Psychology Press.

Ward, D. (2010). Stuttering and normal nonfluency: Cluttering spectrum behaviour as a functional descriptor of abnormal nonfluency. In K. Bakker, L. J. Raphael, & F. L. Myers (Eds.), *Proceedings of the First World Conference on Cluttering* (pp. 261-266). Katarino, Bulgaria.

Ward, D., & Scott, K. S. (2011). *Cluttering: A handbook of research, intervention and education*. Hove, UK: Psychology Press.

Weiss, D. A. (1964). *Cluttering*. Englewood cliffs, NJ: Prentice-Hall.

Wiig, E. (2002). *Putting cluttering on the map: Looking back/looking ahead*. Paper presented at the Annual Meeting of the American Speech-Language-Hearing Association, Athanta, GA.

Yucel, M., Wood, S. J., Fornito, A., Riffkin, J., Velakoulis, D., & Pantelis, C. (2003). Anterior cingulate dysfunction: Implications for psychiatric disorders? *Journal of Psychiatry and Neuroscience, 28*, 350-354.

찾아보기

〈인명〉

〈내용〉

저자 소개

신명선(Shin Myungsun)	부산가톨릭대학교 언어청각치료학과 교수
김시영(Kim Siyung)	대구보건대학교 언어치료과 교수
김효정(Kim Hyojung)	고신대학교 언어치료학과 교수
박진원(Park Jinwon)	대구보건대학교 언어치료과 교수
안종복(Ahn Jongbok)	장산 아이즈 연구소 대표
장현진(Chang Hyunjin)	부산가톨릭대학교 언어청각치료학과 교수
전희숙(Jeon Heesook)	루터대학교 언어치료학과 교수
정 훈(Jung Hun)	에바다 언어치료실 원장

유창성 장애(2판)

Fluency Disorders (2nd ed.)

2012년 3월 30일 1판 1쇄 발행
2018년 8월 20일 1판 6쇄 발행
2020년 3월 30일 2판 1쇄 발행
2023년 10월 20일 2판 4쇄 발행

지은이 • 신명선 · 김시영 · 김효정 · 박진원
안종복 · 장현진 · 전희숙 · 정 훈

펴낸이 • 김 진 환

펴낸곳 • (주) 학지사
04031 서울특별시 마포구 양화로 15길 20 마인드월드빌딩 5층

대표전화 • 02) 330-5114 팩스 • 02) 324-2345

등록번호 • 제313-2006-000265호

홈페이지 • http://www.hakjisa.co.kr
인스타그램 • https://www.instagram.com/hakjisabook

ISBN 978-89-997-2096-3 93370

정가 18,000원